Couvertures supérieure et inférieure
en couleur

LES

# ÉDIFICES RELIGIEUX

DE

## L'ANCIEN ALGER

PAR

**ALBERT DEVOULX,**

Conservateur des Archives arabes du Service de l'Enregistrement
et des Domaines à Alger,
Membre fondateur de la Société historique algérienne,
Correspondant de l'Institut Egyptien,
de l'Académie d'Aix, de la Société de Statistique de Marseille,
de la Société des Lettres, Arts et Sciences de Toulon, etc.,
Officier de l'ordre du Nichan, de Tunis.

(EXTRAIT DE LA *Revue africaine*).

ALGER
TYPOGRAPHIE BASTIDE
—
1870

## OUVRAGES DU MÊME AUTEUR.

**Tachrifat.** Recueil de notes sur l'administration de l'ancienne Régence d'Alger. *Imp. du Gouvernement*, 1852.

**Habous** (notice sur le). *Alger*, 1853.

**Coopération de la Régence d'Alger** à la guerre de l'indépendance grecque. *Alger*, 1858.

**Le Raïs Hamidou,** notice biographique sur le plus célèbre corsaire algérien du XIII$^e$ siècle de l'hégire. *Alger, Dubos*, 1859.

**Concordances des calendriers grégorien et hégirien.** *Alger, M$^{me}$ V$^e$ Philippe*, 1860.

**Les Corporations religieuses d'Alger.** *Alger, Bastide*, 1861.

**Les Archives du consulat général de France à Alger.** *Alger, Bastide*, 1865.

**Le livre des Signaux de la Flotte algérienne.** *Alger*, 1867.

**La Marine de la Régence d'Alger.** *Alger*, 1869.

LES
# ÉDIFICES RELIGIEUX
DE
## L'ANCIEN ALGER

# LES
# ÉDIFICES RELIGIEUX
## DE
## L'ANCIEN ALGER

PAR

**ALBERT DEVOULX,**

Conservateur des Archives arabes du Service de l'Enregistrement
et des Domaines à Alger.
Membre fondateur de la Société historique algérienne,
Correspondant de l'Institut Egyptien,
de l'Académie d'Aix, de la Société de Statistique de Marseille,
de la Société des Lettres, Arts et Sciences de Toulon, etc.,
Officier de l'ordre du Nichan, de Tunis.

(EXTRAIT DE LA *Revue africaine*).

ALGER
TYPOGRAPHIE BASTIDE

1870

# LES ÉDIFICES RELIGIEUX

## DE L'ANCIEN ALGER.

### INTRODUCTION.

#### I.

Les édifices dont j'ai l'intention de m'occuper d'une manière plus spéciale dans cette étude, forment trois catégories : les mosquées, les chapelles et les zaouïa.

Sauf de bien rares exceptions, ces édifices étaient élevés par de simples particuliers, au moyen d'une dotation que venaient grossir les libéralités de pieux musulmans. L'administration n'avait donc ni à créer ni à entretenir les mosquées et les autres établissements religieux. L'initiative privée, stimulée par la piété, se chargeait de ce soin.

Chacun de ces édifices constituait un établissement distinct, qui se suffisait à lui-même par sa dotation ou par les offrandes des fidèles, et était administré par un *oukil*, mot francisé que j'emploierai de préférence à ses équivalents français *gérant*, *administrateur*.

Les revenus étaient affectés avant tout à l'entretien de l'établissement et des immeubles composant sa dotation, et aux frais du culte, tels qu'achat d'huile, de lampes, de nattes, etc., et émoluments du personnel. Après le prélèvement de ces dépenses obligatoires, les sommes restant disponibles formaient la rétribution de l'oukil, qui en disposait, de plein droit, pour son usage personnel.

La charge d'*oukil* n'était pas, on le voit, un emploi comportant des appointements fixes, arrêtés et déterminés par l'autorité compétente ; elle constituait un véritable *bénéfice*.

Beaucoup de ces édifices étaient trop pauvres pour offrir des moyens d'existence suffisants à leurs oukils. D'autres, au contraire, présentaient une large rémunération, qui les rendaient l'objet de la convoitise et de l'intrigue.

Les oukils étaient nommés par le pacha, ainsi qu'on en trouvera la preuve au chapitre consacré à la mosquée de *Souk el-Louh*, située rue Juba. Ils étaient essentiellement révocables.

Pour quelques chapelles de marabouts, la charge d'oukil était cependant héréditaire dans la famille du saint personnage, suivant les dispositions formellement arrêtées par ce dernier au moment où il avait constitué une dotation à son propre tombeau. Mais, sauf ce cas fort rare, l'oukilat était une fonction temporaire, conférée et retirée par le pacha, le mufti consulté et entendu, ou étant censé l'être, car il ne paraît pas bien sûr que cette formalité fût religieusement observée.

La manière dont les oukils remplissaient leur mandat n'était pas l'objet d'un contrôle officiel. La rumeur publique avait, seule, mission de signaler à qui de droit, ceux d'entre eux qui, préférant les douceurs positives de la vie présente aux récompenses promises dans la vie future, grossissaient leur fortune au trop grand détriment de l'entretien des temples dont ils avaient l'administration.

## II

D'après l'historien espagnol *Haedo*, dont la *topographie d'Alger* a été publiée en 1612, cette ville comptait, à la fin du seizième siècle, une centaine de mosquées. Il n'est pas douteux que les chapelles et zaouïa ne soient comprises dans cette énumération. Je ne crois pas sans intérêt de donner la traduction du passage auquel je fais allusion.

« Il y a quelques édifices qui sont dignes d'être signalés; et premièrement les mosquées, desquelles (entre grandes et petites) il peut exister dans tout Alger jusqu'à cent. Toutes ont des marabouts (1) qui les administrent et viennent, eux et d'autres, y faire à leurs heures, la prière. Elles ont été édifiées par des Maures, Turcs et Rénégats et dotées, peu ou beaucoup, de revenus, tant pour nourrir les marabouts qui en ont la gestion que pour subvenir aux approvisionnements de nattes dont elles sont constamment pourvues, et à l'achat de l'huile des lampes, que toutes ont en nombre grand ou petit, et qui sont allumées lorsqu'ils font la prière. Beaucoup de ces mosquées sont fort jolies et fort bien construites, quant aux voûtes, arcades et colonnes, lesquelles, si elles ne sont pas en marbre, parce qu'il y en a peu dans la contrée qui soit bon, sont faites en briques et en plâtre; mais les principales mosquées sont au nombre de sept (*Topographie et histoire générale d'Alger*, folio 41, verso). »

En 1830, Alger renfermait 13 grandes mosquées, 109 petites mosquées, 32 chapelles et 12 zaoula; en tout 176 édifices consacrés au culte.

En 1862, sont encore debout 9 grandes mosquées, 19 petites mosquées, 15 chapelles et 5 zaouïa; en tout 47 édifices, sur lesquels sont affectés au culte musulman : 4 grandes mosquées, 8 petites mosquées, et 9 chapelles; total 21.

### III.

La mosquée est le lieu consacré à la prière, le temple.

Dans certaines de ces mosquées on prononce le vendredi une prière publique appelée la *khotba*. Les édifices choisis pour cette réunion étaient les plus grands et avaient un minaret. Il s'en suit qu'on peut diviser ces temples en deux catégories : les mosquées à *khotba*, ou grandes mosquées, et les mosquées de second rang, trop petites et trop peu importantes pour une pareille cérémonie.

Le mot arabe *Masdjid* (usuellement *mesdjed*) signifie *un lieu où*

---

(1) Haedo veut parler des oukils. Quelques chapelles étaient administrées, il est vrai, par les descendants des saints personnages dont elles renfermaient les restes mortels, c'est-à-dire par des *marabouts*, puisque la noblesse religieuse est héréditaire, comme on le verra un peu plus loin. Mais ce ne sont que des faits exceptionnels, et en général les oukils n'étaient pas marabouts et se trouvaient complètement étrangers aux saints inhumés dans les établissements dont ils avaient la gestion.

*l'on adore Dieu, un oratoire, un temple* (1). C'est donc de droit, le nom générique des mosquées. On ajoute à ce mot celui de *Djami'* (usuellement *Djama'*), *qui renferme, qui contient, qui réunit*, lorsqu'il s'agit de désigner une mosquée qui *réunit* les fidèles le vendredi pour la khotba. Toutefois, par suite d'une tendance à l'abréviation dont les exemples sont fréquents, il n'est pas rare de trouver l'adjectif verbal *djami'* (usuellement *djama'*) employé isolément pour désigner une mosquée à *khotba*. Il y a plus encore; ce mot a fini par usurper l'emploi du substantif qu'il n'était destiné qu'à qualifier, et il est fréquemment employé à l'égard de petites mosquées sans minarets et sans prétention à la khotba, qui ne méritaient pas un tel honneur. On doit regretter cette confusion dans des mots qui étaient destinés à établir une distinction entre les grandes et les petites mosquées.

Quant à la khotba, cause de cette classification, c'est une oraison, ou plutôt un prône qu'un prédicateur appelé *khetib* prononce en chaire, le vendredi. La *khotba* se compose de louanges adressées à Dieu, de prières pour le prophète, de vœux pour la vie et le bonheur du souverain régnant, et d'exhortations à remplir tous les devoirs tracés par la religion mahométane, notamment celui de la guerre sainte. Elle renferme des formules, qui sont invariables, et des citations dont le *khetib* doit varier le choix.

Chacune des mosquées a une dénomination particulière. Elle porte, soit le nom de son fondateur, soit celui d'un oukil plus populaire que ses prédécesseurs et successeurs, soit celui d'un saint personnage en l'honneur duquel elle a été édifiée, soit, enfin, celui du quartier dans lequel elle est située.

Dans chaque ville, il y a un temple qu'on appelle simplement *la Grande Mosquée*. Cette mosquée par excellence, qui est ordinairement la plus belle et la plus vaste de l'endroit et qu'on peut comparer, jusqu'à un certain point à une *cathédrale*, est le siège du mufti, chef de la religion et interprète et commentateur de la loi.

Les mosquées à khotba d'Alger étaient des édifices de médiocre capacité, dont la façade, généralement élevée sur des rues étroites, manquait esssentiellement de caractère architectural et de gran-

---

(1) C'est évidemment de *mesdjed*, qui se prononce *mesgued* en quelques endroits (notamment en Égypte), que viennent l'espagnol *mezquita* et notre mot *mosquée*.

deur. Ces façades, en simple et lourde maçonnerie de briques et de pierres, recouvertes d'un prosaïque crépi, avaient une sobriété d'ornementation qui se retrouvait dans les minarets, ordinairement carrés et simplement blanchis au lait de chaux comme le reste de l'édifice. La toiture était souvent arrondie et formée de voûtes en plein cintre que surmontait une grande coupole accompagnée, quelquefois, de petits dômes en nombre variable. Inutile de chercher des dentelles de pierres, de riches mosaïques, de merveilleuses broderies, de fines arabesques sur ces bâtiments sans élégance, sur ces minarets lourds et massifs : ils étaient l'œuvre de maçons et non d'artistes. Alger se trouve, à cet égard, dans une humiliante infériorité vis-à-vis de Tlemcen, dont les jolies mosquées ont été décrites avec tant de talent et d'érudition par notre savant et honorable collègue de la Société historique Algérienne, M. le secrétaire-général Ch. Brosselard (1). Ce fait n'a rien qui doive étonner. La capitale des Abd el-Ouadites était dans sa splendeur à une époque où florissait l'art sarrazin, tandis qu'Alger n'était alors qu'une bourgade sans importance. Ce ne fut qu'au commencement du dixième siècle de l'hégire qu'Alger se développa sous la domination turque, et devint assez riche pour se donner des monuments. Mais, alors, l'art arabe était en pleine décadence et l'influence abrutissante du despotisme ottoman n'était pas de nature à le ressusciter. La ville des pirates ne pouvait donc lutter avec la capitale de l'antique royaume des Beni-Zeyan.

L'intérieur de ces édifices ne répondait que trop à leur extérieur. Des piliers en maçonnerie, ou quelquefois des colonnes en pierre, supportaient des arceaux et des voûtes blanchies à la chaux, comme les murs, sans qu'aucune ornementation vînt relever la monotonie de cette teinte et la froideur de cette simplicité plus qu'austère.

Le plan de ces mosquées offrait, en général, un carré long, dont l'orientation était variable ; des colonnes ou des piliers supportaient des tribunes occupant trois des côtés du parallélogramme ; le côté non surmonté de tribune était affecté au sanctuaire, au fond duquel se trouvait la niche de l'imam (mihrab) et qui était ordinairement recouvert d'une coupole. Près

---

(1) M. Brosselard a passé près de neuf ans à Tlemcen, en qualité de commissaire civil, puis comme sous-préfet.

du sanctuaire, se trouvait le *membar* ou chaire, en pierre ou en bois, dans laquelle le khetib prononçait la khotba du vendredi. A côté, s'élevait une estrade sur laquelle se plaçaient les lecteurs et qui servait aussi à faire le dernier appel à la prière, lequel se psalmodiait dans l'intérieur du temple, tandis que les autres étaient criés à pleins poumons du haut du minaret. Des lampes étaient suspendues à des chaînes descendant des voûtes.

On sait que les musulmans laissent leurs souliers à la porte des mosquées et n'y pénètrent que pieds-nus. Des tapis et des nattes garnissent le pavé de ces temples et rendent l'observation de cette pratique moins dure aux fidèles, qui, d'ailleurs, ne fréquentent pas seulement les mosquées au moment des prières mais vont quelquefois leur demander un abri, soit pour se plonger dans la méditation, soit pour se livrer aux douceurs plus profanes du sommeil.

Deux mosquées échappaient, en partie, à la critique que je viens de faire; leur intérieur était remarquable et digne de fixer l'attention des artistes par l'harmonie et l'élégance de ses proportions, par ses colonnes de marbre et par la vivacité des couleurs d'une ornementation polychrôme.

Ces deux édifices, de construction récente, étaient la mosquée *Ketchaoua*, rue du Divan, et la mosquée *Sida*, sur la place du Gouvernement. Ce n'est pas sans un sentiment de regret que j'ajoute que nous nous sommes empressés de faire disparaître ces deux charmants et élégants produits de l'architecture algérienne, d'autant plus précieux à conserver qu'ils étaient uniques dans leur genre (1).

Quant aux petites mosquées, c'étaient des locaux exigus, bas et mesquins, dont l'intérieur, nu et froid, ne rachetait nullement la pauvreté de la façade. Le lait de chaux et quelques nattes étaient les seuls ornements de ces tristes réduits, généralement recouverts d'une toiture en terrasse. Ces mosquées n'avaient, en général, ni minaret ni dôme.

---

(1) On peut ajouter une troisième exception: *Dj'ama el-Djedid* la mosquée des hanefites, à la Pêcherie, qui n'est, certes, pas un monument à dédaigner. Il est tout-à-fait à propos de lui rendre cette justice, au moment où le boulevard de l'Impératrice va masquer presqu'entièrement sa façade du côté de la mer.

Le personnel d'une mosquée à khotba était ordinairement composé comme il suit :

Pour la partie temporelle, un oukil, chargé de l'administration des deniers de l'établissement, de la perception des revenus et de l'acquittement des dépenses, de la mise en produit des immeubles de la dotation, ayant, en un mot, la direction suprême de la partie matérielle.

Un chaouche, agent subalterne, attaché à l'oukil pour l'aider dans sa gestion ; des balayeurs ; des allumeurs.

Et, pour le service du culte, un *Imam* (iman, d'après l'orthographe adoptée par notre administration) (1), lequel, lors des cinq prières publiques, qui se font obligatoirement chaque jour, est chargé d'une mission fort délicate ; placé dans le *mihrab*, sorte de guérite ou de niche formant encorbellement dans celui des gros murs de l'édifice qui se trouve dans la direction de la Mecque, et la figure tournée vers la muraille, il dit la prière pour le compte de tous les assistants, lesquels, se confiant et s'abandonnant à lui pour la correction et la bonté de ce devoir, se contentent de le suivre ponctuellement dans toutes les postures qu'il prend et tous les gestes qu'il fait pour se conformer à la liturgie mahométane. Lorsque la prière est terminée l'imam se tourne vers l'assistance et lui récite une oraison.

Il y a encore un *khetib*, chargé de prononcer la khotba le vendredi, et qui monte, pour remplir ce devoir, dans la chaire ou *membar* ;

Un *aoun*, dont la spécialité est de porter la crosse du *khetib* ;

Des *moudenin*, chargés d'appeler les fidèles à la mosquée, du haut du minaret, lors des prières obligatoires, qui ont lieu publiquement cinq fois par jour ; leur chef porte le titre de bache-moudden. Il a dans ses attributions un dernier appel, qui se fait dans l'intérieur de la mosquée, et qui a pour but de prévenir les fidèles présents, que la cérémonie va commencer ; des *hezzabin* ou lecteurs du coran ; leur chef s'appelle bache-bezzab ; des *tolba*, chargés de lire, à certaines heures, durant un temps déterminé, des ouvrages autres que le coran, tels que le *Boukhari*, le *Tanbih el-Anam* (2), etc.

---

(1) Cette orthographe est très-vicieuse, car *Iman* signifie la *foi*, ce qui est bien différent du fonctionnaire que l'on croit désigner.

(2) Le premier de ces ouvrages est un recueil de traditions religieuses et l'autre se compose d'espèces de litanies.

Il était rare que ce personnel fût au complet, et souvent les emplois se trouvaient cumulés. Quant aux petites mosquées, elles n'étaient pourvues généralement que d'un oukil, qui ajoutait à ses fonctions celles d'imam, de mouedden, de hezzab, de lecteur, et souvent même celles de maître d'école. C'est pour cela que les oukils de ces édifices étaient plus ordinairement désignés sous le titre d'imam.

## IV.

J'entends par chapelle le local plus ou moins grand qui renferme la sépulture d'un *marabout* ou saint personnage. Les Français, prenant le contenant pour le contenu, ont définitivement donné à ces édifices le nom de *marabout*. Les Indigènes les appellent *kobba*, coupole, de la forme architecturale qu'ils ont invariablement. Quand, au local contenant la tombe du saint, s'ajoutent une mosquée ou quelques autres dépendances, l'établissement prend quelquefois le nom de *zaouïa*.

Les chapelles ou *marabouts*, comme nous disons, sont encore plus mesquins que les mosquées. Elles se composent ordinairement d'une petite pièce basse et carrée, surmontée d'un dôme, qui, outre la tombe du marabout, renferme parfois quelques tombeaux. Au milieu, se trouve la sépulture du saint, surmontée d'un *tabout* ou châsse, ornée de tapis, de drapeaux de diverses couleurs, d'ex-voto, etc. Des tapis sont disposés tout autour de la châsse et les fidèles viennent y prier, faire leurs dévotions et baiser le tabout. La plupart de ces salles sont nues et sans ornements; quelques-unes sont décorées avec plus ou moins de goût et d'éclat; cela dépend de la célébrité du personnage. La chapelle du marabout Sidi Abd er-Rahman, à Bal-el-Oued, est la plus jolie de toutes celles d'Alger. Celle de sidi Abd el-Kader, à Bab-Azoun, vient ensuite.

Les kobba ou chapelles, portent le nom du marabout dont elles renferment les saints restes. Il arrive souvent, dans la conversation, qu'on supprime le mot kobba ou ses analogues, pour désigner l'établissement par le seul nom du saint; c'est ainsi qu'on dit : *je demeure près de Sidi Ben Ali*, c'est-à-dire, près de sa chapelle. Cette ellipse a lieu quelquefois, mais plus rarement, dans les écrits, où, ordinairement on emploie les expressions *kobba*, coupole, dôme, *darih*, sépulture, fosse, *keber*, tombe, tombeau.

Les chapelles avaient des dotations et étaient administrées par des oukils, dont la charge était souvent temporaire et quelquefois héréditaire, ainsi que je l'ai exposé au § 1er de cette introduction.

Ces édifices jouissaient du droit d'asile. Ce droit était ordinairement respecté, mais il devenait quelquefois illusoire, car le pacha, faisant étroitement bloquer la chapelle, mettait le réfugié dans l'alternative de se constituer prisonnier ou de mourir de faim. On n'opérait, toutefois, avec cette rigueur que lorsqu'il s'agissait d'un malfaiteur dangereux ou, encore mieux, d'un homme redoutable par son influence politique.

Un mot, maintenant, sur les saints personnages qui reposent dans les chapelles et sur les *marabouts*, en général.

On sait que le *marabout* est l'homme spécialement voué à l'observation des préceptes du coran. C'est lui qui, aux yeux des Mahométans, conserve intacte la foi musulmane. Il est l'homme que les prières ont le plus rapproché de la divinité, et pour le récompenser de sa piété, Dieu lui permet quelquefois de donner des preuves de sa nature supérieure, en produisant des miracles. Aussi les marabouts jouaient-ils un grand rôle dans la vie privée et politique des Musulmans et principalement chez les Arabes, population plus primitive et plus impressionnable que les citadins.

Les paroles des marabouts sont des oracles auxquels la superstition ordonne d'obéir, et qui règlent à la fois les questions privées et les questions d'intérêt général. C'est ainsi que les marabouts ont souvent empêché l'effusion du sang, en réconciliant des tribus ennemies; c'est ainsi que leur protection a souvent suffi pour garantir de toute atteinte les voyageurs, soit isolés, soit en caravane. Bien des fois encore, ils ont prêché la guerre contre les infidèles; on voit que leur influence est à la fois religieuse et politique; elle est, d'ailleurs, d'autant mieux assurée, que l'exercice du culte, l'explication des livres saints, la consécration de toutes choses mettent les marabouts en relation continuelle avec les fidèles. En remontant très-haut dans notre histoire, on sait que nos évêques avaient jadis une influence spirituelle et temporelle semblable à celle des marabouts.

Les marabouts constituent la noblesse religieuse, noblesse

héréditaire comme les deux autres qui existent chez les Musulmans, la noblesse d'origine, accordée aux descendants de la fille du prophète, et la noblesse militaire. Les familles de marabouts entretiennent et exploitent, au moyen d'une dévotion apparente et rigoureuse, l'influence et le respect que le nom de leur bienheureux ancêtre leur a légué dans l'esprit des populations. On leur attribue une intercession efficace et puissante auprès du saint, leur parent, qui réagit auprès de Dieu.

On voit que le nombre des marabouts doit être considérable. Aussi, s'en faut-il de beaucoup que tous les membres de cette classe qui décèdent soient admis aux honneurs de la chapelle. Cette marque de considération n'est accordée qu'à ceux qui se sont distingués dans la foule par une piété ardente et des miracles exceptionnels, et notamment aux chefs de famille, à ces hommes favorisés de Dieu, qui ont eu le bonheur de léguer à leurs descendants le titre conquis par eux de saint, de Marabout. En outre, toutes les kobba ne traversent pas les siècles ; beaucoup tombent en ruines et disparaissent sans laisser un souvenir : c'est une question de finances ; il faut que la génération contemporaine du saint l'ait assez pris en vénération pour sauver sa mémoire de l'oubli en assurant, au moyen de fondations pieuses, la conservation de sa chapelle. Aussi, trouve-t-on dans les actes et documents des mentions de marabouts connus à Alger il y a un siècle ou deux et entièrement oubliés de nos jours. Je dois ajouter qu'à Alger les marabouts pourvus de kobbas et de dotation sont généralement fort anciens, surtout les plus célèbres.

V

Je crois devoir établir une distinction entre les zaouïa des villes et celles des campagnes. Je commence par celles-ci :

Si, autour de la chapelle, de la tombe d'un saint plus ou moins célèbre, se réunit un douar (fraction de tribu) composé des descendants du marabout, cette aggrégation est qualifiée de zaouïa. Pour la distinguer des autres, on fait suivre le mot *zaouïa* du nom du saint précédé de l'épithète *Sidi* (monseigneur); une partie des terres voisines provenant en général de donations pieuses sert à nourrir les hommes de la zaouïa, ainsi que les offrandes et les provisions de toutes sortes qu'apportent les dévots. Certaines zaouïa perçoivent même une dîme sur leurs voisins, mais ce tribut n'a jamais eu de caractère obligatoire devant la justice.

L'homme le plus influent de la famille de Marabouts a le commandement de la zaouïa. L'un des premiers devoirs de sa position est de pratiquer largement l'hospitalité envers tous les voyageurs et tous les étrangers musulmans. Les criminels même doivent trouver un abri chez lui.

La zaouïa est en outre un établissement d'enseignement. Les marabouts, qui ne se livrent ordinairement à aucun travail manuel, s'y vouent à l'instruction et hébergent les étudiants qui viennent suivre leurs leçons.

Ces congrégations religieuses sont si nombreuses dans qu ues tribus qu'elles y forment des *férka* ou divisions particulières.

## VI

Une zaouïa d'Alger est un bâtiment plus ou moins grand, renfermant un nombre quelconque de cellules destinées au logement soit de vagabonds, soit d'étudiants ou savants, étrangers à la localité ou trop indigents pour se loger à leurs frais. A ce bâtiment, sont annexées des latrines et des fontaines.

Quelquefois, des professeurs sont attachés à la zaouïa pour faire des cours supérieurs. Dans ce cas, cet établissement serait plutôt une *medersa* (école supérieure, collège, académie) qu'une *zaouïa* (refuge pour les savants indigents ou pour les pauvres). Mais j'ai constaté qu'à Alger les mots *zaouïa* et *medersa* sont indistinctement employés l'un pour l'autre et qu'on confond deux choses entre lesquelles il semble cependant devoir exister une différence dans certains cas.

Souvent, enfin, le nom de zaouïa est donné à un établissement qui n'est ni un collège ni un asile : il s'applique simplement à une chapelle de marabout, surtout lorsqu'à cette chapelle sont annexés une mosquée, des latrines publiques, un cimetière ou quelque autre dépendance.

Les *zaouïa* étaient de pauvres locaux, bas, exigus, à proportions irrégulières et mesquines. Elles n'avaient aucune prétention à l'élégance ni au confort et jamais la moindre ornementation ne cherchait à disputer la place à l'éternel et éblouissant crépi blanchi à la chaux pure de tout autre mélange colorant. Les salles et cellules destinées aux mendiants et aux étudiants ou savants ne leur offraient que quatre murs nus et humides, et un sol fort mal carrelé. De pareils édifices étaient bien dignes d'un peuple devenu étranger à tout mouvement intellectuel et artistique. Les cellules, surtout, plus particulièrement réservées aux savants, n'étaient, en général, que des niches obscures et malsaines, ordinairement au rez-de-chaussée. La zaouïa du cadi Maleki, sise rue Bab-el-Oued, offrait un curieux spécimen de la piètre hospitalité que la fière capitale des pirates ottomans octroyait aux amants de la science.

Les zaouïa portaient le nom soit de leur fondateur, soit du quartier, soit, le cas échéant, du saint personnage de l'établissement duquel elles formaient une dépendance. Elles étaient pourvues d'une dotation et administrées par un oukil.

## VII

J'avais à choisir entre diverses méthodes pour le classement de mes édifices. D'abord, les groupant par catégories, je pouvais les présenter par ordre d'importance; mais un pareil système me conduisait nécessairement à un classement arbitraire, et, surtout pour les petites mosquées qui, il ne faut pas l'oublier, sont au nombre de 109. Je n'aurais pu que dresser, au hasard, une liste confuse dans laquelle, en cas de recherche, on se serait égaré faute de points de repère et d'indications systématiques.

Je pouvais aussi prendre pour guide la situation des édifices d'après la topographie indigène. Une grande difficulté se présentait. Les Algériens, indifférents aux idées d'ordre qui nous sont habituelles, ne donnaient pas un nom à chacune de leurs rues; ils se contentaient de diviser leur ville en quartiers, et encore ces quartiers n'avaient-ils pas de limites bien précises. Souvent, la proximité d'un monument, d'une fontaine, du rempart, de l'une des portes de la ville, était la seule indication dont on se servit.

Il n'y avait là rien d'assez précis pour servir de base à ma nomenclature.

J'ai cru faire pour le mieux en m'arrêtant au plan suivant. Alger étant bâti sur le versant Est d'une colline assez escarpée, qui au bord de la mer offre un plateau d'une largeur variable, je l'ai divisé en trois zônes parallèles au rivage et que j'appelle : *Bas quartiers*, (*Outa*), *quartiers moyens* et *hauts quartiers* (*Djebel*). Dans ma nomenclature, je commence par la zone inférieure, c'est-à-dire par les *bas quartiers*, et je marche du Nord au Sud, ce qui m'a amené à adopter trois subdivisions perpendiculaires à la mer et que j'intitule : *Nord, Centre et Sud.*

Je sais bien que, malgré mes efforts, cette combinaison offrira encore bien des imperfections. Mais elle rachète en partie ses défauts par l'avantage de grouper ensemble les édifices d'un même quartier. Je la compléterai en donnant à la fin de mon travail deux tables alphabétiques : l'une des noms des édifices, et l'autre des noms assignés par l'administration française aux rues sur lesquelles s'ouvrent leurs portes.

J'ai intercalé dans cette étude, par la raison qu'ils ont un caractère de piété ou d'utilité publique, et surtout parce qu'ils sont pourvus d'une dotation administrée par un oukil, des établissements qui n'appartiennent à aucune des trois catégories dont je me suis spécialement occupé : il s'agit d'écoles, de cimetières, de tombes, d'asiles et de latrines publiques.

## 1<sup>re</sup> PARTIE. — BAS QUARTIERS.

### SECTION 1<sup>re</sup>. NORD.

### § 1<sup>er</sup>. — QUARTIER BAB-EL-OUED EXTÉRIEUR.

#### CHAPITRE 1<sup>er</sup>.

##### CHAPELLE DE SIDI-DJAMI.

**1.**

Malgré leur condamnation irrévocable à une démolition complète, les anciennes fortifications turques de la partie septentrionale d'Alger étaient encore debout à la fin de l'année 1861, et à peu près intactes, sauf la brèche qui avait remplacé la porte du ruisseau (Bab-el-Oued). Mais les travaux entrepris pour la construction du Lycée sont venus modifier sensiblement l'aspect de la ville en emportant une portion des remparts et le groupe de coupoles et de vieilles constructions qui avoisinaient l'ancienne porte.

Toutefois, ces travaux n'ont pas fait disparaître complètement l'ancien état des lieux. Il reste des vestiges suffisants pour se rendre un compte assez exact de l'aspect que présentait Alger de ce côté.

On voit encore, reconnaissable malgré les modifications et additions dont il a été l'objet, le *Fort neuf* (Bordj-el-Djedid), aussi appelé fort des immondices (Bordj-Ez-zoubia), bâti par Moustafa-Pacha, qui, formant l'angle N.-E. de la ville, en défendait surtout le front de mer, tandis que le fort détaché appelé par les Algériens *Bordj-Setti-Taklit* et par nous Fort des 24 heures, avait pour mission plus spéciale de défendre du côté de la terre les approches de la place (1).

Si l'imagination peut seule reconstruire l'ancienne porte du ruisseau avec son plein-cintre lourd et massif, les yeux, du moins, aperçoivent encore une partie du rempart se détacher du Fort neuf puis, après un large hiatus, grimper péniblement, avec ses maigres merlons et son étroit fossé, le long d'une pente escarpée, et rejoindre une batterie classée par nous sous le n° 11, qui occupe sur le point culminant l'emplacement où s'élevait la *Casba* ou citadelle, sous les dynasties arabes, alors qu'Alger n'avait pas franchi à l'ouest les limites de l'antique Icosium (1).

Mais, si en regardant la ville, le spectacle n'est pas radicalement changé, — abstraction faite, bien entendu, des maisons de construction française qui regardent curieusement par-dessus les remparts, et étalent à côté des blanches et muettes maisons mauresques leur haute façade badigeonnée en jaune ou en rose, et percée de nombreuses et indiscrètes fenêtres aux persiennes vertes ou grises, — il n'en est pas de même lorsqu'on explore les abords de l'ancien Alger. L'état actuel des lieux ne saurait alors rappeler en rien ce qui existait avant notre arrivée. Au lieu du jardin public, de l'esplanade, des arsenaux, des routes, des fortifications qu'on aperçoit maintenant, il n'y avait que des tombes, des tombes partout,

---

(1) Ce fort était aussi destiné à battre la plage qui se trouve au N. d'Alger un peu avant le jardin du Dey, et sur laquelle l'ennemi aurait pu trouver des facilités pour un débarquement. Son feu se croisait, de ce côté, avec celui du Fort des Anglais et de diverses batteries.

s'avançant jusqu'au pied même des remparts et s'étendant à environ un kilomètre de la place.

Dans cet immense cimetière que coupaient quelques massifs d'aloès et de cactus, se dressaient le Fort des 24 heures perché sur son monticule calcaire, et çà et là quelques chapelles élevées sur la tombe de marabouts plus célèbres que la foule qui se pressait autour d'eux et qu'ils dominaient de toute la hauteur de leurs dômes.

C'est de ces édifices placés sous la protection de la mousqueterie de la place et faisant presque partie de la ville, bien que se trouvant extrà-muros, que j'ai formé la section que j'intitule *quartier Bab-el-Oued extérieur*. Je commencerai par la chapelle de Sidi-Djami; mais avant d'entrer en matière, je crois devoir revenir en quelques mots sur la manière dont j'ai procédé.

Il m'a paru inutile de faire de nombreux emprunts à la tradition, cette source d'informations laissant beaucoup trop à désirer. Mon travail y perdra sans doute en pittoresque, mais il y gagnera certainement en exactitude. Ainsi que je l'ai déjà exposé, j'ai puisé, en général, mes renseignements dans des documents originaux d'une incontestable authenticité. Je donne toujours ces renseignements dans la même forme : des phrases détachées textuellement des pièces originales sont classées chronologiquement sous des numéros d'ordre avec l'indication de la source où elles ont été puisées et un petit commentaire, le cas échéant. En outre, j'ai traduit soit en entier, soit partiellement, les pièces qui m'ont semblé d'une importance particulière au point de vue de mes études.

Parmi les documents que j'ai consultés, il en est un, l'*Oukfa des établissements religieux*, sur lequel il me parait intéressant d'entrer dans quelques détails.

Les Oukils n'étaient astreints à aucune comptabilité, à aucunes écritures. Usant largement de la permission, ils encaissaient les produits de la dotation et les dépensaient sans prendre la moindre note, sans d'ailleurs se rendre à eux-mêmes un compte bien exact de leurs opérations (1). Ils ne possédaient même pas un relevé régulier et officiel des immeubles composant la dotation des établissements dont la gestion leur était confiée. Mais, du moins, leur in-

---

(1) Il faut dire que cette apathie n'était pas particulière aux Oukils. C'est un des traits saillants du caractère musulman. Les marchands et les industriels ne tiennent pas d'écritures, en général.

curie et leur incapacité n'allaient pas jusqu'au complet oubli de leurs intérêts, et ils avaient sous la main un moyen de remédier aux inconvénients de cette lacune. A la Grande-Mosquée était déposé un sommier de consistance générale des propriétés des mosquées, chapelles, zaouïa, écoles, tombes et cimetières. Ce document portait le nom d'*Oukfia*. Il était dressé, paraîtrait-il, avec beaucoup de soin, de clarté et d'exactitude ; chaque établissement y avait son chapitre spécial où étaient groupés les biens composant la dotation, en sorte que les Oukils pouvaient le consulter aisément et utilement. L'Oukfia étant un document authentique, faisait foi en justice, et un titre adiré était remplacé par la simple justification de l'inscription de l'immeuble sur ce sommier.

Ce document important a disparu en 1843, lorsque l'administration française a pris possession des archives de la Grande-Mosquée, à la suite de la destitution et de l'expulsion du Mufti Maléki. Il n'est pas difficile de comprendre dans quel intérêt cette soustraction a eu lieu ; bien des oukils infidèles, qui s'étaient rendus coupables de stellionnats scandaleux, tenaient essentiellement à ce que nos administrateurs n'eussent pas à leur disposition un élément de contrôle et de recherche fort précieux pour nous, mais fort gênant et fort compromettant pour ceux qui avaient abusé de leur position et de leur mandat.

Toutefois, la perte a pu être réparée jusqu'à un certain point. Une copie de cette *oukfia*, malheureusement fort incomplète, était déposée chez le cadi Maleki et a pu être recueillie par le service des Domaines. Cette copie n'est pas datée, mais certains rapprochements que j'ai été à même de faire m'ont permis de reconnaître que sa confection devait avoir eu lieu vers le commencement du douzième siècle de l'hégire, c'est-à-dire de 1101 à 1125, soit de 1687 à 1714 de l'ère chrétienne.

## II.

L'établissement connu sous le nom de *Sidi Djami* se composait de : 1° une mosquée de rang inférieur, basse et mesquine, sans minaret ; 2° une *kobba* ou local couvert d'un dôme, du même style et de très-petite dimension, renfermant la tombe du marabout, laquelle était surmontée d'une châsse en bois ou *tabout*, qu'ornaient plusieurs drapeaux ; 3° des latrines avec fontaines pour les ablutions ; 4° un cimetière spécial.

Je donne ci-dessous les seuls renseignements que j'aie pu recueillir sur cet édifice dans les manuscrits. Ils n'établissent pas à quelle époque vivait le saint turc Sidi Djami, dont la légende est oubliée de nos jours, ni à quelle date remonte la construction de l'établissement. La tradition est également muette sur ces deux points.

Voici les renseignements que j'ai annoncés :

1. Mosquée (djama)(1) du cheikh vertueux *Sidi Djami* (سيدي جامع), sise hors de la porte du ruisseau (*Oukfia*) (2).

2. Tombeau (Darih) du cheikh béni *Sidi Djami* (سيدي جامع), que Dieu nous soit propice par l'effet de ses mérites, amen !( Acte du cadi Hanafi, d'Alger, en date du commencement de moharrem de l'année 1119, soit du 4 au 13 avril 1707).

3. Moustafa Odabachi Ismaël, oukil de Sidi Djami. (Pièce administrative en date de 1176, soit 1762-63.)

4. Mosquée (mesdjed) de *Sidi Djami* (جامع), sise hors de la porte du ruisseau, et dont est oukil le sid Moustafa le tailleur. (Acte de 1200, soit de 1785-86.)

### III.

La dotation de Sidi Djami se composait de 17 boutiques, 5 maisons, une chambre, un moulin et un terrain rural. Un travail fait en 1834 n'attribue à cet édifice qu'un revenu de 202 fr. 90 c., la plupart de ses biens ayant été démolis ; le chiffre des dépenses n'y est pas indiqué. Elles consistaient en achat de nattes et d'huile, et en frais de blanchiment.

Le personnel se composait uniquement d'un oukil, ou administrateur, remplissant aussi les fonctions d'imam et de mouedden, et qui devait toujours être un Turc. Le dernier oukil a été le sieur Ali ben Ramdan, nommé en 1835.

### IV.

Cet établissement fut enlevé à sa destination pieuse dès les premières années de la conquête française. Occupé pendant longtemps

---

(1) L'oukfia aurait dû qualifier cette mosquée de *mesdjed*, puisque régulièrement l'expression de *djama* ne doit s'appliquer qu'aux mosquées à khotba.

(2) La fin du paragraphe précédent fait connaître la date à laquelle, d'après mes calculs, remonte la confection de l'oukfia.

par la gendarmerie et remis au Domaine par le service des ponts-et-chaussées le 12 août 1850, il fut loué, la même année, au supérieur des Trappistes, et n'a cessé, depuis, de conserver cette affectation.

Cet édifice, connu aujourd'hui sous le nom de *Petit-Staoueli* est situé en face de l'entrée inférieure du jardin Marengo, sur la droite de la route qui monte à la Casba, dominant la route qui aboutit à la nouvelle porte Bab-el-Oued.

## CHAPITRE II.

§ 1er. Tombe bent Dja'far. — § 2. Tombe Mohammed En-Necha — § 3. Tombe El-Hadj Pacha — § 4. Tombe Haçan Pacha.— § 5. Tombe cheikh Ezzerad. — § 6. Sidi el Yakout. — § 7. Sidi Kettani.

### § 1er. *Tombe bent Dja'far.*

Le premier soin des Français, lorsqu'ils eurent pris possession d'Alger, fut de tailler un peu de place aux vivants au détriment des morts, et de dégager les abords de la ville de cette multitude de tombes qui les envahissaient. Non-seulement, cette extension donnée aux cimetières et leur proximité immédiate des habitations étaient contraires à nos usages, fondées sur l'hygiène, mais encore les terrains usurpés par les sépultures nous étaient indispensables pour la création des routes, jardins et établissements qu'un peuple civilisé et actif s'empresse de fonder là où il s'implante. Je dois dire, cependant, que le travail de transformation ne fut pas accompli avec tout le respect auquel les morts avaient droit, et ressembla un peu trop à une profanation. Pendant plusieurs années, on put voir, dispersés çà et là, des amas d'ossements tirés brusquement de leurs tombes et jetés au vent avec une certaine brutalité. Quelques précautions auraient suffi pour éviter cette violation des tombeaux qui a causé une profonde sensation parmi les indigènes et a fait naître chez eux l'idée que les cendres des morts ne nous sont pas sacrées.

La négligence fâcheuse avec laquelle ont été exécutés des travaux qui auraient dû, au contraire, être l'objet d'une organisation et d'une surveillance attentives et minutieuses, a eu également des effets fort regrettables au point de vue historique. Une partie des annales d'Alger étaient là, gravées sur le marbre ou sur l'ardoise et ces pages ont été livrées insoucieusement à la destruction et à la dilapidation. Il y avait, en effet, une abondante moisson de documents épigraphiques à faire au profit de la chronologie des pachas et des principaux fonctionnaires de la Régence; mais une faible partie seulement de ces pierres tumulaires a pu parvenir à la Bibliothèque publique, et encore est-ce, en général, par suite de circonstances fortuites; les autres sont devenues la proie des voleurs et des spéculateurs, et ont été employées comme matériaux.

L'histoire doit surtout regretter l'anéantissement complet d'un cimetière réservé aux pachas, et que cite l'historien espagnol Haedo, qui écrivait vers la fin du seizième siècle.

Parmi les innombrables tombes qu'a balayées le souffle de la civilisation, quelques-unes se trouvaient élevées au rang d'édifices religieux, par cette circonstance qu'elles avaient une dotation et un oukil, et que, par suite, elles se trouvaient consignées dans l'oukfia.

Voici l'une des mentions de cette catégorie que renferme ce document :

« *Kobba* (1) de celle qui a été l'objet de la miséricorde divine,
» bent (la fille de) Dja'far Ketaniya, sise hors de la porte du ruis-
» seau. Elle possède une boutique sise, etc. »

Ce renseignement est le seul que j'aie pu trouver au sujet de cette tombe.

### § 2. *Tombe Mohammed En-Necha*.

Je trouve dans l'oukfia la mention suivante :

« *Kobba* du savant le sid Mohammed En-Necha (النشا), sise hors
» de la porte du ruisseau, au-dessous du tombeau de Sidi Abder-
» rahman Etta'lbi. Elle possède deux boutiques sises à, etc. et
» une ferme située à, etc. »

La tradition ni les documents n'ont pu me donner d'autres indications.

### § 3. *Tombe el Hadj Pacha*.

L'oukfia contient également la mention ci-après :

« *Kobba* d'el Hadj Pacha, hors de la porte du ruisseau. »

Elle ajoute que sa dotation se compose de trois boutiques, et elle les désigne aussi minutieusement que possible. Non seulement, les Algériens ne connaissaient pas le numérotage des maisons, mais

---

(1) Monument surmonté d'un dôme. C'est ce que nous appelons un *marabout*.

encore ils ne donnaient pas de noms particuliers à chacune des rues de leur ville. Il n'est donc peut-être pas hors de propos de faire connaître, par un exemple puisé dans l'article de l'oukfia que je viens de citer, comment ils formulaient les désignations de propriétés urbaines :

« Boutique sise dans la rue de la Porte du ruisseau, vis-à-vis de
» la porte orientale de la mosquée d'Ali Bitchnin, laquelle boutique
» est la première à gauche en partant d'un *aloui* (1) qui est là, pour
» aller vers la mosquée de sidi er-Rahbi. »

Mais je reviens à ma coupole. Le titre de pacha était quelquefois employé comme sobriquet, ainsi qu'on en trouvera des exemples dans ce travail. Quand on le rencontre, il ne faut donc pas trop se hâter de conclure qu'on a affaire à un pacha de bon aloi. Cependant je suis disposé à penser que la kobba dont il s'agit ici appartenait à un personnage historique. Si ma supposition est fondée, il s'agirait d'un Turc qui a fait l'intérim du commandement en chef de la Régence, en 1543, à la mort de l'eunuque Haçan Ara, l'heureux défenseur d'Alger contre l'empereur Charles-Quint. Dans cette pensée, il ne m'a pas paru sans intérêt de traduire sur ce sujet quelques passages de la *Topographie et Histoire générale d'Alger*, publiée à Valladolid en 1612, par le bénédictin Diego de Haedo.

« Chapitre IIII. De agi Baxa (2), quatrième Roi (3).

« Le même jour que mourut Asan-Aga (4), les Janissaires et Turcs qui se trouvaient à Alger, sans attendre que le Turc (5) envoyât un roi de Constantinople, proclamèrent roi, d'un commun consentement, un turc de grande distinction qui s'appelait *El Agi* (6), ce qui signifie le pèlerin, attendu que sa dévotion l'avait porté à aller à la Mecque et à Médine, où est enterré l'honoré Mahomet ; et de là vient que, laissant de côté son nom propre, on l'appelait seulement El Agi, mot qui, en langue turque, signifie pèlerin ......... ». Cet Agi était fort considéré à Alger et jouissait d'une grande répu-

---

(1) Entresol, local perché au-dessus de boutiques et ayant généralement un escalier extérieur.
(2) Orthographe espagnole des mots arabes *Hadj Pacha*. N. Du trad.
(3) Haedo donne le titre de Rois (Reyes aux pachas de cette époque, tandis qu'ils n'étaient en réalité que de simples gouverneurs-généraux nommés par la Porte et remplacés ordinairement tous les trois ans.
(4) En septembre 1543.
(5) Le Grand-Seigneur ou Grand-Turc.
(6) El Hadj ou Hadji.

tation, et cela tenait principalement à ce que, dans plusieurs circonstances et depuis plusieurs années, il s'était signalé dans beaucoup d'affaires de paix et de guerre. Sa capacité et sa bravoure furent surtout mises au jour quand l'Empereur Charles-Quint, de glorieuse mémoire, posa le siège devant Alger, parce qu'il était alors Bilerbey, ce qui est capitaine-général de la milice ; à cette époque, la conduite des Turcs fut réglée d'après ses conseils et par son habileté............

Après cette victoire, El Agi retourna sur-le-champ à Alger, fort content............ et quinze jours ne se passèrent pas qu'il arriva de Constantinople un nouveau roi promu par le Grand-Turc ; en sorte que son gouvernement ne dura que huit mois et demi ou un peu plus ; après quoi El Agi vécut encore quatre années, au bout desquelles il mourut d'une fièvre, à l'âge de 80 ans. C'était un homme de haute taille, gros et fort chargé de chairs, et brun. Il avait pour femme une Morisque de Valence, de laquelle il lui restait seulement une fille qui fut l'épouse du caïd Daoud. Il est inhumé tout près des sépultures des Rois, hors de la porte Bab-el-Oued, dans une kobba (1) qui n'est pas si grande que les autres. »

La considération et l'affection dont el Hadj pacha était l'objet à Alger, d'après Haedo, permettent de supposer qu'une dotation a été constituée à sa tombe pour en perpétuer l'entretien, et que cette tombe n'est autre que la kobba consignée sur l'oukfia.

Je n'ai d'ailleurs trouvé de renseignements à ce sujet que dans ce dernier document.

§ 4. *Tombe Haçan pacha.*

Je trouve dans l'oukfia l'article suivant :

« Chapelle (kobba) de celui qui a été l'objet de la miséricorde
« divine, Haçan pacha, hors la porte du ruisseau (Bab-el-Oued),
« près du tombeau du cheikh Ezzerad. »

D'après l'oukfia, la dotation de cette chapelle ne consistait qu'en une maison. Je n'ai pu trouver d'autres renseignements.

Plusieurs pachas du nom de Haçan, — avec lequel les indigènes confondent quelquefois celui de Hoçaïn, — sont décédés à Alger, mais nul indice ne me permet de reconnaître quel est celui d'entre eux dont la sépulture se trouve consignée sur l'oukfia comme ayant

---

(1) L'expression *cuba* employée par l'auteur espagnol n'est autre chose que le mot arabe *kobba* que j'ai déjà eu l'occasion d'expliquer.

une dotation et, par suite, un oukil. Les dimensions de mon cadre ne m'ont pas permis de me lancer à ce sujet dans une digression historique qui aurait eu le tort de ne présenter que des hypothèses plus ou moins admissibles.

### § 5. *Tombe cheikh Ezzerad.*

Je n'ai d'autre autorité, pour le présent paragraphe, que la mention précédente de l'oukfia, dans laquelle il est dit que la tombe de Haçan pacha, sise hors de la porte du ruisseau (Bab-el-Oued), se trouve auprès du :

« Tombeau (d'arih) du cheikh Ezzerad (ضريح الشيخ الزراد). »

La tradition n'a conservé aucun souvenir de ces tombes.

### § 6. *Sidi el Yakout.*

Un acte de propriété passé par-devant le cadi Hanafi d'Alger, à la date du milieu du mois de Redjeb de l'an 1130 (du 10 au 19 juin 1718), mentionne :

« Le tombeau de Sidi el Yakout (ضريح سيدى اليافوت), hors
» de la porte du ruisseau. »

L'expression de *Sidi*, qui est employée dans cette pièce, indique qu'il s'agit d'un marabout. Il m'a été impossible de me procurer d'autres renseignements.

### § 7. *Sidi Kettani.*

Sur le bord de la mer se trouvait la kobba de sidi Kettani (ou El Kettani), dont l'existence m'a été révélée par la tradition et sur laquelle je n'ai pu trouver aucun renseignement dans les manuscrits. Cette chapelle était un peu au-dessus du point où la partie des nouvelles fortifications qui est perpendiculaire à la mer vient se baigner dans les flots. Il y avait sur ce point une batterie qui portait le nom de son saint voisin.

Avant de serrer la place de plus près, nous allons visiter quatre édifices qui n'en sont pas aussi rapprochés que ceux que nous venons de passer en revue, mais qui, pourtant, n'en sont pas assez éloignés pour pouvoir être classés dans les établissements de la banlieue.

Cette excursion sera l'objet du chapitre suivant :

## CHAPITRE III.

§ 1er. Chapelle de sidi Yakoub. — § 2. Mosquée de Mohammed-Pacha. — § 3. Chapelle de sidi Meçaoud.

### § 1er. *Chapelle de sidi Yakoub.*

A l'extrémité occidentale de la place qui se trouve à environ 1,000 mètres au N.-O. d'Alger, un peu avant les premiers contreforts de la montagne de Bouzaréa, qui de ce côté restreint l'horison de la capitale de l'Algérie et s'oppose au développement du quartier Bab-el-Oued, on aperçoit, perchée sur un monticule et ombragée par un bouquet d'arbres, une kobba de dimensions moyennes. Elle renferme la tombe de sidi Yakoub, marabout dont la légende est oubliée de nos jours. A cette kobba était annexé un cimetière spécial.

Voici les seuls renseignements que j'aie pu recueillir sur cet édifice dans des manuscrits :

1. Champ situé à *Aguenan* (1), près de sidi Yakoub. (Acte du cadi Hanafi, en date de l'année 1015, soit 1606-07 de J.-C.)
2. Zaouia du cheikh béni sidi Yakoub (يعقوب) sise à la plage, hors de la porte du ruisseau (oukfia).
3. El hadj-Mohammed ben Abdallah, oukil de sidi Yakoub. (Acte de 1115, soit 1703-04 de J.-C.)
4. Jardin potager sis près du tombeau (d'arih) du saint et vertueux sidi Yakoub, que Dieu nous soit propice par ses mérites, amen ! hors de la porte du ruisseau. (Acte de 1151, soit 1738-39)
5. Ahmed el Ankchaïry manzoul ára, oukil de sidi Yakoub. (Acte de 1206, soit 1791-92)
6. Succession de Dali-Haçan, oukil de sidi Yakoub, dont le produit est de 40 fr. 20 c. (Note copiée sur un registre du Beit-el-Mal et datée de 1214, soit 1799-1800)

La dotation de sidi Yakoub se composait de six boutiques, un jardin potager et un champ. Cet édifice, occupé militairement dès

---

(1) Ce quartier s'appelait anciennement *Fahs el Djenaïn*, la banlieue des jardins. Le mot el Djenaïn s'est altéré en *aguenan*, qui serait la prononciation kabile.

les premiers jours de la conquête, est encore considéré comme une annexe de l'hôpital militaire de la Salpétrière.

### § 2. *Mosquée de Mohammed-Pacha.*

Vis-à-vis de la kobba de sidi Yakoub, sur le bord de la mer, se trouvait une petite mosquée que les Français ont démolie depuis longtemps. Peu d'indigènes se la rappellent, et encore ceux qui l'ont connue ignorent-ils qu'elle était une fondation de Mohammed-Pacha, ce dey extraordinaire dont le gouvernement a eu une durée insolite de 25 années, ayant commencé en 1179 (1765-66) et fini en 1205 (1790-91).

Voici, d'ailleurs, le seul renseignement que j'aie trouvé au sujet de cette petite mosquée. Il est puisé dans un acte passé par-devant le cadi Hanafi en 1197 (1782-83) :

« Mohammed-Pacha, après avoir fondé un Habous au profit du cimetière des martyrs de la guerre sainte et du puits qu'il renferme, hors de la porte d'Azzoun, déclare, par l'organe de son chaouche, que cette fondation est également au profit de la mosquée qu'il a fait construire près de la plage, hors de la porte du ruisseau (Bab-el-Oued), ainsi que la fontaine qui se trouve là. »

### § 3. *Sidi Meçaoud.*

Près des fours à chaux, à environ 500 mètres de la porte Bab-el-Oued, se trouve une kobba dont les grandes dimensions annoncent un saint de quelque célébrité. Cependant, il n'existe dans les archives que j'ai compulsées aucune trace de cet édifice que la tradition semble aussi avoir oublié. Un seul indigène m'a assuré que cette kobba renferme les restes de *sidi Meçaoud*, dont elle porterait le nom. Je ne publie cette assertion isolée que sous toutes réserves et à titre de simple renseignement. Il paraîtrait que cette chapelle, entourée d'ailleurs de cimetières, était spécialement fréquentée par les chaufourniers et les briquetiers dont les établissements se trouvaient aux alentours.

Cette kobba appartient aujourd'hui à mon beau-père, M. Geyler, l'un des plus anciens entrepreneurs de travaux publics d'Alger, qui l'a convertie en maison d'habitation.

## CHAPITRE IV.

### MOSQUÉE ET CHAPELLE DE SIDI SA'DI.

En quittant Sidi-Meçaoud pour revenir vers la ville, on trouve un édifice assez grand, qui renferme les restes du saint sidi Sa'di. Il est au-dessus du jardin Marengo, contre le nouveau rempart, et marque, à peu près, la limite qu'atteignaient, sur les hauteurs, les établissements de ce genre, placés de préférence dans les endroits d'un accès facile.

Cet édifice se compose d'un mesdjed (petite mosquée) sans minaret, d'une habitation et d'une kobba renfermant la tombe de ce marabout très-vénéré, laquelle est surmontée d'un *tabout* (châsse) orné de drapeaux.

Le marabout sidi Es-Sa'di, ou vulgairement *sidi Sa'di*, vivait encore en 1119 (1707-08), ainsi que le constatent les documents que j'ai consultés ; mais je n'ai pu connaître ni la date de la construction de l'édifice ni le nom de son fondateur. Une légende populaire attribuerait, dit-on, cette construction à la reconnaissance d'un pacha, auquel le marabout aurait prédit son élévation au pouvoir. Cette tradition n'a rien de bien précis.

Voici les renseignements que j'ai recueillis dans ces documents :

1. Mention d'un achat d'immeuble fait par le théologien, le savant, l'illustre, le pur, le *docteur de la voie orthodoxe*, Abou Abd-Allah, le Sid Mohammed Es-Sa'di, fils de Sid Mohammed, que Dieu déverse sur nous une partie des bénédictions dont il est l'objet ! (Acte de 1118, soit 1706-7)

2. Constitution de Habous, faite par le théologien, le savant, le très-docte, le saint, le vertueux, le divin, le modèle, l'éloquent AbouAbd-Allah, Sidi Mohammed Es-Sa'di, fils du défunt Sid Mohammed, que Dieu nous soit propice par ses mérites et par les mérites de ses semblables. (Acte de 1119, soit 1707-8)

3. Le tombeau du saint et vertueux, l'étoile polaire, Sidi Es-Sadi, sis hors de la porte du Ruisseau, que Dieu nous soit propice par ses mérites et ceux de ses semblables. (Acte de 1147, soit 1734-35) »

La dotation de cet édifice se composait de 1 campagne, 3 maisons, 2 poteries et 2 boutiques, dont le revenu, en 1834, n'était évalué qu'à 255 fr. 60 c. La charge d'oukil était héréditaire dans la famille du marabout.

La kobba n'a jamais cessé d'être consacrée au culte et a encore cette affectation. La mosquée, au contraire, a été détournée de sa destination dès les premiers jours de la conquête française. En 1847, elle était occupée par le service du génie militaire ; et, en 1850, elle fut affectée au dépôt des poudres à feu du service des contributions diverses.

## CHAPITRE V.

1er. Sidi Mohammed ben Khelifa. — § 2. Marabout Et-Tebib. — § 3. Mosquée près de Sidi Abderrahman. — § 4. Sidi Boudouma. — § 5. Les hommes du trou.

### § 1er. *Sidi Mohammed ben Khelifa.*

Non loin de la kobba de Sidi Sa'di, au-dessus de notre jardin public, s'élevait la tombe du marabout Sidi Mohammed ben Khelifa, au sujet duquel je n'ai pu recueillir que l'unique renseignement ci après, puisé dans un acte du cadi, en date du commencement de Redjeb 1222 (du 4 au 13 septembre 1807) :

« Tombe (d'arih) du saint, de l'étoile polaire, du divin Sidi Mohammed ben Khelifa (خليفة), que Dieu nous soit propice par ses mérites, amen ! sis hors de la porte du Ruisseau, et attenant aux poteries. »

### § 2. *Marabout Et-Tebib.*

D'après certains documents administratifs, il aurait existé, au-dessus du jardin Marengo, un tombeau qu'un dey fit élever à son médecin, sans que la tradition rapporte leurs noms, et qui serait connu sous la dénomination d'*El-Merabot et-Tebib* (le marabout médecin).

Quant à moi, je n'ai pu trouver trace de ce tombeau, ni dans les documents, ni dans la tradition (1).

### § 3. *Mosquée près de Sidi Abderrahman.*

Selon quelques indigènes, il aurait existé, au-dessus de l'établissement de Sidi Abderrahman et-Tsa'lbi, une très-petite mosquée, qui aurait été démolie par les Français, et dont l'emplacement se trouverait englobé aujourd'hui dans la maison Antonini, qui vient d'être, elle-même, démolie pour la construction du Lycée.

Je n'ai trouvé aucune trace de cet édifice dans les documents que j'ai consultés.

### § 4. *Sidi Boudouma.*

Tout près de Sidi Abderrahman, se trouve un petit monument,

---

(1) Les inscriptions de ce tombeau sont au Musée d'Alger et le tombeau lui-même a été transporté dans le jardin Marengo, où il forme une petite koubba ouverte de quatre côtés, dans l'endroit dit *Bosquet de la Reine*. Il était jadis au-dessus du grand caroubier qui domine le jardin zoologique. La famille des Ben et-Tebib existe encore à Alger. — *N. de l'Édit.*

qui ne doit guère mesurer plus d'un mètre cube, et qui est terminé par une espèce de dôme. Cette maçonnerie, fort délabrée et fort insignifiante, recouvre la tombe de Sidi Boudouma, marabout peu célèbre, sur lequel je n'ai trouvé aucun renseignement écrit.

§ 5. *Les hommes du trou.*

Une grande dépression de terrain, aujourd'hui comblée et sise, dit-on, dans la partie basse du jardin Marengo, renfermait la dépouille mortelle de plusieurs personnages qui, bien que réputés saints, n'avaient pas légué leurs noms à la postérité et n'étaient connus que sous la désignation collective de *Ridjal el-Hafra*, les hommes de l'excavation. C'étaient probablement des martyrs, c'est-à-dire des victimes d'une guerre contre les chrétiens. Des offrandes étaient fréquemment apportées par les fidèles sur ces tombes anonymes, dont l'entretien et la garde étaient confiés à une femme. Des renseignements plus précis font absolument défaut.

## CHAPITRE VI.

### ZAOUÍA DU MARABOUT SIDI AMAR ET-TENSI.

Dans le fossé même de la ville, au-dessus de la porte Bab-el-Oued, à peu près à la hauteur du marabout Sidi Abderrahman et-Tsalbi se trouvait l'établissement du saint *Sidi Amar et-Tensi* (le Ténesien).

Cet établissement était qualifié de Zaouïa, bien qu'il ne renfermât pas de logement pour les tolbas, ni d'école supérieure (mdersa). Il se composait d'un *mesdjed* sans minaret et d'une kobba renfermant la tombe du marabout, surmontée d'un tabout qu'ornaient de nombreux drapeaux.

Les documents dont je donne, plus loin, des traductions entières ou des extraits, nous apprennent qu'en 1020 (1611 de J. C.), le mesdjed était déjà construit et était connu sous le nom du marabout, encore vivant ; mais on ne peut pas reconnaître si cet édifice a été bâti par le marabout lui-même, ou s'il a été construit par quelque pieux Musulman, qui l'aurait édifié en son honneur, ou, enfin si le saint n'était qu'administrateur d'une mosquée existant depuis quelque temps La première de ces versions me paraît, cependant, la plus probable.

Plus tard, le marabout étant décédé fut inhumé dans un local qu'il affectionnait de son vivant et dépendant de cette mosquée, et cet établissement a porté son nom jusqu'à nos jours.

Voici les renseignements concernant cet établissement :

1. Achat d'immeubles effectué par Sidi Amar et-Tensi. (Acte de 983, soit 1576.)

2. *Traduction entière d'un acte portant le cachet de Moustafa-Pacha.*

Louange à Dieu. Le cheikh (1). . . . . . . . . . . . .
. . . . . le pieux, le saint, le vertueux, le béni, celui qui témoigne (de l'unité de Dieu), et qui vit dans la crainte du Dieu Très-Haut, *Abou-Hafs* Sidi Amar et-Tensi, que Dieu le revête des vêtements de la guérison et de la santé, et l'assiste. . . . . .
. . . . . . les seigneurs ses semblables, a constitué en habous la totalité d'une maison avec écurie située au-dessous d'*El-Boteha*, près des remparts de la ville, mentionnée dans l'acte précédent, au profit du puits que ledit cheikh, fondateur du habous, a fait établir près de la mosquée (mesdjed) connue sous son nom, et située hors de la porte du Ruisseau (Bab-el-Oued), l'une des portes d'Alger, gardée par le Dieu Très-Haut. Les revenus de cet immeuble seront dépensés pour
. . . . susdit et ses besoins en fait de cordes, de seaux et autres objets et réparations qui seront nécessaires. L'excédant sera dépensé en distributions de nourriture aux pauvres et aux malheureux, ainsi que ledit cheikh (que Dieu le conserve !) a l'habitude de faire dans son local. Il a fait choix de sa fille, la libre, la pure, la noble dame Fetouma, pour être son exécuteur testamentaire relativement à ces fonds. . . . . . . . . . . .
. . . . . . ses appartenances, dépendances et accessoires intérieurs et extérieurs, anciens et nouveaux. Ce habous est valide, éternel et durable ; il ne pourra devenir l'objet d'une vente, d'une donation ni d'un héritage ; ses dispositions seront respectées, sa constitution sera maintenue sans altération ni modification jusqu'à ce que Dieu hérite de la terre et de ceux qu'elle porte, et il est, certainement, le meilleur des héritiers. Quiconque tentera d'altérer ou modifier ce habous, Dieu lui en demandera compte et tirera vengeance de son entreprise : ceux qui ont pratiqué l'arbitraire apprendront quel est le châtiment qui leur est réservé. — Il

---

(1) Ces lacunes sont le fait de la vétusté du document.

a donné mandat au jeune, glorieux, noble, pur, agréable, etc., Sid Abderrahman, fils du défunt *Khetib* Sidi Tabar, de prendre possession dudit habous pour le *compte de qui a été mentionné*. En conséquence, ce dernier s'est mis en possession dudit habous, pour le compte de qui a été dit, d'une manière complète et au vu des deux *témoins de cet acte*. — Tout cela a eu lieu avec l'autorisation du Maître Magnanime, du Prince des Princes . . . . la puissance et la considération, notre maître *Abou Mohammed*, Moustafa-Pacha, possesseur du trône de la (ville) bien gardée d'Alger, à la date du présent (que Dieu lui soit en aide par son assistance et lui accorde une délivrance éclatante!), et, après qu'il (que Dieu l'assiste!) eut permis tout cela, par suite de son amour pour les gens choisis par Dieu et de sa sollicitude pour le bien, et dans la pensée que cette bonne œuvre est faite en vue de Dieu. Il (que Dieu l'assiste!) a permis audit cheikh de disposer, par voie d'aumône, de tout ce qui lui plaira, sans avoir rien à redouter de l'intervention du Beit el-Mal, et de faire telles stipulations qu'il jugerait convenables, alors même qu'il s'agirait d'un volume d'or égal à celui de la terre. Il (que Dieu facilite ses affaires!) a pris les deux signataires du présent en témoignage relativement à cela; renonçant à l'exercice de tous droits sur ces biens, malgré la pénurie de ses ressources financières, il a autorisé les dispositions projetées par ledit cheikh, dans l'espérance que Dieu l'en récompensera en lui accordant son salut. Il a été témoigné pour lui (que Dieu l'assiste!), pour le cheikh, pour celui qui a pris possession, pour la fille Fetouma et la mère de celle-ci, appelée Salamat, et la sanction qu'elles ont donnée à cela, étant tous dans l'état voulu par la loi, excepté le cheikh, qui est en état de maladie (que Dieu lui accorde la guérison!), etc., à la date des derniers jours de Djoumada 2° de l'année 1020 (du 31 août au 8 septembre 1611).

(Suit la signature des deux assesseurs du cadi)

*Nota.* En outre de ce qui est particulier à Sidi Amar et-Tensi, cet acte est très-intéressant au point de vue des habous. Je signalerai notamment le passage où le pacha, malgré la pénurie des ressources financières de la Régence, autorise le marabout à fonder des habous, sans avoir rien à redouter du Beit el-Mal, et renonce à tous les droits que lui confère la loi musulmane sur les successions. .

3. *Traduction entière d'un acte portant le cachet du pacha Moustafa.*

Au nom du Dieu clément et miséricordieux que Dieu répande

les grâces sur notre Seigneur et Maître, ainsi que sur sa famille et sur ses compagnons, et qu'il leur accorde le salut !

(*Cachet du Pacha :* MOUSTAFA)

Louange à Dieu. Le saint, le vertueux, le béni, le modèle, qui attire des bénédictions, *Abou-Hafs* Sidi Amar, fils de Sidi Moussa et-Tensi, mentionné dans l'acte qui aura, s'il plaît à Dieu, la fin de son parchemin cousue au commencement de celui-ci, se trouvant dans un état de maladie qui l'oblige à s'aliter, mais jouissant de la plénitude de ses facultés intellectuelles, comprenant ce qu'il dit et ce que l'on lui dit, attestant que Dieu est unique, et que notre Seigneur et Maître Mohammed ( que Dieu répande ses grâces sur lui !) est son envoyé, a pris les deux signataires du présent acte en témoignage contre lui-même, déclarant constituer habous la totalité de la maison située au quartier d'*El-Hammam el-Malah* (1).

. . . . . . . . . ., dont la porte est en face de la maison du Cherchellien (Ech-Chercheli), dans l'intérieur d'Alger la Protégée. .

. . . . . . . . . ., laquelle maison est mentionnée avec lui dans ledit acte . . . . . . . . . . . . . . . . . . . . . . . .

. . . . . . après sa mort à son épouse. . . . . . .

. . . . . . elles jouiront de cela par portions égales. Celle qui mourra. . . . . . . . . . . . . . . . . . . . . . . . . .

susdite comme habous à la mosquée connue sous son nom, et située hors la porte du Ruisseau (Bab-el-Oued. . . . . . .

. . . . . . dans le voisinage du tombeau du cheikh, de l'étoile polaire Sidi Abderrahman et-Tsa'lbi, que Dieu nous soit propice . . . . . . . . . . . . . . . . . . . . . . . . . .

La surveillance de cette fondation, quand elle aura fait retour à la mosquée, à celui que Dieu aura choisi pour le remplacer parmi ceux que leur piété rend dignes de confiance . . . . . . .

. . . . . . et qui sera Imam de la mosquée ; ladite maison sera louée par les soins de ce dernier ; après le prélèvement des sommes nécessaires à l'entretien et à la conservation de l'immeuble, les revenus seront affectés au salaire de celui qui lira le Koran dans ladite mosquée, à des distributions de nourriture aux pauvres et aux malheureux qui s'y trouveront, à la paie du Mouedden et de l'Imam et à l'achat de nattes et d'huile pour ladite mosquée, conformément à ce qu'il faisait, lui, tant pour la nourriture que pour le reste, et sans la moindre omission. Ce habous est complet et

---

(1) Désignation qui peut s'appliquer aux rues Doria, Jean-Bart et Risson.

éternel ; il ne pourra être l'objet de vente, de donation ou d'héritage, et on ne pourra en modifier les dispositions jusqu'à ce que Dieu, le Très-Haut, hérite de la terre et de ceux qu'elle porte, et il est certainement le meilleur des héritiers. Quiconque entreprendra de l'altérer ou de le modifier, sera interrogé par Dieu, qui lui demandera compte de son action et en tirera vengeance. Ceux qui ont pratiqué l'arbitraire apprendront de quel châtiment ils seront atteints . . . . . . . . . . . . . . . . . . . . . . . . . . . . .
. . . . . Le cheikh Sidi . . . . . . . . . . . . . . . . . . .
. . . . . . . . . . . . . . . . . . . . a autorisé . . . . . . .
. . . . . . . . . . . pour elles-mêmes et pour . . . .
. . . . . . . . . . . . , ainsi que l'exige la loi. Et cela après que chacune d'elles eut sanctionné ladite constitution de habous . . . . . . . . . . . . . . . . . . . . . . . . . . . .
. . . . . susdit, au Maître, le très-noble, le glorieux, l'excellent, le très-fortuné, le très-élevé, notre Maître *Abou Mohammed, Moustafa-Pacha*, que Dieu l'assiste . . . . . . . . . . . .
. . . . . . . . . . . . . . . du gouvernement de ladite ville, l'époque présente, et lui demanda sa sanction et son autorisation pour ce qui a été dit . . . . . . . . . . . . . . . . . . .
Alors, il (que Dieu l'assiste!) lui accorda sa sanction relativement audit habous, et il lui donna, à ce sujet, une autorisation pleine et entière. — Il a été témoigné en ce qui concerne sa déclaration pour cet objet. Il a été aussi témoigné pour le cheikh Sidi Amar susnommé, relativement à tout ce qui le concerne dans cet acte, lui étant dans l'état sus-indiqué, pour le seigneur Moustafa-Pacha et les bénéficiaires du habous, *Salamat* et *Fatma* susdites, qui sont dans l'état voulu par la loi, à la date des derniers jours de Djoumada 2ᵉ de l'année mil vingt (1020) (du 31 août au 8 septembre 1611).

(Suit la signature des deux assesseurs du cadi)

4. Une constitution de habous est faite en faveur de la zaouïa du cheikh Sidi Amar et-Tensi. (Acte de 1028, soit 1618-19.)

5. Le théologien, illustre, savant et accompli Sid Mohammed ben Mohammed, oukil de la zaouïa du cheikh Sidi Amar et-Tensi. (Acte de 1031, soit 1621-22)

6. Ahmed ben Ali est oukil de la zaouïa du saint, vertueux et béni Sidi Amar et-Tensi, que Dieu lui soit propice! (Acte de 1038, soit 1628-29)

7. Copie d'une traduction d'un ordre du pacha (1).

Louange au *Dieu très-haut*. Que Dieu répande ses bénédictions sur Notre Seigneur et Maître Mohammed et sur sa famille et ses compagnons !

Par ces présentes, on fait savoir aux caïds, aux employés, aux officiers de l'État et aux gens du peuple, habitant notre forteresse d'Alger, que Dieu protége ! que le jeune homme *très-méritant, très-religieux, très-bon et très-honorable, le lecteur des Livres de Dieu Très-Haut*, le sid Mohammed Ibn Ali el-Andelosi (maure) est fils adoptif du saint cheikh et oueli Abou Hafs Amar et-Tenneci (que Dieu nous fasse profiter de ses mérites et des mérites de ceux qui lui ressemblent!), et qu'ayant pris connaissance du titre dont il est porteur et qui émane de la fille dudit cheikh, le constituant *Mocaddem de la zaouïa de son père*, à elle, qui est située hors de la porte Bab el-Oued, à l'effet de la remplacer dans toutes les fonctions de cet office ; nous avons bien voulu confirmer cette nomination et donner l'ordre de l'exécuter, afin que ledit Mohammed Ibn Ali agisse en gardien fidèle et qu'il surveille toutes les affaires de ladite zaouïa, sans exception aucune, qu'il tienne compte des recettes et des dépenses, et qu'il emploie les *revenus ordinaires et assurés* dans les bonnes œuvres, telles que distribution de nourriture, solde des lecteurs du Coran, des Tolbas, du Moueddin et de l'Imam, des domestiques, frais du mobilier, de l'éclairage, des nattes et des réparations ; se conformant, en cela, à la conduite dudit cheikh et à celle de sa fille et travaillant de toute sa force pour accomplir les actes louables, en s'appuyant sur la crainte de Dieu Tout-Puissant et en suivant les pratiques du saint Apôtre et Prophète de Dieu.

En sa qualité de Mocaddem, qu'il se fasse toujours distinguer par sa piété, la générosité et la vertu : que personne ne mette obstacle à ceci, car telle est notre volonté, vu la piété du susdit, sa probité, sa vertu et les bons services qu'il a déjà rendus dans ladite zaouïa.

Nous demandons à Dieu d'être favorisé par sa grâce et guidé dans la bonne voie. — Que toute personne qui prend connaissance

---

(1) Je n'ai pas eu à ma disposition l'original de cette traduction écrite fort incorrectement, et dont il me paraît inutile de nommer l'auteur.

de ceci s'y conforme. Salut. — Écrit par ordre du serviteur de Dieu et qui met en Dieu sa confiance, le champion de la cause de Dieu, notre seigneur le Pacha Abou Abdallah Hocëin, que Dieu le soutienne !

En date du premier tiers de Doul-Hedja 1041 (du 19 au 26 juin 1632).

8. La zaouïa du cheikh, du saint, du vertueux, du divin sidi Amar et-Tensi (que Dieu nous soit propice par ses mérites !), sise hors de la porte du Ruisseau, l'une des portes d'Alger) (acte de 1042, soit 1632-33).

9. Mohammed ben Ali el-Andeloci, oukil de la zaouïa de sidi Amar et-Tensi (acte de 1065, soit 1654-55).

10. Mohammed, imam du tombeau du saint, du vertueux, du béni sidi Amar et-Tensi, sis hors de la porte du Ruisseau (acte de 1073, soit 1662-63).

11. El-Hadj Mohammed ben Mohammed, oukil de ladite zaouïa (acte de 1100, soit 1688-89).

12. Omar ben...., oukil de ladite zaouïa (acte de 1102, soit 1690-91).

13. Tombeau du cheikh, saint, vertueux, sidi Amar et-Tensi (que Dieu nous soit propice par ses mérites et ceux de ses semblables !), sis dans le fossé, hors de la porte du Ruisseau (Bab el-Oued), l'une des portes d'Alger la protégée (acte de 1113, soit 1701-02).

14. Zaouïa du cheikh sidi Amar et-Tensi (que Dieu nous soit propice par ses mérites !), sise hors de la porte du Ruisseau (oukfia).

15. En 1199 (1784-85) étaient oukils de cette zaouïa les nommés el-Hadj Abd-el-Kader, dit ben el-Oukil, et Moustafa ben el-Arbi.

16. Traduction entière d'un ordre du Pacha (1) :

« Que la louange soit adressée à Dieu autant qu'il en est digne ! Que Dieu répande ses bénédictions sur notre Seigneur

---

(1) Même observation que pour la pièce n° 7.

et notre Maître Mohammed, sur sa famille et sur ses compagnons et qu'il leur accorde le salut! (Cachet)

» Qu'il soit à la connaissance de ceux auxquels sera soumis le présent ordre, dont les termes clairs et sublimes émanent de celui dont les ordres sont exécutoires, le rang et la dignité suprêmes, en fait de magistrats et gens du peuple, composés des notables et des communs, ainsi que des fonctionnaires exerçant le pouvoir en notre ville d'Alger (défendue par Dieu, qu'il soit exalté, contre les maux de l'ennemi) et dans toute la province, particulièrement sur les territoires de Mouzaïa et Soumata (que Dieu les dirige tous et les favorise à dire les meilleures paroles et à faire le bien!), que son porteur, le bien gardé de Dieu, le très-respectable, l'informé par Dieu, le parfait, le savant, celui dont l'intelligence est aussi vaste qu'une mer, l'unique dans la ville, le seul de l'époque, le brillant, le lettré, Abou el-Hassan sid Ali ben L'Amin, connu sous ce dernier nom (que Dieu élève sa dignité et maintienne dans les régions les plus élevées son nom célèbre et son éclat!), a obtenu notre faveur: nous l'avons investi des fonctions d'oukil, vu qu'il en est digne par sa probité, sa vertu et sa piété, du tombeau du pieux, le vertueux, le saint, le protecteur, le cheikh, le célèbre Abou Hafs sid Omar ben Moussa et-Tensi, situé hors de Bab el-Oued (que Dieu nous soit favorable par ses mérites et répande sur nous de ses nombreuses faveurs et de ses grâces, par les mérites du Prophète et de sa famille!), en remplacement de son gendre, celui qui a été reçu dans le sein de la grâce du Vivant, du Subsistant, sid el-Hadj Abd-el-Kader ben el-Oukil, nommé lui-même oukil avec ses enfants après lui, suivant le testament de la fille du cheikh, ainsi que cela est constaté dans un acte du cadi, afin de surveiller lui, et ses enfants après lui, dans toutes les affaires généralement quelconques de sa zaouïa et de sa sépulture, ainsi que celles de ses deux mosquées situées tant à l'intérieur qu'à l'extérieur de la ville, d'y exercer les fonctions d'imam, y faire les prières ordinaires suivant l'usage bien établi.

» La gestion des biens habbous de la zaouïa et des mosquées situées en dedans et en dehors de la ville, ainsi que le produit de la vente des tombes et des tributs reçus de Dieu, se feront par son intermédiaire; il les emploiera aux dépenses des objets nécessaires à la zaouïa et à la mosquée, tels que huile, lampes, nattes, bâtisses, réparations et autres choses indispensables ; il donnera de l'animation à la zaouïa et à la sépulture, en procédant à la cérémonie de la naissance du très-noble Prophète, notre seigneur Mohammed (que les grâces de Dieu, ansii que les plus purs saluts soient sur lui !). Il donnera de la nourriture dans cette fête illustre, pendant ces jours heureux, bénis et dignes de louanges, aux pauvres, aux indigents et aux voyageurs.

Nous recommandons, en outre, qu'il soit traité avec le respect, la vénération, les priviléges et les honneurs attribués à sa charge et dûs à sa personne ; ils devront être observés de manière à ce qu'il ne puisse être blessé d'aucune manière, ni être porté atteinte à sa personne, ni être blessé par des paroles déplaisantes, enfin il ne subira aucun des traitements auxquels les autres personnes pourront être soumises, et aucune personne ne pourra le poursuivre de quelque manière que ce soit.

» Nous leur faisons cette faveur et nous leur renouvelons la sanction de la décision qui a été prise à leur égard en ce qui concerne l'affranchissement de toutes charges des terres dudit cheikh, des zouidjas, établies habous en sa faveur et en faveur de sa zaouïa, situées sur les territoires de Mouzaïa et Soumata, communes des Oulad Touk et des Oulad Debis, savoir : Zoudj el-Bedha, Zoudj el-Kobla, el-Ferid, ainsi que la zouidja qu'avait acquise feu Djallab ben Bou Sebâ du sid Ali Lekehal ben el-Bekouche, et que l'honorable sid El-Hadj Mohammed, ancien oukil, lui a retirée en vertu d'une décision prise par le Midjelès, qui a confirmé le habous établi primitivement sur cette terre.

» Nous les affranchissons des droits de l'achour et autres dûs à l'État ; de sorte qu'il ne leur sera pas réclamé d'achour, ni repas, grains, domestiques en corvées, taxes payées au secrétaire du magasin (katib el-makhzen), entretien d'un cheval de l'Etat, volaille donnée à l'occasion de la fête, beurre et autres objets, soient petits ou grands, dûs, suivant l'usage, à l'État, de quelque nature que ce soit.

» Cette faveur est entière et générale ; elle recommande le plus grand respect et une parfaite soumission.

» Celui auquel sera soumis cet ordre devra se conformer à son contenu, et ne pas l'enfreindre ; quiconque contreviendra à cet ordre recevra une punition méritée. — Dieu nous aidera à faire ce qui est bon ; c'est à lui que tout retourne ; c'est vers lui que tout revient ; — Il n'y a pas d'autre Dieu que lui ; — Nul autre que lui n'est adorable ; — Il n'y a de puissance et de force qu'en Dieu très-haut et très-grand ; — C'est à lui que nous rendons compte ; — Il est le meilleur représentant. — Salut.

» Écrit par ordre de l'illustre, le glorieux, notre maître, Mohammed Pacha; que Dieu l'assiste !

» A la date des 1ers jours de Redjeb (le béni) de l'année 1201 (du 19 au 28 avril 1787).

*Nota*. — Cette pièce trouve son complément dans le relevé suivant qui accompagnait la traduction que je viens de publier. (*Note de l'auteur*)

1° Ordre du sid Hassan Pacha, daté des premiers jours de Djoumad el-ouel 1206 (1792), renouvelant au cheikh Ali ben L'Amin les mêmes pouvoirs que ceux conférés par sid Mohammed Pacha, dans l'acte traduit ci-dessus.

2° Ordre de Moustafa Pacha, daté de Moharem 1213 (1799), semblable au précédent.

3° Ordre d'Ahmed Pacha, daté de choual 1220 (1806), semblable au précédent.

4° Ordre du sid Ali Pacha, daté de choual 1223 (1809), semblable au précédent.

5° Ordre de Hadj Ali Pacha, daté de safar 1224 (1818), semblable au précédent.

17. En 1206 (1791-92), le cheikh Ali ben el-Hadj Abd-el-Kader ben el-Amin était imam du tombeau du saint et vertueux sidi Amar et-Tensi, sis hors de la porte du Ruisseau.

18. Kaddour, fils d'el-Hadj Ali, ex-mufti, connu sous le nom de Ben el-Amin, était oukil du tombeau du cheikh saint, vertueux et béni sidi Amar et-Tensi (que Dieu nous soit propice par ses mérites et ceux de ses semblables, amen ! ), sis hors de la porte du Ruisseau. (Acte de 1245, soit 1829-30)

La dotation de cette zaouïa se composait de : 1 ferme, 2 jardins, 9 maisons, 14 boutiques, 1 magasin et 3 fours. En 1831, ses revenus s'élevaient à 2,223 fr. 70 cent., et elle avait dix immeubles improductifs par suite de démolition ou affectation à des services publics.

En outre des dépenses ordinaires, relatives à l'entretien de la zaouïa et au service du culte, l'oukil était tenu à des distributions de nourriture, ainsi que le constate la pièce dont j'ai donné une traduction plus haut, sous le n° 3.

Le personnel ne se composait que d'un oukil, remplissant aussi les fonctions d'imam et de Moudden. Le dernier oukil a été le sieur Ouled Cheikh Ali.

En 1831, la zaouïa dont il s'agit fut occupée par la gendarmerie, et elle n'a cessé d'être affectée au casernement militaire jusqu'à la fin de l'année 1861, époque à laquelle elle s'est trouvée englobée dans l'emplacement du nouveau Lycée.

## CHAPITRE VII.

### ZAOUIA DU MARABOUT SIDI ABDERRAHMAN ET-TSA'LBI.

#### I.

Si la plupart des marabouts ne sont que des fourbes, des fanatiques ou de pauvres hères auxquels la superstition et la naïveté musulmanes pouvaient seules prêter un mérite dont ils étaient dépourvus, quelques-uns de ces saints personnages étaient dignes, au contraire, d'être distingués par leurs vertus réelles, par leur érudition et par leur travaux sur la philologie, la philosophie, la théologie et la jurisprudence. Sidi Abderrahman et-Tsa'lbi doit être rangé dans cette dernière catégorie. Il compte au nombre des docteurs (cheikh) renommés de l'Afrique septentrionale, et a laissé une grande quantité d'ouvrages estimés. Aussi, sa célébrité a-t-elle traversé les siècles. Aujourd'hui, sidi Abderrahman et-Tsa'lbi est encore l'un des marabouts les plus en renom de l'Algérie, et sa chapelle, but de pèlerinage incessant, devait à cette vénération particulière, des ressources financières relativement considérables.

Le cheikh Abderrahman et-Tsa'lbi appartenait à la tribu des Ta'lba, qui domina dans la Metidja et y maintint sa souveraineté jusqu'à la fin du VIII° siècle de l'H., époque à partir de laquelle ses membres disparurent de cette contrée, exterminés ou réduits en esclavage par Abou Hammou II, sultan Abdelouadite.

J'emprunte les détails suivants à la traduction d'un ouvrage de l'historien Arabe Bou Ras, publiée par M. Gorguos, professeur au Lycée d'Alger et membre de la Société historique Algérienne (1) :

« Abderrahman alla étudier la science dans le Levant, vers les premières années du IX° siècle. Il s'arrêta d'abord à Bougie. Là il fit la rencontre des compagnons du cheikh Abderrahman el-Oug'lisi, et prit part à leur doctes réunions. De Bougie, il se rendit à Tunis. Il y trouva le cheikh Aïssa el-G'obrini, el-Obbi, el-Berzouli et autres docteurs. Après avoir suivi les cours qu'ils professaient, il partit pour le Caire et étudia, sous le cheikh Ouali Eddin el-I'raki, la plupart des sciences et surtout celle qui concerne les traditions. Ouali Eddin lui octroya le diplôme de docteur. Alors il accomplit le pèlerinage et put (à la Mecque) nouer des rapports avec les docteurs les plus éminents. A son retour, il trouva à Tunis Abou Abd Alláh Mohammed ben Merzouk qui allait en pèlerinage. Il étudia sous ce docteur et obtint de lui le diplôme de Maître pour l'enseignement de plusieurs branches de connaissances. »

Sidi Abderrahman et-Tsa'lbi mourut en 873 de l'ère mahométane, une quarantaine d'années avant la fondation du pouvoir turc en Algérie, ainsi qu'il résulte d'une inscription placée au-dessus de sa châsse (tabout) et dont la traduction se trouve au paragraphe suivant.

Ce marabout célèbre, dont les descendants sont excessivement nombreux, habitait, dit la tradition, une maison qui a reçu, en 1854, le n° 2 de la rue de la Charte, après en avoir porté successivement les n°° 54 et 60. Il serait mort dans cette *kheloua* (ermitage), fort délabrée aujourd'hui et destinée à être démolie prochainement (2). Tout près de cette maison, sise au fond d'une petite impasse, se trouvait une mosquée portant le nom de sidi Abderrahman et sur laquelle on trouvera de plus amples renseignements dans le chapitre qui la concerne.

L'établissement actuel de ce marabout a été construit en 1108 (1696 de J. C.) sous le gouvernement d'El-Hadj Ahmed el'Oldj (le chrétien converti à l'islamisme), El-Athchi (le cuisinier), dey d'Alger. Ce fait est constaté par une inscription placée au-dessus de la porte d'entrée de la zaouïa et dont on trouvera la traduction plus loin. Cet établissement, couvrant une superficie totale de

---

(1) Voir Revue Africaine, tome V, p. 122.
(2) Elle est englobée aujourd'hui dans l'hôtel de la Direction Générale.

1,400 mètres, se compose de : une mosquée de second rang, ayant un joli petit minaret carré, encadré de plusieurs rangs de colonnettes et de carreaux vernis, le tout de diverses couleurs ; une kobba d'assez grande dimension, assez bien ornée à l'intérieur, qui renferme quelques tombes, et le tombeau du marabout, surmonté d'un tabout (châsse), qu'ornent des drapeaux et des ex-voto ; plusieurs locaux et bâtiments d'habitation et de service, à l'usage de l'oukil et de son personnel ; une salle de refuge pour les indigents, un cimetière spécial ; et enfin, des latrines publiques, avec fontaines et lieux d'ablution.

## II.

Voici les renseignements que j'ai recueillis dans des documents sur le marabout et sa zaouïa.

1. Traduction d'une inscription placée au-dessus de la châsse du marabout (1).

Au nom du Dieu clément et miséricordieux, que Dieu répande ses grâces sur notre seigneur Mohammed et sa famille ! Louange à Dieu ! Et parmi ce qui a été trouvé de l'écriture du cheikh, de l'imam, du saint, du bienfaisant Abou Zeid Sidi Abderrahman et-Tsa'lbi (que Dieu le comble de ses bienfaits !) est ce dont voici la reproduction :

Et-Tsa'lbi Abderrahman fils de Mohammed, fils de Makhlouf, fils de Talha, fils d'Omar, fils de Naoufal, fils d'Ammar, fils de Mansour, fils de Mohammed, fils de Saba', fils de Mekhli, fils de Taleb, fils de Moussa, fils de Saïd, fils de Model, fils d'Abd el-Barr, fils de Kaïs, fils de Hélâl, fils d'Ammeur fils de Hassan, fils de Mohammed, fils de Djafar, fils d'Abou Taleb, lequel est l'oncle de l'apôtre de Dieu (sur lequel soient le salut et la paix ! ). Et de sa descendance il eut Abd el-Aziz fils de Mohammed fils de Makhlouf et-Tsa'lbi.

Le cheikh mourut (que les bénédictions de Dieu soient sur lui ! ) l'an 873 (2).

2. Tombeau (darib') du cheikh, de l'étoile polaire, Sidi Abderrahman et-Tsa'lbi, que Dieu nous soit propice par ses mérites ! (Acte de 1020, soit 1611-12.)

---

(1) Une traduction de cette inscription a déjà été publiée par la Rédaction de la *Revue africaine*. Voir tome V, p. 121).
(2) Correspondant à l'année 1468-69 de J C.

3. Une boutique sise sur la porte du Ruisseau, et contiguë à la fontaine qui est proche de ladite porte, est constituée en habous, au profit du tombeau (d'arih') du cheikh, du saint, du vertueux, de l'étoile polaire, du divin Abou Zid Sidi Abderrahman et-Tsa'lbi, que Dieu, etc. Les revenus de cet immeuble seront affectés à l'hébergement des étrangers qui viendront visiter le tombeau du cheikh. (Acte de 1067, soit 1656-57)

4. Fondation de habous faite au profit des indigents qui trouvent un abri pendant la nuit au tombeau (d'arih') du cheikh, du vertueux, de celui qui possède la vraie science, Abou Zid Sidi Abderrahman et-Tsa'lbi, que Dieu nous soit propice par ses mérites et ses connaissances, amen ! (Acte de 1073, soit 1562-63)

5. Mosquée du saint, vertueux et béni Sidi Abderrahman et-Tsa'lbi, que Dieu, etc., contiguë à son tombeau (d'arih'), hors de la porte du Ruisseau. (Acte de 1073, 1662-63)

6. Mosquée (mesdjed) du saint, vertueux et béni Sidi Abderrahman et-Tsa'lbi, hors de la porte du Ruisseau. (Acte de 1027, soit 1676-77)

7. Zaouïa du cheikh Sidi Abderrahman et-Tsa'lbi, que Dieu nous soit propice par ses mérites (Oukfia).

8. *Traduction d'une inscription placée sur l'entrée de l'établissement actuel* (1) ;

Au nom de Dieu clément et miséricordieux ! Que Dieu répande ses grâces sur notre seigneur Mohammed !

Cette construction a été achevée, véritablement, avec l'aide de Dieu, — par les soins de notre Prince (2) revêtu des hautes dignités,

Qui dépasse son entourage de toute la hauteur de sa libéralité et de sa munificence, — el-Hadj Ahmed ben el-Hadj Mosli ;

Que Dieu le conduise dans la voie qui procure l'assistance divine, — par le patronage d'*El-Fároûk'* (3) et d'*Es-S'iddik'* (4)

---

(1) Cette inscription a été relevée sur place, au moyen d'un estampage, par M. Serpolet, architecte voyer de la ville d'Alger et membre de la Société historique algérienne, qui a bien voulu m'en laisser prendre une copie. Je dois à l'obligeance de M. Serpolet plusieurs communications de ce genre, et je saisis avec empressement cette occasion de lui en offrir publiquement mes remercîments.

(2) Le mot employé est أمير (3) باروف, qui distingue, qui établit la distinction entre le bien et le mal, entre l'idolâtrie et l'islam. *De là*, الباروف surnom du calife Omar.

(4) صديق, celui qui tient ses promesses, celui dont les actes répon-

Sa date, ô toi qui interroges dans le but de savoir la vérité, — je l'ai placée avec ardeur dans cette poésie (1).

An mil cent huit (2).

9. Mohammed ben el Hadj Ali, oukil de cet établissement. (Acte de 1130, soit 1717-18)

10. Tombeau du cheikh, etc., Sidi Abderrahman et-Tsa'lbi, etc. (Acte de 1153, soit 1740-41)

11. El-Hadj Moustafa ben Ouadah, oukil. (Acte de 1180, soit 1766-67)

12. Mohammed ben Ahmed ben Turkia, oukil. (Acte de 1208, soit 1793-94)

13. El-Hadj Mohammed, oukil. (Acte de 1216, soit 1801-1802)

14. El-Hadj Hamida ben Mohammed el-Mekaïci, oukil. (Acte de 1229, soit 1813-14)

15. Mohammed ben Roufla, oukil du tombeau (d'arih') du cheikh, du saint, du vertueux, du béni, de l'étoile polaire, du divin Sidi Abderrahman et-Tsa'lbi, que Dieu nous soit propice, à nous et à vous, par ses mérites et ceux de ses semblables, amen! (Acte de 1229, soit 1813-14)

16. La dame Douma bent Mohammed déclare constituer en habous ses chaudrons en cuivre, au profit du tombeau du saint et vertueux Sidi Abderrahman et-Tsa'lbi, afin qu'il en soit fait usage, soit pour la cuisson des aliments, soit autrement. Ces chaudrons seront entretenus, étamés et réparés sur les revenus d'une boutique dont elle est propriétaire. (Acte de 1241, soit 1825-26)

17. Traduction d'une note inscrite dans un registre du Beit el-Mal (3) :

Hamoud fils du cheikh Sid Belkacem, oukil actuel du tombeau de Sid Abderrahman et-Tsa'lbi, et El-Hadj Djeloul, abatteur (debbah) audit cheikh, font la déposition suivante : le Hadj Es-Sadi, ex-mezouar, lorsqu'il était réfugié dans (l'établissement de) ledit, cheikh

---

dent aux paroles. *De là*, الصديق, surnom du calife Abou Bekr.

(1) Indication d'un chronogramme dont la recherche est rendue inutile par la ligne suivante, qui fait connaître la date.
(2) Correspondant à 1696-97 de J. C.
(3) J'ai déjà dit, dans le § IV de l'introduction, que les chapelles de marabouts jouissaient du droit d'asile. Il s'agit, dans cette note, d'un ancien mezouar, poursuivi par les ordres du Pacha, qui s'était réfugié dans le sanctuaire protecteur de sidi Abderrahman.

les a pris en témoignage, déclarant affranchir tous ses nègres, et lèguer le tiers de ses biens à son neveu Ahmed ben el-Arbi, chaouche au Palais. A la date du milieu de Djoumada 1ᵉʳ 1245 (du 8 au 17 novembre 1829).

### III.

A l'époque où fut confectionnée l'oukfia, c'est-à-dire vers le commencement du XIIᵉ siècle, la dotation de Sidi Abderrahman et-Tsa'lbi ne se composait, d'après ce document, que de 11 immeubles. En 1834, il consistait en 69 propriétés, dont les revenus s'élevaient à 6,000 fr. environ, et en 13 biens improductifs par suite d'affectation à des services publics ou de démolition. Ces revenus étaient considérablement augmentés par des offrandes en nature quotidiennement apportés par les fidèles.

Le personnel se composait, avant 1830, de : l'oukil, 1 chaouche, 3 imams, 3 hezzab, 4 lecteurs, 1 abatteur, une femme de peine ; il y avait, en outre, un *cheikh el-hadra* (chef d'assemblée), chargé de présider les réunions d'une sorte de confrérie, qu'il ne faut pas confondre avec les associations de *Khouan*, ou ordres religieux, et dont le but était de célébrer les louanges du saint. Les revenus de certains immeubles étaient spécialement consacrés à ce *cheikh el-hadra*, dont ils formaient les émoluments.

En outre du paiement de ce personnel et des frais ordinaires, tels que blanchiment et entretien de la zaouïa et de la dotation, achat de nattes, d'huile, de lampes, etc., cet établissement faisait des distributions d'aumônes et hébergeait les indigents qui venaient journellement y chercher un asile, ainsi que les personnes étrangères à la ville, que la sainteté et la célébrité du marabout engageaient à accomplir un pèlerinage à son tombeau. Malgré ces charges excessives, l'emploi d'oukil était encore des plus lucratifs, à cause de l'abondance et de la valeur des offrandes et des ex-voto que les dévots apportaient chaque jour.

Voici quelles étaient les dépenses ordinaires de l'établissement, d'après les états fournis mensuellement par l'oukil à l'administration française antérieurement à 1848 : Achat de dix mesures (sa') (1) de blé, 80 fr.; frais de mouture et de transport, 12 fr. 50 c.; achat de dix livres de beurre fondu, 20 fr.; achat de deux me-

---

(1) Le *Sa'* était une mesure de capacité en usage pour les grains et équivalant à 60 litres.

sures (kolla) d'huile, 32 fr. 60 ; achat de 4 moutons, 36 fr.; achat de bois à brûler, 14 fr.; achat de légumes frais, 5 fr. 50 ; traitement de l'imam de jour, 9 fr. 90 c ; id. de l'imam de la nuit du vendredi, 6 fr. ; id. des hezzab, 6 fr. 25 ; id. de l'abatteur, 10 fr.; id. de la femme de peine, 2 fr.; id. de l'oukil, 100 fr. Total 300 fr. 15 c.

Il me paraît également intéressant de donner le détail des dépenses faites à l'occasion des fêtes du *Mouloud*, ou nativité du Prophète : 1 bœuf pour les serviteurs du cheikh, 75 fr.; 1 bœuf pour le 1ᵉʳ jour, 75 fr.; 1 bœuf pour le 3ᵉ jour, 50 fr. ; 1 bœuf pour le 7ᵉ jour, 75 fr.; transport, 2 fr. 50 ; dix mesures de blé, 150 fr.; frais de mouture et de transport, 12 fr. 50 ; dix livres de beurre fondu, 22 fr. 50 ; deux mesures d'huile, 32 fr. ; bois à brûler, 15 fr. 50 ; légumes frais, 7 fr. 25. Total, 523 fr. 25 c.

La zaouïa de Sidi Abderrahman et-Tsa'lbi n'a pas cessé un seul instant, depuis 1830, de conserver son affectation religieuse.

## IV.

Vers la fin de 1848, la dotation de cet établissement religieux, jusqu'alors gérée directement par son oukil, fut réunie au Domaine de l'État, et les frais du personnel, de l'entretien et du culte furent inscrits au budget de l'administration civile.

Cette circonstance m'amène naturellement à dire quelques mots des mesures que l'administration française crut devoir prendre successivement au sujet des dotations religieuses.

L'existence et l'organisation de ces dotations créaient, en Algérie, un état de choses assez semblable à celui qui résultait chez nous, avant la Révolution, de la *constitution* des biens du clergé. Aussi, le Gouvernement français se préoccupa-t-il, tout d'abord, de la nécessité de supprimer tous ces bénéfices et d'établir une situation plus conforme à ses principes administratifs. Il fallait, pour cela, se charger directement de l'entretien et des dépenses religieuses des édifices du culte et des établissements de piété ou de charité, sauf à profiter directement des revenus. Comme je ne fais ici qu'un simple exposé des faits, je n'entreprendrai pas d'examiner les objections qu'un pareil projet pouvait soulever au point de vue de la théorie et du droit strict. Il me suffira de constater que, fondée ou non, cette mesure devait rencontrer de grands obstacles de la part d'une population conquise de la veille seulement, dominée par le sentiment religieux poussé jusqu'au fanatisme, endormie dans une routine traditionnelle, complètement étrangère à nos mœurs et à nos idées, entièrement hostile à ses vainqueurs et ne pouvant voir dans leurs réformes que des actes de vexation, de profanation, de violation des traités et de spoliation.

Néanmoins, dès la fin de 1830, le Gouvernement français, frappant un grand coup, décréta la mesure qui devait créer un ordre de choses plus conforme à nos idées administratives. Je donne ci-après le texte de l'arrêté pris sur cette matière :

Arrêté portant attribution au Domaine des revenus de tous les établissements affectés à la Mecque et Médine, aux mosquées ou ayant d'autres affectations spéciales.

Quartier général d'Alger, le 7 décembre 1830.

Le Général en Chef,

Sur la proposition de l'Intendant.

ARRÊTE :

ART. 1er. Toutes les maisons, magasins, boutiques, jardins, terrains, locaux et établissements quelconques dont les revenus sont affectés, à quelque titre que ce soit, à la Mecque et Médine, aux mosquées, ou ayant d'autres affectations spéciales, seront, à l'avenir, régis, loués ou affermés par l'administration des domaines, qui en touchera les revenus et en rendra compte à qui de droit.

2. Moyennant la disposition qui précède, l'administration des domaines devra pourvoir à tous les frais d'entretien et toutes les autres dépenses au payement desquelles les revenus desdits immeubles seront spécialement affectés.

3. Les individus de toutes les nations, détenteurs ou locataires des immeubles désignés en l'article 1er, seront tenus de faire, dans le délai de trois jours à dater de la publication du présent arrêté, et ce, devant le directeur des domaines, sur les registres ouverts à cet effet, une déclaration indiquant la situation, la consistance des biens de cette catégorie dont ils ont la jouissance par location ou autrement, le montant du revenu ou du loyer, et l'époque du dernier paiement.

4. Les muphtis, cadis, ulémas et autres, préposés jusqu'à présent à la gestion desdits biens, remettront, dans le même délai, au directeur des domaines les titres et actes de propriétés, les livres, registres et documents qui concernent leur gestion et l'état nominatif des locations, sur lesquels ils indiqueront le montant du loyer annuel, et l'époque du dernier paiement.

5. Ils adresseront en même temps au directeur des domaines un état motivé des dépenses que nécessite l'entretien et le service des mosquées, les œuvres de charité et autres frais auxquels ils sont dans l'usage de subvenir à l'aide des revenus des biens dont il s'agit. Les fonds reconnus nécessaires leurs seront remis chaque mois d'avance, et à partir du 1er janvier prochain, pour en être par eux disposé conformément au but des diverses affectations

6. Tout individu assujetti à la déclaration prescrite par l'article 5, et qui ne l'aurait pas faite dans le délai fixé, sera condamné, au profit de l'hôpital, à une amende qui ne pourra pas être moindre d'une année du revenu ou du loyer de l'immeuble non déclaré, et il sera contraint au paiement de cette amende, même par corps.

7. Toute personne qui révélera au Gouvernement l'existence d'un immeuble non déclaré aura droit à la moitié de l'amende encourue par le contrevenant.

8. L'intendant du royaume est chargé de l'exécution du présent arrêté.

CLAUZEL.

En ce qui concernait les mosquées, cet arrêté resta, à peu près, à l'état de lettre morte. L'administration hésita à faire exécuter sa décision, et finit par reculer devant des obstacles dont elle s'exagéra peut-être l'importance. Elle ne sut pas assez comprendre que les difficultés naissaient bien moins du mécontentement de la population musulmane que des résistances intéressées des oukils, désireux de perpétuer une situation à laquelle ils avaient tout à gagner. Néanmoins, il faut tenir compte de l'influence des circonstances et ne pas juger avec les idées du jour des faits consommés sous l'empire d'autres exigences et d'autres préoccupations.

Il est à remarquer que les hésitations et les appréhensions du Gouvernement étaient le fait, non de l'autorité locale, se rendant un compte exact des choses et jugeant sainement la situation, parcequ'elle était en contact avec la population indigène, mais bien du pouvoir central, résidant à Paris, loin du théâtre des événements.

Les oukils ayant réussi à faire maintenir le statu quo, de graves désordres ne tardèrent pas à se produire. Les revenus des nombreuses mosquées qui avaient été démolies pour l'élargissement des rues et qui, partant, n'exigeaient plus de dépenses, continuaient à être touchés par les anciens administrateurs. Comptant tromper facilement des agents peu initiés encore aux affaires du pays, les oukils n'hésitèrent pas à réclamer, comme étant leur patrimoine, des biens dont ils n'avaient jamais eu et n'avaient pu avoir que la simple gestion à titre précaire et essentiellement révocable. L'Administration sut faire, plus tard, bonne justice de ces prétentions étranges. Mais, quelques oukils n'attendirent pas la décision de l'autorité : ne se contentant plus de consentir à vil prix des locations à long terme, sous la condition de toucher plusieurs annuités par anticipation, ces mandataires infidèles ne reculèrent pas devant le stellionat. Ils aliénèrent pour leur propre compte des immeubles dont ils étaient purement et simplement les gérants, se justifiant, sans doute, à leurs propres yeux par cette considération, que les fonds qu'ils volaient au moyen de cette manœuvre frauduleuse seraient devenus la proie des chrétiens, et que, du moment qu'ils étaient détournés de leur affectation primitive, autant valait qu'un musulman en profitât. Beaucoup de ces stellionataires ont pu échapper au châtiment de leurs détournements.

Quelques dispositions furent prises, mais sans grands résultats, pour empêcher cette dilapidation. Treize ans après sa première tentative, l'Administration, reconnaissant qu'une mesure d'ensemble pourrait seule modifier cet état de choses, prit l'arrêté dont la teneur suit :

Arrêté ministériel du 23 mars 1843 :

Vu l'arrêté du 7 decembre 1830, qui a ordonné la réunion au domaine de l'État, en Algérie, de tous les biens appartenant aux corporations, mosquées et autres établissements pieux, à la charge par cette administration d'acquitter, sur les revenus, les dépenses de ces établissements ; — l'ordonnance du 31 octobre 1838, qui place la gestion des établissements religieux sous la surveillance et la direction de l'administration financière ; — l'ordonnance royale du 21 août 1839 sur le régime financier de l'Algérie; — Considérant que si, dans l'intérêt des corporations et de la population musulmane, il a été nécessaire de surseoir à l'exécution de l'arrêté du 7 décembre, afin de laisser à l'administration le temps d'étudier et de bien connaître les ressources et les besoins des établissements religieux, il est aujourd'hui nécessaire et avantageux de placer sous la main de l'administration des domaines les immeubles de cette origine et d'introduire dans la comptabilité des recettes et des dépenses les formes prescrites par l'ordonnance royale du 21 août 1839 :

ART. 1er. — Les recettes et les dépenses de toute nature des corporations et établissements religieux sont attachées au budget colonial.

ART. 2. — Les immeubles appartenant aux établissements religieux déjà gérés par le domaine, en vertu de décisions antérieures, continueront à être régis par cette administration.

ART. 3. — Les immeubles provenant de la dotation des établissements qui ont cessé d'avoir une affectation religieuse seront immédiatement réunis à ceux compris dans l'article précédent et administrés conformément aux mêmes règles.

ART. 4. — Les immeubles appartenant aux établissements encore consacrés au culte seront successivement réunis au domaine, mais en vertu de décisions spéciales. Ceux de la corporation du beit-el-mal sont également compris dans cette catégorie.

ART. 5. — Le produit présumé des immeubles gérés par le domaine sera, chaque année, porté au budget colonial, et fera partie des ressources de chaque exercice.

ART. 6. — Les dépenses afférentes au personnel religieux, à l'entretien des mosquées et marabouts, aux frais du culte, aux pensions ou secours accordés, à quelque titre que soit, aux lettrés de la religion musulmane.

mekaouis, andalous, etc., etc., ainsi qu'aux pensions de toute nature, secours et aumônes seront portées au budget de l'intérieur pour être acquittées conformément aux règles ordinaires sur les crédits coloniaux ouverts à cette direction.

ART. 7. — Les dépenses afférentes aux frais de perception et d'administration seront portées aux crédits du budget colonial applicables aux services financiers, et acquittées dans les limites de ces crédits.

ART. 8. — Les modifications résultant du présent arrêté, qui recevra son exécution à partir du 1ᵉʳ janvier 1843, seront opérées au budget des dépenses coloniales pour l'exercice courant.

*(Signé.)* Maréchal Duc DALMATIE.

Cet arrêté n'est radical qu'en ce qui concerne la dotation des établissements ayant cessé d'être affectés au culte (art. 3). Il y avait là, en effet, une situation des plus anormales à faire cesser. On ne pouvait tolérer que d'anciens oukils continuassent à s'approprier des revenus destinés à faire face à des dépenses qui ne pouvaient plus avoir lieu, par suite de force majeure. Guidée par le sentiment de haute bienveillance qui l'anime en toutes circonstances, l'Administration française accorda des secours aux oukils dépossédés de leur gestion, bien qu'elle n'eût contracté aucune obligation morale à leur sujet et qu'elle aurait pu se borner à les licencier purement et simplement. Il faut se rappeler, en effet, que les sommes dont les oukils pouvaient disposer pour leur usage personnel, n'étaient que la représentation de leur travail et que ce travail étant supprimé, sa rémunération ne pouvait que subir le même sort.

Quant aux établissements encore affectés au culte, l'arrêté ministériel n'osa pas prononcer la réunion en masse des dotations. Il laissa à l'autorité locale le soin de saisir les occasions opportunes (art. 4). C'était perpétuer la situation en encourageant les résistances et en fatiguant la vigilance et l'énergie de l'Administration, par une foule de petits combats à livrer à la cupidité et au fanatisme. Aussi, cinq ans plus tard, le système des décisions spéciales n'avait produit qu'un nombre de réunions très-restreint, et le Gouvernement se décida à procéder, enfin, par voie de mesure générale.

Voici l'arrêté qui clôtura, à Alger, la réforme entreprise par l'Administration française :

**Arrêté du Gouverneur-Général, en date du 3 octobre 1848 :**

Vu l'article 4 de l'arrêté ministériel du 23 mars 1843 :

ART. 1ᵉʳ. — Les immeubles appartenant aux mosquées, marabouts, zaouias et en général à tous les établissements religieux musulmans, qui sont encore exceptionnellement régis par les oukils, seront réunis au domaine, qui les administrera conformément aux règlements.

Art. 2. — Cette remise aura lieu dans les dix jours de la réquisition qui en sera faite à chaque oukil par les soins du domaine. Elle sera accompagnée des titres, registres et autres documents relatifs à la gestion desdits immeubles et d'un état nominatif des locataires, indiquant la date de chaque bail en cours de durée, le montant du loyer annuel et l'époque du dernier payement.

Art. 3. — Chaque oukil remettra, en outre, à l'agent du service des domaines de la localité, dans ledit délai, les titres constitutifs des anas et rentes foncières dus à l'établissement dont il a la gestion et un état indiquant les immeubles grevés, le montant de la redevance, l'époque de l'exigibilité et la date des derniers payements.

*(Signé.)* V. CHARON.

Cette fois, il n'y avait pas de restrictions. L'État prenait la gestion directe de toutes les dotations de mosquées et édifices religieux, sans exceptions, et se chargeait directement des dépenses incombant à ces établissements. Dix-huit années avaient bien modifié la situation et les esprits. La mesure, jugée impraticable au début de notre domination, fut appliquée sans hésitations et sans obstacles en 1848. Je puis, ici, donner des renseignements personnels, car je fus chargé, en ce qui concernait la ville et la banlieue d'Alger, de la mise à exécution de cet arrêté. Je ne rencontrai de résistance, ni même d'objections, nulle part. Les oukils abandonnèrent avec résignation la gestion qu'ils avaient défendue si longtemps, et me firent la remise, sans difficultés, des renseignements et des pièces qu'ils étaient tenus de me fournir. Ma mission ne fut entravée que par le désordre et la confusion qui régnaient dans ces gestions, et qui m'empêchèrent de donner à mes opérations toute la clarté et toute la précision que j'eusse voulu leur imprimer.

## CHAPITRE VIII.

### CHAPELLE DE SIDI SALEM.

En quittant la zaouïa de sidi Abderrahman et-Tsa'lbi pour rentrer en ville, on suivait un sentier parallèle au rempart, que les travaux du Lycée viennent de faire disparaître en grande partie. Au point où ce sentier coupait à angle droit le sentier plus large, remplacé aujourd'hui par une route, qui aboutissait à la porte du ruisseau, se trouvaient, l'un à droite et l'autre à gauche, deux édifices dont j'ai à m'occuper et qui font l'objet de ce chapitre et du suivant.

Celui de ces deux édifices qui s'élevait à la gauche des personnes descendant de la zaouïa de sidi Abderrahman et-Tsa'lbi, était la modeste chapelle de sidi Salem, marabout peu célèbre, contiguë à la fontaine qui fournit seule de l'eau à tout ce quartier, et ombragée par un palmier qui, en avril 1862, a été transporté à grands frais sur la place des orangers, devant l'hôtel de la Régence.

Je n'ai trouvé dans les documents que deux renseignements sur ce marabout, et encore sont-ils contradictoires. L'un, remontant au commencement du XII° siècle, l'appelle *Sidi Abderrahman ben Salem*; l'autre, plus récent, le nomme *Sidi Salem*. Ce dernier concorde avec la tradition, mais il me paraît certain qu'il y a eu altération du nom primitif, ainsi qu'on en voit de fréquents exemples, par suite d'une tendance à l'abréviation fort commune chez les Algériens.

Voici, du reste, ces deux renseignements :

1. Boutique sise à el-Haddjarin (quartier des ouvriers en pierres), contiguë au cimetière connu sous le nom d'Ali Raïs, surnommé el-Boffoun, près du tombeau (d'arih') du saint, vertueux et béni sidi Abderrahman ben Salem, hors de la porte du Ruisseau, l'une des portes d'Alger, la protégée. (Acte de 1102, soit 1690-91)

2. Boutique sise hors de la porte du Ruisseau, à Alger, laquelle est la seconde à gauche en quittant une fontaine, qui est là, pour monter à la zaouïa du cheikh béni sidi Abderrahman et-Tsa'lbi (que Dieu bénisse), en face du tombeau (d'arih') de sidi Salem, que Dieu nous soit propice par les bénédictions dont il est l'objet ! (Acte de 1240, soit 1824-25)

Je n'ai pas d'autres renseignements à donner sur cette chapelle, qui fut affectée au casernement militaire dès les premiers jours de la conquête et dont l'emplacement se trouve englobé dans le périmètre du nouveau Lycée.

## CHAPITRE IX.

### MOSQUÉE D'EL-MEÇOLLA.

A l'angle du sentier dont je viens de parler et du chemin menant à la porte du ruisseau, à droite pour les personnes qui descendaient de la hauteur où est bâtie la zaouïa de sidi Abderrahman et-Tsa'lbi, se trouvait, presqu'en face de la chapelle de sidi Salem, un édifice bas et surmonté de deux grandes coupoles surbaissées, dans les deux façades duquel s'ouvraient quelques boutiques.

Cet édifice était connu sous le nom de mosquée d'el-Meçolla, ou plus simplement, d'el-Meçolla.

On sait que les musulmans ne peuvent introduire leurs morts dans l'intérieur des mosquées ; les dernières prières, lors des obsèques, sont dites dans un local souvent à ciel-ouvert, annexé à la mosquée, mais complètement distinct du temple. Ce local s'appelle *El-Meçolla* (l'oratoire). Toutes les mosquées n'étaient pas pourvues d'un meçolla ou oratoire des funérailles. Ordinairement, cette annexe ne se trouvait que dans les mosquées à khotba.

A quelques mètres en dehors de la porte du Ruisseau, existait, il y a deux siècles, un terrain spécialement consacré aux cérémonies funèbres et servant de Meçolla pour les nombreuses inhumations qu'on effectuait dans les vastes cimetières qui entouraient cette partie de la ville. En 1086, el-Hadj Mohammed ben Mahmoud, douletli ou chef de la milice d'Alger, fit construire en ce lieu un Meçolla couvert et une mosquée.

L'une des deux coupoles écrasées, dont j'ai parlé, recouvrait le meçolla, sis à l'angle des deux sentiers et ayant une porte sur chacun d'eux. L'autre appartenait à la mosquée, qui était pourvue d'un petit minaret et dont la porte se trouvait dans le sentier montant à la zaouïa de sidi Abderrahman et-Tsa'lbi.

L'ancien nom a prévalu et la génération actuelle ignore que le douletli el-Hadj Mohammed, dont elle a, d'ailleurs, oublié le nom, fut le fondateur de cet établissement.

Voici les renseignements authentiques que j'ai recueillis au sujet de l'édifice dont il s'agit :

1. Le douletli el-Hadj Mohammed ben Mahmoud, fonde un habous au profit de la mosquée (mesdjed), qu'il vient de faire bâtir au meçolla de la porte du Ruisseau, hors la ville d'Alger (acte du milieu de Ramdan 1086, soit du 29 novembre au 8 décembre 1675).

2. Le douletli el-Hadj Mohammed ben Mahmoud fonde un habous au profit de la mosquée qu'il a fait construire hors de la porte du Ruisseau, à Alger, à l'endroit connu sous le nom d'el-Meçolla (acte de la même date que le précédent).

3. Traduction par analyse d'un acte passé devant le cadi haneﬁ d'Alger :

L'honorable, agréable et pur Abou Abd Allah, le seigneur el-Hadj Mohammed, le douletli, ﬁls de sidi Mahmoud, que Dieu le garde et le conserve, et qu'il l'assiste dans l'accomplissement de tout bien, achète de l'honorable Mahmoud 'ara, surnommé Safta, ﬁls de Mohammed, le Turc, directeur du beït-el-mal, agissant pour le compte de son administration : 1° la parcelle de terrain sise hors de la porte du Ruisseau (Bab el-Oued), au-dessus de la porte du meçolla, la première, la grande, à gauche, en tournant du côté du tombeau du cheikh sidi Abderraman et-Tsa'lbi, sur lequel terrain ledit acquéreur fait actuellement élever quatre boutiques contiguës, attenant au meçolla, et dont les revenus seront ajoutés à ceux de la mosquée d'el-Meçolla ; 2° un morceau de terrain, à droite en sortant de ladite porte, vis-à-vis de la porte du meçolla, sur lequel il a fait construire un local qui est contigu à des latrines existant sur ce point.

Il constitue ces immeubles au proﬁt de la mosquée d'el-Meçolla, qu'il a fait construire, et conﬁe la surveillance de cette fondation pieuse à son parent par alliance Haçan ben Ouali, puis à sa descendance, et, à son extinction, à l'imam de la Grande-Mosquée d'Alger (commencement de Kada 1087, soit du 5 au 14 janvier 1677).

Dès les premiers jours de la conquête, cet établissement, dont la dotation se composait de sept boutiques, fut affecté au casernement militaire. Il a été démoli en février 1862, pour les travaux du nouveau Lycée, dans le périmètre duquel son emplacement se trouve aujourd'hui englobé.

## CHAPITRE X.

### ASILE BOU TOUÏL.

Entre le fossé de la ville et le meçolla, sur le même alignement que la façade orientale de cet oratoire funèbre, auquel il était contigu, se trouvait un mesquin édiﬁce aussi bas que son voisin. Cet établissement, le premier qu'on trouvât à gauche, en sortant de la porte du Ruisseau, était une salle de refuge à l'usage des mendiants et des vagabonds. Pendant le jour, il servait aussi de lieu de stationnement aux fossoyeurs chargés de desservir les cimetières de ce quartier.

Cet édifice tirait son nom de sa configuration, *bou touïl* signifian un bâtiment bas et *long*, le mot *bâtiment* sous entendu. C'était, en effet, une salle longue et étroite. Elle était entièrement dépourvue du moindre matériel. Les pauvres venaient se coucher purement et simplement sur le carreau, fort heureux encore d'être à l'abri. Des distributions de pain leur étaient faites par suite de fondations pieuses.

On ignore à quelle date remonte la construction de *Bou-Touïl* et quel fut son fondateur. Voici les seuls renseignements authentiques que j'aie pu recueillir au sujet de cet établissement.

1. . . . . Ce habous fera retour, moitié à Bou'tteka, et moitié à Bou Touïl, sis à la porte du Ruisseau. Ses revenus seront affectés à l'achat de pains qui seront distribués, d'une manière égale, chaque semaine, à ceux qui s'y trouvent (acte de 1228, soit 1813-14).

2. Ce habous est fait au profit des pauvres de Bou Touïl. Ses revenus seront consacrés chaque vendredi, à l'achat de pains qui leur seront distribués (acte de 1233, soit 1817-18).

Cet asile fut affecté au casernement militaire dès 1830. Il servit longtemps de quartier à un détachement d'artillerie. En septembre 1860, lors du voyage de l'Empereur à Alger, il eut la mission bien en disproportion avec ses mesquines dimensions, d'offrir l'hospitalité aux superbes cavaliers de Napoléon III. Il est vrai qu'il fut aidé dans cette tâche difficile par son voisin *el-Meçolla*. A cette occasion, il reçut le titre pompeux de *pavillon des Cent-gardes*, écrit en belles lettres noires sur la façade blanchie avec soin pour la circonstance. Depuis longtemps, Bou-Touïl ne s'était trouvé à pareille fête. Jamais, peut-être, il n'avait été badigeonné, peint, fardé avec tant de soins ; mais ses splendeurs furent de courte durée. Son emplacement est destiné à être englobé dans le périmètre du Lycée, ce monstre qui a dévoré tant d'anciens édifices respectés par trente-deux années de conquête.

Mais, quittons cette bicoque, passons sur le fossé de la ville, encore intact, et pénétrons dans le vieil Alger.

§ 2. — QUARTIER BAB-EL-OUED INTÉRIEUR.

## CHAPITRE XI.

MOSQUÉE SETTI (OU SETTENA) MERIYEM, AUSSI APPELÉE MOSQUÉE
DE BEN NEGRO.

I.

Le tracé de certaines voies de communication est imposé par la nature même des lieux, en sorte qu'il se perpétue à travers les générations en subissant seulement les modifications résultant de la différence des besoins à satisfaire. C'est ainsi que la ruelle tortueuse et étroite qui, partant de la porte du Ruisseau, aboutissait au centre de la ville, en longeant le bas de la colline où s'étagent les hauts quartiers, a été remplacée, après la conquête française, par une rue carrossable et à arcades, de même qu'elle succédait à l'une des voies d'Icosium, dont les traces ont été retrouvées sur plusieurs points.

Je vais d'abord passer en revue les édifices religieux qui bordaient la rue qu'on suivait pour arriver au cœur des bas quartiers de l'ancien Alger, lorsqu'on avait franchi la voûte de la porte du Ruisseau.

A quelques mètres seulement de cette porte, à droite en entrant en ville, se trouvait une petite mosquée du deuxième rang et sans minaret, connue vulgairement sous la dénomination de *Mesdjed de Ben Négro*, du nom de la famille qui en avait la gestion depuis environ deux siècles. L'Oukfla et presque tous les titres que j'ai consultés appellent cet édifice : *Mesdjed Setti Meriyem* (ستي مريم), la mosquée de ma dame Marie. Dans deux actes seulement, d'une date relativement récente, j'ai trouvé la variante *Settena Meriyem* (ستنا مريم), notre dame Marie. Ce nom était également connu de la notoriété publique ; cependant, on lui préférait celui de l'oukil comme représentant plus exactement l'état actuel des choses.

La tradition nous apprend que cette *Setti Meriyem* était une

maraboute et qu'elle fonda la mosquée dont elle est la patronne. J'ai recueilli à ce sujet un témoignage fort important, celui du dernier oukil, le sieur Moustafa ben Négro, dont les ascendants ont dû se transmettre, de génération en génération, des souvenirs exacts des faits primitifs : « Setti Meriyem, m'a-t-il dit, était une
» sainte femme, appartenant à ma famille et jouissant d'une cer-
» taine aisance; elle affecta une portion de sa fortune à la con-
» struction, — ou à la reconstruction, — de la mosquée qui a
» conservé son nom, et choisit l'un de mes ayeux pour exercer les
» fonctions d'oukil, stipulant que cette charge serait héréditaire
» dans sa descendance. C'est ainsi que l'oukilat est parvenu entre
» mes mains. »

Les exemples de maraboutes accomplissant des fondations pieuses et bâtissant des mosquées ne sont pas rares. La version présentée par la notoriété publique n'a donc rien que de très-admissible. Quant à la date, même approximative, de la construction dûe à la piété de Setti Meriyem, la tradition, fidèle à ses errements, se garde bien d'en parler. A défaut de renseignements précis sur ce point, je puise dans des pièces authentiques une hypothèse que je vais présenter sous toutes réserves.

Un acte passé devant le cadi hanafi d'Alger, au commencement du mois de redjeb de l'année 1070 (du 13 au 22 mars 1660), désigne ainsi cet édifice : « La mosquée (mesdjed) qui est située tout près de la porte du Ruisseau ; » tandis qu'un autre titre, portant la date du milieu de rebi 1ᵉʳ 1092 (du 31 mars au 9 avril 1681), la mentionne en ces termes : « La mosquée (mesdjed) qui se trouve tout près de la porte du Ruisseau et qui est connue aujourd'hui sous le nom de mesdjed Setti Meriyem, laquelle a pour imam Ibrahim ben Négro. »

Ne pourrait-on pas conclure du rapprochement de ces deux énonciations, qu'en 1070 (1660), Setti Meriyem n'avait pas encore entrepris son œuvre pie, et que la mosquée sise tout près de la porte du Ruisseau, n'a été reconstruite par cette maraboute et n'a pris son nom qu'à une époque postérieure à cette dernière date, mais antérieure à 1092 (1681) ?

## II.

Une école bâtie au-dessus de deux boutiques dépendait de cette mosquée, qui donnait son nom, — ou plutôt ses noms, — à la partie de la rue Bab-el-Oued sur laquelle s'ouvrait la principale porte, partie aussi connue, néanmoins, sous les noms de *Souiket* (la petite rue) *Bab-el-Oued* (1), de *Houmet* (quartier) de *Bab-el-Oued*, et de *Dar en-nehas* (la maison du cuivre, c'est-à-dire la fonderie).

La dotation de cet établissement religieux se composait de trois maisons et de quatorze boutiques. En 1834, ses revenus étaient de 1261 fr., et huit de ses immeubles avaient été démolis.

Au sujet de ces dotations et pour éviter toute appréciation exagérée, je dois faire remarquer, une fois pour toutes, que dans mon énumération je fais figurer comme *immeubles entiers* des fractions d'immeubles, souvent très-minimes, et des biens sur lesquels l'établissement dont je m'occupe n'a conservé qu'un *ana* ou rente perpétuelle.

La mosquée de Setti Meriyem formait un polygone irrégulier. Elle avait deux portes, une sur la rue Sidi-Ferruche, et une autre, qui était la principale, sur la rue Bab-el-Oued. Lorsque notre administration s'occupa de donner un numérotage aux immeubles urbains d'Alger, chose qui était parfaitement inconnue avant notre arrivée, cette dernière porte reçut le n° 277 ; plus tard, elle porta le n° 225.

Cet édifice fut affecté, dès les premières années de la conquête, aux besoins de l'intendance militaire. Remis au service des domaines par le génie militaire, le 2 mars 1837, dans un état complet de vétusté, il fut immédiatement livré aux ponts-et-chaussées pour être démoli. Une partie de son emplacement est tombée dans la voie publique; le surplus, présentant une superficie de 58 mètres 89 centimètres a été aliéné et se trouve englobé dans la maison portant le n° 40 de la rue Bab-el-Oued, où elle a sa principale façade, et le n° 2 de la rue Sidi-Ferruche, dans laquelle se trouve son entrée (2).

---

(1) Le nom de *Souk* se donnait aux rues ou portions de rues spécialement affectées à certaines industries ou à certain commerce. De l'angle de la rue de la Casba à la porte du Ruisseau, la rue Bal-el-Oued s'appelait *Souiket* (le petit Souk de) Bab-el-Oued). La portion de cette rue qui s'étendait devant la mosquée d'Ali Bitchnin (voir chap. XIII), étant un peu plus large prenait le nom d'*echara*, la grande-rue.

(2) Les explications données ici par M. Devoulx, et qui ont une grande apparence de probabilité, détruisent la croyance où l'on était jadis que cette mosquée était dédiée à la Vierge Marie que les Indigènes connaissent sous le nom de *Settina Meriyem*, nom qui précisément a donné lieu à cette croyance, mal fondée d'ailleurs. — *Note de l'Édit.*

## CHAPITRE XII.

#### MOSQUÉE DE HAMMAM YTOU, RUE DE LA CASBA

Au dessus d'une petite voûte qui s'appuyait d'un côté contre la mosquée d'Ali Bitchnin (aujourd'hui église N. D. des Victoires), à l'entrée de la rue de la Casba, se trouvait perchée une mosquée, des moins importantes, qui tirait simplement son nom de l'étuve — *Hammam,* — à laquelle elle était contiguë.

Voici les seuls renseignements que j'aie pu recueillir au sujet de cet édifice.

1. Petite mosquée bâtie sur une voûte qui est contiguë au mur de *Hammam* (étuve) *Ytou* (Acte de 1115, soit 1703-1704).
2. Mosquée (Mesdjed) contiguë à la mosquée (Djama') d'Ali Bitchnin et à Hammam Ytou (*Oukfia*).

La dotation de cette mosquée se composait de 1 maison, 1 four, 5 boutiques et 1 chambre. En 1834, ses revenus étaient de 96 fr. 33 et ses dépenses de 23 fr., ce qui constituait un boni de 73 fr. 32c. par an pour l'oukil. Le dernier administrateur a été le sieur Brahim ben Hamida, nommé en 1833.

Après la conquête française, la mosquée de *Hammam Ytou* reçut le n° 12 de la rue de la Casba et conserva son affectation religieuse. En 1840, elle fut démolie pour cause d'utilité générale; son emplacement est tombé dans la voie publique sauf une fraction très-minime qui se trouve englobée dans la maison n° 28 de la rue Bab-el-Oued.

## CHAPITRE XIII.

#### MOSQUÉE D'ALI BITCHNIN, RUES BAB-EL-OUED ET DE LA CASBA.

### I

A l'angle des rues Bab-el-Oued et de la Casba, se trouve une assez grande mosquée à Khotba ou de premier ordre, qui s'appelait, du nom de son fondateur : *Djama' Ali Bitchnin* جامع علي البجنين (1).

---

(1) J'ai relevé dans les titres trois orthographes différentes du mot *Bitchnin*, qui n'est pas arabe. Le plus souvent, le ج est ponctué simplement comme dans l'exemple que je viens de donner; mais on rencontre aussi les deux variantes suivantes: trois points au dessus, ou trois points au-dessous.

Cette mosquée, qui a été convertie en église sous le nom de Notre-Dame des Victoires, couvre une superficie d'environ 500 mètres carrés. Son extérieur n'offre rien de remarquable. La façade orientale, donnant sur la rue Bab-el-Oued, contient au rez-de-chaussée sept boutiques et une petite entrée aboutissant au sanctuaire par un escalier étroit, de dix-huit marches. La niche de l'imam, ou *mihrab*, forme encorbellement dans ce mur; soutenue par quatre consoles, elle est flanquée, de chaque côté, de deux fenêtres en ogive.

Le minaret, carré et d'une hauteur d'environ 15 mètres au-dessus du niveau de la rue, forme l'angle des rues Bab-el-Oued et de la Casba; il surmonte une fontaine adossée à l'édifice, et qui est connue sous le nom d'*Aïn ech-Châra* (عين الشارع), *la fontaine de la grande rue*.

La façade septentrionale, donnant sur la rue de la Casba, et percée de trois fenêtres ogivales, contient au rez-de-chaussée 9 boutiques dont 8 seulement sont apparentes aujourd'hui, et la grande porte d'entrée, que quatre marches assez larges relient à la nef. Cette issue est actuellement clôturée par une porte sculptée, d'un assez joli travail, qui appartenait primitivement à la mosquée *Ketchaoua* (cathédrale), et qui a été placée là par les Français en 1843. Au dessus de la rosace médiale de chacun des deux battants de cette porte, on lit la phrase suivante, qui se détache en relief comme le reste de l'ornementation : ما شاء الله, *que la volonté de Dieu s'accomplisse!* on attribue ces sculptures au maître Ahmed ben Lablabtchi, qui fut depuis amin de la corporation des menuisiers.

L'intérieur présente une grande nef carrée, entourée sur trois côtés de galeries recouvertes par une vingtaine de petits dômes et surmontée d'une coupole octogonale par la base. Cette coupole prend naissance au-dessus d'arceaux en ogive supportés par quatre gros piliers en maçonnerie placés aux angles de la nef et par huit autres piliers, distribués sur les faces du carré. Il paraît certain que les huit piliers intermédiaires étaient autrefois formés de deux colonnes jumelles en pierre; les Français, dans un but de consolidation, auraient, en 1843, réuni les doubles colonnes par un remplissage en maçonnerie.

Cet intérieur était blanchi à la chaux et n'offrait aucune décoration. A droite, en entrant par la rue de la Casba, en face du mihrab et sur le côté dépourvu de galerie, se trouvait une cour à ciel ouvert renfermant quelques arbres et un jet d'eau. C'est dans cette partie, qu'ont été installés le chœur et la sacristie de l'église N.-D. des Victoires.

Les latrines et les lieux d'ablution de cette mosquée se trouvaient en dehors de l'édifice, faisant suite à la façade de la rue de la Casba. Leur emplacement a été englobé dans la maison portant le n° 2 de cette dernière rue.

La tradition n'a aucun renseignement à donner sur *Ali Bitchnin* et ignore à quelle époque il fit construire la mosquée qui porte son nom. Heureusement, les documents que j'ai consultés sont plus explicites. Ils nous apprennent qu'Ali Bitchnin était un chrétien converti à l'islamisme et que sa fondation eut lieu vers l'année 1032 de l'hégire (1622-1623 de J.-C.). Un acte du cadi Hanafi en date du commencement de redjeb 1007 (du 28 janvier au 6 février 1599), porte, que le caïd Ali Bitchnin fils d'Abd-Allah était un affranchi du caïd Fatah Allah ben Khodja Biri. Différents documents établissent, en outre, qu'il était *tadjer*, c'est-à-dire négociant, titre qu'on donnait d'ordinaire, à cette époque, aux armateurs de navires destinés à faire la course aux dépens des chrétiens.

Je dois placer ici une petite digression historique qui n'est nullement en dehors de mon sujet. Un acte en date du milieu de Ramdan 1088 (du 7 au 16 novembre 1677), mentionne le Koptan, ou amiral, Tchalabi fils d'Ali Bitchnin. Or, si l'on se rappelle que les historiens européens parlent d'un amiral algérien nommé Ali Picinini et renégat italien, on serait porté à penser qu'il y a identité entre les deux personnages, et que le nom du père a été attribué au fils par suite d'une confusion fort explicable. S'il en était réellement ainsi, le mot *Bitchnin* serait l'altération, bien facile à reconnaître, du surnom italien *Picinini* (1).

Voici, d'ailleurs, dans l'ordre chronologique, les renseignements qui concernent la mosquée et son fondateur.

---

(1) Ali Picenino ou Picenini, dont le nom altéré par les indigènes est devenu *Bitchnin*, était un fameux corsaire algérien qui florissait vers le milieu du 17e siècle. Emmanuel d'Aranda, qui fut son esclave pendant environ deux ans, en parle très-souvent dans sa *Relation*, ouvrage imprimé à Bruxelles en 1656. Entre autres qualités, il lui attribue une fidélité à sa parole qui en faisait une remarquable exception dans son pays et à cette époque. — *N. de l'Édit.*

1. Dans un acte du cadi Hanafi en date du commencement de Redjeb 1007 (du 28 janvier au 6 février 1599), figure comme partie contractante : le caïd honorable, illustre, considérable, et sage Ali Bitchnin, fils d'Abd-Allah, et affranchi du caïd Fatah Allah ben Khodja Biri (1).

2. Analyse d'un acte passé devant le cadi Hanafi à la date du milieu du mois de Redjeb de l'année 1031 (du 22 au 30 mai 1622).

L'honorable, le sage, le considérable, le négociant (tadjer), le digne de confiance, l'aimable sid Ali Bitchnin fils d'Abd-Allah, déclare constituer habous : la totalité de la maison qu'il habite et qui est connue sous son nom, sise près du palais, etc (Suit la mention de 1 fondouk et de 17 boutiques). L'usufruit de ce habous reviendra : à l'épouse du fondateur, la femme libre, la noble, la pure, la considérée Nefsa fille du défunt el-Hadj Mansour ; à la fille qu'il a eue d'elle, la libre, la chaste, la bénie, l'heureuse Fatma ; aux enfants de cette dernière, savoir 1° Mohammed et Kamis enfants de Youssef Kikhia ; 2° Ramdan, Ali et Aziza, enfants d'Ahmed Tchalabi ben el caïd Ramdan ; aux enfants que le donateur pourrait encore avoir ; et enfin à la descendance de ces bénéficiaires. A l'extinction de tous les dévolutaires désignés, le habous fera définitivement retour moitié aux pauvres de la Mecque et de Médine et moitié à la mosquée (Djama) que le fondateur fera construire, s'il plaît à Dieu (2). Que Dieu lui accorde la réalisation de son dessein ! Les revenus de cette moitié seront employés à l'entretien de ladite mosquée de premier ordre (المسجد الجامع) au salaire de l'imam et des moudden et à tous les autres besoins de cet édifice.

---

(1) Les convertis d'origine chrétienne ajoutaient invariablement à leur nouveau nom celui de *Ben Abdallah*, fils d'Abd-Allah, nom propre dont la signification substantive est *adorateur de Dieu*. Ils ne pouvaient, en effet, rappeler le nom barbare de leur père, mécréant voué à la damnation éternelle. Ils avaient ordinairement le titre de *caïd* et appartenaient à la secte des Hanafi, qui était celle des Turcs, faisant partie de la milice et pouvant prétendre aux plus hauts emplois de la Régence. Ces avantages activaient une propagande que commandait l'intérêt politique bien plus encore que le sentiment religieux.

(2) L'expression employée prouve qu'il s'agissait d'une *construction* et non d'une *reconstruction* d'une ancienne mosquée. La constatation de ce fait est importante.

3 Maison sise près de la mosquée (djama) du Sid Ali Bitchnin (acte de 1047, soit 1638 de J.-C.).

4. La mosquée (المسجد الجامع) connue sous le nom du défunt Ali Bitchnin (acte de 1071, soit 1660).

Les nombreuses mentions que j'ai trouvées au sujet de cet édifice se ressemblent trop pour que je les reproduise. Je dois seulement signaler un fait qui ne manque pas d'intérêt. Dans un acte du commencement de Hidja 1096 (du 29 octobre au 7 novembre 1685) il est question d'un sieur Mohammed, le chérif Ben Sidi el-Mehdi, comme étant l'administrateur de la mosquée d'Ali Bitchnin. Or, un acte de 1115 (1703), ayant à mentionner cet édifice, le désigne ainsi : « La mosquée d'Ali Bitchnin, connue sous le nom de Sidi el-Mehdi. » L'oukil était devenu aussi populaire que le fondateur, et le nom de ce dernier était menacé de l'oubli, suivant un usage dont les exemples sont fréquents. Cette tendance alla même fort loin, car un acte de 1156 (1743) appelle simplement cette mosquée : « La mosquée de Sidi el-Mehdi. » Cependant il est à remarquer que cette substitution de noms n'a jamais été complète, attendu qu'on trouve les deux dénominations employées concurremment aux mêmes époques. A partir de 1156, je n'ai plus retrouvé les traces de Sidi el-Mehdi, et le nom d'Ali Bitchnin, sorti victorieux de cette épreuve, est resté définitivement attaché à la fondation du renégat italien.

II.

La dotation de la mosquée d'Ali Bitchnin se composait de : une terre, trois maisons, dix-sept boutiques, trois chambres, un four, une étuve, un moulin et un fondouk. En 1834, ses revenus s'élevaient à 1,610 fr. 15 cent., et ses dépenses étaient évaluées à 744 fr. 40 cent.

Voici la composition du personnel de cette mosquée, qui était consacrée au rite Hanéfite :

Un oukil, un mouedden de minaret, un imam, un hezzab ou lecteur du coran, un kheteb ou prédicateur, un balayeur, trois mouedden pour l'intérieur et un bache-mouedden.

Le dernier oukil a été le sieur Braham Oulid Sidi Ben Ali.

III.

Après la conquête française, la façade donnant sur la rue Bab-el-Oued fut numérotée comme il suit : la porte d'entrée reçut le numéro 189, et les boutiques, les numéros 191, 193, 195, 197, 199 201 et 203 ; les magasins de la rue de la Casba portèrent les numéros 1, 3, 5, 7, 9, 11, 13, 15 et 17, et la porte d'entrée s'ouvrant sur cette rue, le numéro 19 (1).

Dès 1830, cet édifice fut affecté à la pharmacie centrale de l'armée. Remis à l'administration civile par le génie militaire le 27 mars 1843, il fut immédiatement livré à la direction de l'intérieur pour être approprié aux besoins du culte catholique. Deux siècles après avoir été construit par un renégat italien enrichi des dépouilles des chrétiens, le temple mahométan était consacré à la religion première de son fondateur, et converti en église sous le vocable de Notre-Dame des Victoires.

Sauf quelques travaux d'appropriation intérieure, la mosquée d'Ali Bitchnin est encore dans son état primitif. Seulement, le minaret a été rasé en octobre 1860, pour cause de sûreté publique.

## CHAPITRE XIV.
### Mosquée de Sidi Er-Rahbi ou de Ben Kemkha, rue Bab el-Oued.

### I.

En face de la mosquée d'Ali Bitchnin, se trouvait une mosquée de second ordre, sans minaret, connue sous la désignation de Mesdjed de Ben Kemkha, du nom de l'un de ses oukils dont la popularité avait été assez grande pour faire oublier Sidi Er-Rahbi, ancien patron de l'édifice. Le titre de *Sidi* (monseigneur) donné à *Er-Rahbi*, indique qu'il était marabout, mais la notoriété, qui a presque oublié son nom, n'a aucune légende à raconter sur son compte, et je n'ai guère trouvé de ses traces que dans les documents. Je n'ai pu reconnaître si ce saint était le fondateur de la mosquée ou s'il y avait été inhumé.

La mosquée de *Ben Kemkha* était la plus vaste des mosquées de second ordre. Cette circonstance, rapprochée de l'examen de la topographie de l'ancien Alger, m'amène à penser qu'il faut lui appliquer le passage de Haedo, où l'historien espagnol énumérant les sept principales mosquées de la ville, s'exprime ainsi :

---

(1) Les deux portes de cette église sont aujourd'hui sans numéro.

« La quatrième, dans la rue du Grand Soco, au-delà de la maison du Roi et avant d'arriver à la porte Babaluete (1). »

Le mot *soco* est évidemment la transcription espagnole de l'expression arabe *souk*, qui désignait une rue ou une portion de rue spécialement affectée à certaine industrie ou à certain commerce. Or, le nom de souk-el-kebir, ou grande rue, était fréquemment donné à cette partie de la rue Bab-el-Oued. La situation de l'édifice est donc suffisamment fixée et la seule difficulté est de reconnaître celle des mosquées de ce quartier que Haedo a entendu désigner. La construction entreprise par Ali Bitchnin n'avait pas eu lieu à cette époque et il paraît certain que la mosquée du rénégat italien n'a pas remplacé un édifice religieux. D'un autre côté, les autres mosquées de ce quartier étaient peu spacieuses, et celle de Ben Kemkha, seule, semble assez importante pour mériter les honneurs d'une mention spéciale.

Si ma supposition est fondée, la mosquée de Ben Kemkha existait donc déjà vers 1581, époque à laquelle on peut faire remonter les indications fournies par l'historien espagnol. Voici, d'ailleurs, les renseignements que j'ai recueillis sur cet édifice, dans des documents indigènes.

1. Mosquée de Sidi Er-Rahbi (مسجد سيدي الرهبي) située dans la rue (شارع) de la Porte du Ruisseau (acte de 1042, soit 1632-33).

2. Maison située dans le petit souk (souiket) de la Porte du Ruisseau, contiguë à la mosquée d'Ali Bitchnin, en face de la mosquée (djama), du cheikh béni, Sidi Er-Rahbi, que Dieu nous soit propice par ses mérites et par ceux de ses semblables. Amen ! (2) (acte de 1084, soit 1673-74).

3. Mosquée (mesdjed) du cheikh béni Sidi Er-Rahbi, près de Rahbet el-Kedima (oukfia).

4. Mosquée de Sidi Er-Rahbi (acte de 1181, soit 1767-68).

5. Mosquée de Sidi Er-Rahbi, actuellement connue sous le nom de Djama Ben Kemkha (ابن كمخة), (acte de 1188, soit 1774-75).

6. Café sis en face de la porte de la mosquée Ali Bitchnin, près

---

(1) La quarta en la calle del soco grande, etc., f. 41, verso.
(2) Cette formule est celle qui accompagne les noms des marabouts.

de la mosquée du théologien le Sid Ben Kemkha, ainsi connu (acte de 1210, soit 1795-1796).

Il me paraît inutile de multiplier les citations. A partir du dix-huitième siècle, le nom de Sidi Er-Rabbi n'apparaît plus qu'à de rares intervalles, et celui de Ben Kemkha est généralement adopté dans les actes.

## II.

La dotation de cet édifice se composait de cinq maisons, dix boutiques, une ferme et un champ, En 1834, ses revenus étaient de 586 fr. Un oukil formait tout son personnel. Le dernier administrateur a été le sieur Hassan ben Khelil Bache-Kalafat, nommé en 1830.

Cette mosquée reçut le n° 224 de la rue Bab-el-Oued, sur laquelle s'ouvrait sa principale entrée. Elle avait une autre issue donnant sur la rue Tourville et qui porta le n° 5.

Elle conserva son affectation pendant quelque temps, mais en 1833, elle fut affectée au magasin central de la pharmacie militaire et elle conserva cette destination jusqu'en 1840, époque à laquelle elle fut aliénée pour cause de vétusté. Son emplacement, d'une superficie d'environ 200 mètres, se trouve englobé dans la maison portant le n° 15 de la rue Bab-el-Oued et le n° 3 de la rue Tourville.

## CHAPITRE XV.

### ZAOUÏA DU CADI, RUE BAB-EL-OUED (IMPASSE DU CORBEAU).

Sur le côté gauche de la rue Bab-el-Oued, en entrant dans la ville, à quelque distance de la mosquée de Ben Kemkha, s'ouvrait une longue et tortueuse impasse ayant plusieurs ramifications, et au fond de laquelle était installé le prétoire (*mahakma*) du cadi maléki. Dans cette impasse, — appelée par nous impasse du Corbeau, — se trouvaient plusieurs petites chambres disséminées, qui servaient de logement à des tolba ; cet établissement s'appelait la zaouïa du Cadi Maléki.

Les renseignements que j'ai pu trouver sur cette zaouïa ne remontent pas au-delà de 1175 (1761-1762) ; ils ne renferment rien d'intéressant pour la topographie de l'ancien Alger, ou relativement à cet établissement.

En 1830, les chambres éparpillées qui constituaient cette zaouïa reçurent les numéros 90, 94, 96, 106, 110, 120, 122 et 124 de la rue Bab-el-Oued, dont le numérotage poursuivait sa série dans l'impasse du Corbeau. Leur sort fut le même que celui des mosquées de *Dar el-Kadi* et d'*Ech-Chemaïn*, qui font l'objet des deux chapitres suivants.

## CHAPITRE XVI.

### MOSQUÉE DE DAR EL-CADI (DU PRÉTOIRE DU CADI), RUE BAB-EL-OUED (IMPASSE DU CORBEAU).

I.

Au fond de l'impasse du Corbeau, à droite, et tout près du prétoire du cadi maléki, se trouvait une mosquée de deuxième ordre, sans minaret, surmontant un établissement de latrines publiques avec fontaines. Cet édifice, de construction récente, ne portait pas le nom de son fondateur, Moustafa ben Moustafa, aga des spahis de la régence d'Alger. On l'appelait simplement la mosquée du Prétoire du Cadi, *Mesdjed Dar el-Cadi*. La reconnaissance publique n'avait donc pas donné à l'aga Moustafa l'une des satisfactions qu'il avait ambitionnées, sans doute : celle de savoir son nom perpétué par cette œuvre pie. Cette insouciance de la tradition pour les fondateurs était générale et les pachas jouissaient presque exclusivement du privilége d'attacher leur nom à leurs fondations.

Voici les renseignements que j'ai recueillis au sujet de cet édifice.

1. Analyse d'un acte du cadi hanafi, en date du milieu de chabân de l'année 1209 (du 3 au 12 mars 1795).

Le respectable et honorable seigneur Moustafa, *ar'a es-sebaïhia* (aga des spahis) actuel, fils du défunt Moustafa, étant devenu propriétaire d'une boutique sise à *El-Feraria*, la constitue en habous « au profit de la conduite d'eau entrant dans les latrines
» publiques qu'il a fait construire dans la zaouïa du cadi des
» malékis ; les revenus de cette boutique seront affectés à l'en-
» tretien de ladite conduite et à l'acquittement de toutes les dé-
» penses qui seront nécessaires. »

2. *Traduction d'un acte portant le cachet du cadi hanafi.*

Au nom de Dieu clément et miséricordieux. Que Dieu répande

ses grâces sur notre seigneur et maître Mohammed, ainsi que sur sa famille et sur ses compagnons, et qu'il leur accorde le salut !

(Cachet du cadi)

Louange à Dieu qui agrée les aumônes et en facilite les moyens ;∴ qui aplanit les chemins des bienfaits et en ouvre les portes ;∴ qui a choisi la religion de l'islamisme entre toutes les religions ;∴ qui protège ceux d'entre ses adorateurs qui élèvent leurs constructions sur les fondations de la piété et du désir de mériter la satisfaction divine ;∴ qui a tracé une démarcation entre l'homme et son Dieu, et assigné les devoirs des créatures envers leur créateur, et qui a institué des lois ;∴ qui inspire le désir de faire le bien à ceux d'entre les hommes sur lesquels son choix s'est porté ;∴ qui a promis à celui qui est sincère dans ses bonnes œuvres d'immenses dons, le jour où les gens de bien recevront leur récompense. Il (Dieu) a dit (qu'il soit exalté !) : « Quiconque fera » le bien et sera en même temps croyant, ses efforts ne seront » point méconnus ; nous mettrons par écrit ses œuvres » (1). Je le glorifie (qu'il soit exalté et élevé !) et je lui adresse des actions de grâces pour le remercier de nous faire suivre la voie droite et de nous diriger vers le bon et le juste ;∴ espérant de nouvelles faveurs de sa bonté et de sa munificence ;∴ et je lui demande de nous être propice et de nous guider vers ce qu'il veut et désire ;∴ et j'atteste qu'il n'y a d'autre dieu que Dieu, qu'il est unique et qu'il n'a pas d'associé : témoignage dont comprendront la portée ceux qui croient et dont se réjouiront ceux qui s'adonnent aux bonnes œuvres ;∴ j'atteste que notre seigneur, notre prophète et notre maître Mohammed, est son adorateur et son envoyé, sur lequel il a fait descendre (ces paroles) dans son livre sublime : « Vous » n'atteindrez à la vertu parfaite que lorsque vous aurez fait » l'aumône de ce que vous chérissez le plus » (2). O Dieu ! répandez les grâces du salut et les bénédictions∴ sur ce prophète noble et béni,∴ notre seigneur Mohammed, ainsi que sur sa famille et sur ses compagnons ;∴ que ces bénédictions et ce salut se perpétuent inséparablement jusqu'au jour de la résurrection !∴ Et ensuite, les aumônes sont recommandables,∴ et les bonnes

---

(1) Coran, chap. XXI, v. 94.
(2) Coran, chap. III, v. 86.

œuvres ont été l'objet des encouragements des législateurs qui s'en sont occupés,.˙. particulièrement les aumônes consistant en immobilisation d'immeubles, lesquelles ont des effets durables qui résistent à l'écoulement du temps,.˙. et produisent des fruits dans tous les siècles et à toutes les époques. *Et lorsque* le cavalier magnanime, qui est bon et honoré,.˙. le sid Moustafa, *ar'a es-sebaïhia* actuel, fils de celui auquel Dieu a fait miséricorde, le sid Moustafa (que Dieu l'assiste, le favorise et le comble de ses faveurs et de sa munificence dans les deux mondes !.˙. qu'il agrée ses œuvres charitables,.˙. et qu'il fasse pencher le plateau de sa balance par le poids de ses bienfaits!) eut considéré les choses de ce vil monde avec l'œil de l'intelligence,.˙. et y eut arrêté avec franchise sa pensée intime,.˙. et après qu'il eut reconnu que ce monde n'est que le champ d'ensemencement de la vie future,.˙. qu'il eut médité cette parole du Très-haut : « Celui
» qui aura fait le bien du poids d'un atome le verra celui qui
» aura commis le mal du poids d'un atome le verra » (1). et qu'il eut mûrement réfléchi à ce fait rapporté dans les Traditions dûment transmises,.˙. que, lorsqu'un enfant d'Adam meurt, ses actions sont mises à néant et restent sans effet à l'exception de trois : .˙. des aumônes qui fructifient,.˙. ou une science qui produit de l'utilité,.˙. ou un fils vertueux qui prie pour lui,.˙. *Il eut hâte* de conquérir ces récompenses,.˙. et s'empressa d'accomplir ces bienfaits,.˙. agissant pour l'amour du Dieu généreux,.˙. et sollicitant ces immenses remunérations..˙. En conséquence, il porta ses vues sur une boutique de teinturier qui se trouvait dans la zaouia du tribunal maléki et l'acheta;.˙. ensuite il en démolit les bâtisses et installa sur son emplacement une *metehera* (latrines; lieux d'ablutions) et des eaux dormantes;.˙. et il bâtit au dessus de cela une mosquée,.˙. à laquelle il affecta un professeur maleki et un imam,.˙. et trois tolba chargés de lire le hizeb aux heures d'el-dohor et d'el-asr, à perpétuité;... de même, il disposa que chacun d'eux recevrait chaque mois un salaire pour ses fonctions,.˙. afin que cette œuvre soit durable. Le professeur et l'imam, pour leurs services, toucheront .˙. un mahboub par mois, chacun..˙. Il sera alloué à chacun des hezzabin, pour la lecture de son hizeb,.˙. un demi rial par mois,.˙.

---

(1) Coran, chap. CXIX, versets 7 et 8.

et un rial par mois à celui qui prendra soin des lieux d'ablutions et en enlèvera les immondices. — Ensuite, il a constitué en habous les propriétés dont la désignation suit, pour que leurs revenus profitent à ladite mosquée, savoir : (suit l'énonciation de sept boutiques)..... les fonds provenant des loyers desdits immeubles, qui resteront disponibles après le prélèvement des dépenses consacrées à l'entretien de la dotation, seront conservés par l'administrateur de cette fondation, qui les affectera aux besoins de ladite mosquée, tels que travaux de maçonnerie, blanchiment, éclairage et autres. Les fonctions d'administrateur seront remplies par l'honorable et respectable sid Mohammed ben el Hadj Mohammed Ben Sakloul, tant qu'il vivra, et appartiendront après lui, à l'oukil des Habous du Sboul Kheirat de la (ville) bien-gardée d'Alger. Le surveillant de cette fondation devra en exécuter les dispositions suivant les commandements de Dieu, .·. et être guidé dans sa gestion par la crainte de Dieu et par son appréhension, .·. car Dieu ne laisse point faillir le salaire des bonnes œuvres, etc. A la date des premiers jours du mois de chaban 1212 (du 19 au 28 janvier 1798).

3. Divers actes de fondation de habous par Moustafa, aga des spahis, ben Moustafa, désignent tous cette mosquée de la manière suivante : la mosquée que ledit sid Moustafa a fait bâtir dans la Zaouia du cadi Maleki, près d'Ech-Chemaïn (Commencement de chaban 1212, soit du 19 au 28 janvier 1798).

II.

En 1830, la dotation de cet établissement était réunie au Sboul Kheirat, institution appartenant au rite Hanéfite que le vœu du fondateur investissait de sa gestion. Cette mosquée reçut les n° 98, 100 et 102 de la rue Bab-el-Oued, dont la série se continuait dans l'impasse du Corbeau. Elle conserva son affectation religieuse pendant quelques années. Aliénée pour cause d'utilité générale, en 1857, avec la Zaouia du cadi, elle se trouve aujourd'hui comprise dans les maisons qui forment le fond de l'impasse Cléopâtre.

## CHAPITRE XVII.

#### MOSQUÉE ECH-CHEMMAÏN, RUE BAB-EL-OUED.

A l'angle des rues Bab-el-Oued et Cléopâtre, contre le pâté

de petites constructions que desservait l'impasse du Corbeau, se trouvait une mosquée de second ordre qui était connue en dernier lieu sous la dénomination de *Mesdjed ech-Chemmaïn* (la mosquée (de la rue) des marchands de bougies), mais qui avait autrefois porté d'autres noms que les renseignements suivants font connaître :

1. Mosquée *ed-Diacin* ( مسجد الدياسين ) (1) dont est imam Mohammed ben Akdjil (acte de 1036, soit 1626-27);

2. Mosquée [connue sous le nom de Mesdjed ed-Diacin, contiguë à la zaouïa du cadi maleki (Oukfia).

3. Aloui (local) sis à *Souk el-Kherrdzin* (la rue des savetiers), en face de Djama ed-Diacin (Acte de 1153, soit 1740-41).

4. Boutique sise près de la zaouïa du cadi et en face d'une mosquée qui est en cet endroit (Acte de 1175, soit 1761-62).

5. Boutique sise près de *Souk el-Belardjia* (rue des fabricants de pantoufles), en face de la porte de la mosquée connue sous le nom de Mésdjed el-Kedjili ( الكجيلي ) (Acte de 1196, soit 1781-82) (2).

6. Aloui sis près de Djama ed-Diacin, à *Souk el-Kherrazin*, dans le voisinage du palais (Acte de 1197, soit 1782-83).

7. Boutique sise près de Souk el-Belardjia, vis-à-vis de la porte de la mosquée de Ben Akdjil ( ابن اقجيل ) (Acte de 1201 soit 1786-87).

8. Boutique sise à *Souk ech-Chemmaïn* ( سوق الشماعين ) (la rue des marchands de bougies), et contiguë à la mosquée de Sid Mohammed el-Koudjili ( التوجيلي ), ex cadi des Malékis, près du tribunal maléki (Acte de 1205, soit 1790-91).

9. Boutique sise en face de Mesdjed ech-Chemmaïn (Acte de 1240, soit 1824-25).

La dotation de cette mosquée se composait de 10 boutiques, et son revenu était, en 1834, de 57 fr. Le dernier oukil a été le sieur el-Tayeb ben Mohammed ben Akdjil qui descendait

---

(1) Ce nom est inconnu aujourd'hui et les Indigènes hésitent même à en donner l'explication. Il paraît probable que ce mot désignait les ouvriers qui travaillaient le *dis*, profession qui n'existe plus aujourd'hui.

(2) Ce surnom de *Kedjili* rappelle *Akdjil*, qui fut le premier imam de cette mosquée, conjecture qui est corroborée par la mention faite ensuite au n° 8 d'un Sidi Mohammed el *Koudjili*.

probablement de l'imam qui avait donné son nom à cette mosquée au XI⁰ siècle de l'hégire.

Cette mosquée, qui reçut le n° 84 de la rue Bab-el-Oued, fut affectée au service de l'intendance militaire, dès les premiers temps de l'occupation française. Aliénée en 1811, elle a été démolie en 1861, et son emplacement se trouve compris dans la maison portant le n° 5 de la rue Bab-el-Oued.

Mais avant de nous engager davantage dans la ville, traversons la rue Bab-el-Oued et examinons les édifices qui se trouvaient entre cette grande voie de communication et les hauts quartiers.

## CHAPITRE XVIII.

#### MOSQUÉE DE *Zenket Lellahoum*; OU RUE LALAHOUM.

Au n° 27 de la rue Lalahoum existait une petite mosquée de second rang, qui s'appelait simplement, du nom du quartier, *Mesdjed zenket Lellahoum*, et sur laquelle je n'ai trouvé aucun renseignement écrit :

Cette mosquée, qui couvrait une superficie de 31 m. 50, fut aliénée, pour cause d'utilité générale, en 1841. Sa dotation se composait de 2 maisons et 6 boutiques, et ses revenus étaient, en 1834, de 409 fr. 80. Son dernier oukil a été le sieur Mohammed ben Moustafa el-Kebabti. Son emplacement est compris dans la maison qui porte actuellement le n° 2 de l'impasse d'Oronte.

## CHAPITRE XIX.

#### MOSQUÉE DITE *Mesdjed Lichtoun*, RUE LALAHOUM.

Au n° 83 de la rue Lalahoum, se trouvait une petite mosquée appelée, — du nom de l'un de ses imams, sans doute, — Mesdjed *Lichtoun*, — ou Guechtoun, — dénomination qui n'est pas arabe et que les Indigènes ne peuvent expliquer.

Je n'ai trouvé, dans les documents, que le seul renseignement ci-après, qui donne à cet édifice un nom inconnu aujourd'hui.

« Mosquée connue sous le nom de la fille de Moudfir (مسجد المعروف بابنة مظفر), sise près de Hammam Yton, et construite au-dessus d'une école (Oukfia). »

Il me paraît probable que *la fille de Moudfir* a été la fondatrice de cette mosquée.

Abandonné pour cause de vétusté dès les premiers temps de la conquête, cet édifice fut aliéné le 15 juin 1840 pour cause de sûreté publique. Son emplacement, présentant une superficie de 33 m. 20 c., est actuellement compris dans la maison portant le n° 2 de la deuxième impasse de gauche de la rue Lalahoum.

La dotation de cette mosquée se composait de 2 maisons et de 3 boutiques, et ses revenus étaient, en 1834, de 108 fr. Le dernier oukil a été le sieur Mohammed ben Ali, nommé le 8 mars 1837.

## CHAPITRE XX.

### MOSQUÉE BEN 'OCHBA, RUE DU COMMERCE.

Cette petite mosquée était appelée, en dernier lieu, *mosquée de Ben'Ochba,* du nom, sans doute, de l'un de ses oukils. Je n'ai trouvé, dans les documents, que le seul renseignement ci-après, qui donne à cet édifice une dénomination inconnue de nos jours.

« Mosquée sise à Haret el-Djenan, dans une impasse, près de la mosquée (djama) d'Ali Bitchnin et anciennement connue sous le nom de Mesdjed Ibn Doudou (مسجد أبن دودو) (Oukfia). »

Cette mosquée avait une dotation de 4 maisons et de 4 boutiques. Ses revenus n'étaient, en 1834, que de 365 fr. 30. Son dernier oukil a été le sieur Ahmed Oulid Cheikh Ali. Elle reçut d'abord le n° 17, et plus tard le n° 15 de la rue du Commerce. Conservée au culte musulman pendant les premières années de la conquête, elle fut abandonnée en 1837, pour cause de vétusté, et aliénée par la voie des enchères publiques, le 6 avril 1840. Son emplacement, qui présentait une contenance superficielle de 83 m. 40 c., se trouve actuellement compris dans la maison formant l'angle des rues des Marseillais et du Commerce, et portant le n° 4 de cette dernière.

## CHAPITRE XXI.

### CHAPELLE DE SIDI HELAL, RUE SIDI HELEL.

Sidi Helâl fut autrefois un marabout des plus renommés, mais sa célébrité, déjà en décadence lors de l'arrivée des français, s'est presque éclipsée depuis cet événement. Les nombreuses troupes de fidèles qui venaient jadis visiter son tombeau, ont oublié le chemin de cette petite chapelle, aujourd'hui plongée dans un abandon complet et déshéritée des abondantes offrandes des temps passés. Ainsi va le monde et les saints musulmans, ne sont pas plus à l'abri des vicissitudes de la fortune et des caprices de la mode que les simples mortels de toutes les nations et de tous les cultes. Le nom de ce marabout n'est cependant pas tombé dans l'oubli. Il est toujours vénéré et a survécu à la dévotion dont les restes du saint étaient l'objet. Par une singularité qu'on n'a pu m'expliquer, les femmes de mauvaise vie jurent ordinairement par sidi Helâl et ce serment est le plus redoutable qu'elles puissent faire.

Ce marabout vivait à une époque reculée. Il fut au moins contemporain de l'établissement des Turcs en Algérie, s'il faut en croire la tradition. Je dois ajouter que je n'ai pas de renseignements précis sur la date de sa mort, ni sur celle de la construction de l'établissement actuel, lequel se compose d'une très-petite mosquée surmontant une pièce obscure, humide, basse et nue, où se trouvent inhumés le saint et quelques privilégiés.

Le plus ancien des renseignements que j'ai recueillis dans des documents, est celui-ci :

« Maison située dans le voisinage de la porte du ruisseau (Bab-el-Oued), près du tombeau (ضريح) de l'ouali vertueux sidi Helal (سيدى هلال) que Dieu nous soit propice par ses mérites et par ceux de ses semblables ! ( acte du Cadi Hanafi, en date de la fin de safar 1025, soit du 10 au 18 mars 1616). »

Les indications postérieures ne différant pas essentiellement de celle qui précède, il m'a paru sans utilité de les reproduire. Dans l'intérêt de la topographie de l'ancien Alger, je dois seulement signaler qu'à partir de 1090 (1679-1680), il est fait fréquemment mention de *haret el djenan* (حارة الجنان, la rue de la Campagne), comme étant sise dans les environs du tombeau de sidi Helâl.

Depuis 1830, cette chapelle a toujours conservé son affectation religieuse. Elle reçut d'abord le n° 32 de la rue sidi Hellel, — à laquelle elle a donné son nom; — mais le remaniement de 1851 ne lui a attribué aucun numéro. De 1832 au 1ᵉʳ mars 1853, les filles soumises furent installées dans ce quartier. La tombe déserte et muette du saint mahométan forma alors un étrange contraste avec le tumulte obscène et parfois sanglant de la prostitution qui hurlait à sa porte, avec les flots nauséabonds de l'orgie populaire qui venaient se heurter contre ses murs. Cette circonstance a évidemment contribué à éloigner de cet établissement la population musulmane, peu désireuse d'accomplir des actes de dévotion au milieu d'une pareille société.

L'oukil actuel de cette chapelle, est le sieur Abderezzak ben Bacit, dont la famille jouit de cette charge depuis longues années.

## CHAPITRE XXII.

#### MOSQUÉE DITE DJAMA SABAT EL-AHMAR, RUE DU SCORPION.

Ce petit mesdjed, sans minaret, prenait le nom du quartier: *sabat el-Ahmar*, ou plus usuellement *Sabat Lahmar* (la voûte rouge). Voici les seuls renseignements que j'ai trouvés.

La mosquée (mesdjed) sise près de Bir (le puits) aznague (بير ازناج) et contiguë au rempart de la ville, dans le voisinage de sidi Helâl, que Dieu nous soit propice par ses mérites ! (oukfia).

2. Mosquée sise au quartier de bir ezzenagui (بير الزناكي) et contiguë à l'enceinte de la ville, au dessous de la voûte rouge. (Sabat el Ahmar السباط الاحمر). (acte de 1264, soit 1223).

Cette mosquée, qui reçut le numéro 18 de la rue du Scorpion, cessa d'être fréquentée par la population musulmane dès les premiers jours de la conquête. Elle fut aliénée, pour cause d'abandon et de vétusté, le 29 août 1849, au profit de M. Mussault, propriétaire de la maison portant le n° 16 de la même rue sur le rez-de-chaussée de laquelle elle était construite, laquelle maison porte actuellement le n° 5.

Nous allons maintenant traverser de nouveau la rue Bab-el-Oued pour examiner les édifices religieux qui se trouvent en arrière de la rive gauche de cette grande voie de communication, à peu de distance de la porte de la ville.

## CHAPITRE XXIII.

#### MOSQUÉE D'ALI KHODJA (ANCIENNEMENT MOSQUÉE SIDI BETEKA ?), RUE BISSON.

La mosquée connue par la génération actuelle sous le nom d'Ali Khodja, — et qui est un petit mesdjed muni d'un minaret exigu, sis au quartier de *Hammam el-malah* (les bains d'eau salée) — ne figure sous cette dénomination ni dans l'oukfia ni dans aucun autre document. D'un autre côté, j'ai trouvé divers renseignements écrits sur une mosquée de Sidi Beteka qui existait autrefois dans ce même quartier de *Hammam el-Malah*, et dont on ne peut aujourd'hui retrouver les traces sur le terrain. Comme les édifices du culte sont inaliénables et ne doivent changer de destination en aucun cas, et que d'un autre côté, il y a identité dans la situation, il me paraît certain que cette mosquée de sidi Beteka, — qui n'a pu disparaître — n'est autre que la mosquée d'Ali Khodja, sur laquelle les documents se taisent. Une reconstruction, de date relativement récente, aura amené un changement de dénomination dont les exemples sont des plus fréquents.

Les deux actes dont on trouvera la traduction plus bas font connaître que l'enceinte de la mosquée de Sidi Beteka n'était pas toute consacrée au culte et qu'elle renfermait des constructions particulières. Or, la mosquée d'*Ali Khodja* est enclavée, et enchevêtrée dans des bâtisses privées, et cette circonstance me semble une nouvelle preuve à l'appui de ma supposition.

Voici les documents que j'ai recueillis sur la mosquée de Sidi Beteka.

1. *Traduction d'un acte passé par devant le cadi Hanafi.*

Louange à Dieu! Devant le cheikh, le jurisconsulte, le savant, notre maître, l'humble adorateur de Dieu. — Cadi de la (ville) bien gardée d'Alger à la date du présent (que Dieu le protège, le dirige et l'assiste dans l'exercice des fonctions qu'il lui a confiées!), se présentèrent les habitants du quartier dans lequel se trouve la mosquée de l'oueli vertueux et béni Sidi *Abou et-Teka* (que Dieu nous soit propice par ses mérites!) située vers la porte du ruisseau (Bab el-Oued,) et près du *Hammam* (établissement de bains) *el malah* (salé) qui est en cet endroit, et ils exposèrent, pour le compte de ladite mosquée, le préjudice résultant des constructions élevées dans l'enceinte de cet édifice par le mâllem (maître) Ali el Bsilit, lequel avait étendu par ses travaux ce que possédait Ahmed ouda Bachi, précédent acquéreur, et avait interdit l'entrée des latrines aux gens ayant l'intention de faire leurs ablutions............ Cette affaire fut ensuite soumise à...... ben Ibrahim....... cheikh de l'Islam et soutien des hommes, le savant, le docte, le grand Muphti, le prédicateur éloquent, qui a apposé sa noble signature en bas de cet acte (que Dieu le comble de ses bienfaits et prolonge ses jours), lequel ordonna un transport à ladite mosquée pour faire examiner attentivement les bâtisses que le Sid Ali el Bsilit avait fait ajouter au dit endroit. En conséquence, deux hommes dignes de confiance et experts en matière de maçonnerie, lesquels sont : le mâllem (maître) Ali el oudjedi, et le mâllem Belkassem, le maçon, allèrent sur les lieux et se livrèrent à un examen minutieux du préjudice résultant de l'état de choses signalé. Il fut pris lecture de l'acte constatant les conventions arrêtées autrefois avec l'administrateur du habous dans la dite ville; on reconnut que d'après cet acte, la location (ana), avait été consentie pour quarante années, moyennant un paiement annuel de huit dinars algériens, et qu'après l'expiration de ce terme, il (le locataire) devait enlever tous les travaux élevés par lui ou faire cesser les causes qui interdiraient l'accès de ladite mosquée soit pour y entrer, soit pour en sortir. Tout cela résulte d'un acte dont il est détenteur. Les années qui se sont écoulées depuis la rédaction de cette pièce furent comptées et on reconnaît qu'*il* avait encore une jouissance d'environ neuf ans. Alors, l'avis de tous fut de faire disparaître tous les travaux effectués récemment par le mâllem Ali el Bsilit et consistant en une chambre supérieure (Rorfa) et deux planchers dont l'un supérieur et l'autre inférieur; de faire démolir ces constructions; de faire démolir l'escalier établi au-dessus du mihrab de la dite mosquée; de faire démolir l'arceau; et de faire enlever la porte qu'il avait placée pour interdire l'entrée des latrines; en sorte que la maison conserve son ancienne porte et reste dans son précédent état jusqu'à l'expiration de la dite location. A été présent à tout cela celui qui représente le mâllem Ali el Bsilit, lequel est son parent par alliance l'honorable Skender beloukbachi ben..... le turc. Le cheikh cadi susdit a pris connaissance de cela et l'a sanctionné le déclarant valide et exécutoire etc. Écrit à la date des derniers jours de Safar le bon de l'année mil-trente (1030) (soit du 15 au 23 janvier 1621).

2. Mosquée (djama) du cheikh Sidi Abou'tteka (أبو التفا), sise près de Hammam-el-Malah (Oukfla).

3. Traduction d'un acte du cadi Hanafi.

Louange à Dieu. Après que fut reconnu habous et wakf. au profit du cheikh béni, l'oueli, le vertueux, la brillante étoile polaire, Sidi Abou'tteka (que Dieu, etc.), la totalité de la mosquée située du côté de la porte du ruisseau, dans le voisinage du *Hammam-el-Malah* sis dans cet endroit.

L'enceinte de ladite mosquée renfermait jadis des bâtisses qui depuis longues années étaient réduites à l'état d'emplacement, en sorte que nul profit n'en était retiré par les deux oukils, lesquels sont : l'honorable, etc., El Hadj Abdelkader, fils du défunt Mohammed, connu sous le nom de Ben el-Oukil, et son compagnon, le jeune Sid Mustapha, fils du défunt Sid Ali ben el-Arbi.

Et en cet état de choses, l'honorable, etc., le jeune Sid Mohammed, le janissaire, fils du défunt Sid Mustapha Khodja, conçut le projet de bâtir dans ladite enceinte ce qu'il voudrait et comme bon lui semblerait, à la condition que les constructions qu'il élèverait seraient sa propriété privée et qu'il servirait chaque année à l'administration desdits habous la somme de vingt réal draham serar. (La suite de cet acte constate que l'aliénation projetée s'est effectuée dans les conditions indiquées ci-dessus), (*N. du tr.*). A la date des premiers jours de Ramdan de l'année 1168 (du 11 au 20 juin 1755).

Cette mosquée reçut le n° 1 de la rue Bisson. Dès 1830, elle fut affectée à un service militaire et convertie en magasin pour les effets du campement. Elle conserva cette affectation jusqu'en 1844, époque à laquelle elle fut aliénée.

Cet édifice, qui formait l'angle de la rue Doria et de la rue Bisson, voûtée en cet endroit, fait actuellement partie de la maison portant les n°° 10 et 12 de la première de ces deux rues. Il a été conservé et n'a subi que quelques changements ; le minaret lui-même est intact : encastré dans la façade de la maison, rue Doria, n° 10, il reste comme un témoin muet de l'instabilité des choses humaines.

## CHAPITRE XXIV.

### MOSQUÉE DE SIDI AMAR ET-TENSI, RUE JEAN-BART.

Cette mosquée, — petit mesdjed sans importance, — paraît avoir été bâtie par Sidi Amar et-Tensi, marabout autrefois célèbre, sur lequel j'ai donné des renseignements dans le chapitre VI. Dans tous les cas elle porte son nom et on doit admettre, dès lors, qu'elle est au moins contemporaine de ce saint personnage. Sa dotation était confondue avec celle de la chapelle de Sidi Amar et-Tensi, et ces deux établissements avaient un seul et même administrateur.

Je n'ai trouvé, au sujet de cette mosquée, que les deux renseignements ci-après :

1. ..... La mosquée sise au quartier de Hammam el-Malah et dont est imam le Sid Mohammed, oukil de l'oueli excellent et béni Sidi Amar et-Tensi (acte de Rebi' 1er, 1093 (mars 1682).

2. ..... La mosquée sise au quartier de Hammam el-Malah,

dans le voisinage de Kouchet el-Djidjeltya (le four des gens de Gigelly) et près de la maison du Bach Beloukbachi actuel de la marine; de laquelle mosquée est imam le Sid el-Hadj Ali, ex-muphti maléki ben Abdelkader ben el-Amin, ainsi connu (alors oukil de la zaouïat de Sidi Amar et-Tensi, sise hors la porte Bab el-Oued). (Acte de 1229, soit 1813-1814).

Cette mosquée, qui reçut dans le principe le n° 16 de la rue Jean-Bart, fut affectée dès 1830 au casernement militaire, et fait actuellement partie des locaux affectés à la Direction d'Artillerie, lesquels n'ont qu'une entrée portant le n° 15 de ladite rue.

## CHAPITRE XXV.

###### MOSQUÉE SABAT EL-HOUT. AUSSI APPELÉE EL-BOTEHA, RUE DES CONSULS.

Voici les seuls renseignements que j'aie pu me procurer sur ce mesdjed sans minaret, appelé quelquefois djama Sabat el-Hout (d'une voûte où étaient sculptés quelques poissons), et plus ordinairement *djama el-Boteha*, du nom du quartier.

1. Maison située dans une impasse au quartier d'*el-Boteha* (البطحا), contiguë à une mosquée connue sous le nom de *mesdjed Aberkan* (ابركان). Ce mot m'est inconnu (1). (Acte de 1038, soit 1628-1629).
2. Mosquée du quartier d'el-Boteha. (Acte de 1048, 1638-1639).
3. Djama el-Boteha (Oukfia).
4. ..... Boutique, sise près de Kouchet (le four de) el-Boteha, attenant à l'école qui se trouve là (c'était une dépendance de la mosquée). (Acte de 1219, soit 1804-1805).

Cette mosquée reçut d'abord le n° 82, et plus tard le n° 80 de la rue des Consuls. Elle fut tout d'abord convertie en entrepôt de grains et conserva cette affectation jusqu'en mai 1838. A cette époque, elle était en fort mauvais état et sa situation dans un quartier d'où s'était retirée complètement la population musulmane ne permettait pas qu'elle fût rendue au culte. Après avoir été affectée au casernement militaire de 1838 à 1845, elle fut aliénée, pour cause de vétusté, le 3 juillet 1854, au profit de M. Bounevialle. Cet édifice a été démoli à l'intérieur, mais sa façade a été conservée en partie. Il porte aujourd'hui le n° 5 de la rue des Consuls et sert de magasin.

---

(1) *Aberkan* signifie *noir*, en kabile.

## CHAPITRE XXVI.

#### MOSQUÉE D'AÏN EL-HAMRA, RUE PHILIPPE.

La notoriété appelle cette petite mosquée *mesdjed Aïn el Hamra* (de la fontaine rouge), du nom d'une fontaine qui l'avoisine. Mais les deux renseignements ci-après, puisés dans des documents, nous apprennent que la qualification de *rouge* appartenait à la maison qui est en face du mesdjed dont il s'agit, aujourd'hui occupée par le colonel du génie, sous la voûte de la rue Philippe.

1. Mosquée et-Tadeli (جامع التادلي) en face de la maison rouge (Dar el-Hamra) (Oukfia).

2. Maison dite Dar el-Hamra (la maison rouge), sise près de Souiket Bab el-Oued, en face, en biaisant, d'une mosquée qui est là. (Acte de 1223, soit 1808-1809).

La désignation de *et-Tadeli* employée par l'oukfia doit s'appliquer à un *oukil*, car le dernier administrateur de cette mosquée a été un sieur Mohammed et-Tadeli, nommé par Hussein Pacha. Cette similitude de noms fait penser que, de même que le *Tadeli* de 1830, celui de l'oukfia était l'oukil de la mosquée dont il s'agit et que c'est à ce titre qu'il attacha, au moins momentanément, son nom à cet édifice.

Cette mosquée reçut d'abord le n° 35 et puis le n° 33 de la rue Philippe. Elle est actuellement sans n°. Affectée au casernement militaire depuis 1837, elle est destinée à disparaître avec la voûte de la rue Philippe.

## CHAPITRE XXVII.

#### CHAPELLE DE SIDI FASSI, RUE PHILIPPE.

A l'angle des rues Philippe et de la Révolution, existait un petit local voûté dans lequel était inhumé Sidi Ali el-Fassi (usuellement Ali Fassi), marabout jadis fort célèbre (1).

Voici quelques-uns des renseignements que j'ai recueillis sur cette petite chapelle :

1. Maison sise près du tombeau (ضريح) de l'ouéli vertueux Sidi Ali el-Fassi (علي الفاسي), que Dieu soit propice par ses mérites! (acte de 1021, soit 1612-1613).

---

(1) *Fassi*, de Fez; ou, mieux, de *Fas*, ville principale du Maroc.

2. Maison près d'Aïn Mourad koursou, dans le voisinage d'el-Boteha et du tombeau de Sidi Ali el-Fassi, que Dieu, etc., (acte de 1154, soit 1741-1742).

3. Maison sise près d'*Okbet Esseldm* (la montée du salut), dans le voisinage de Sidi Ali el-Fassi, que Dieu, etc, (acte de 1205, soit 1790-91).

4. Maison anciennement connue sous le nom de *Dar el-R'oula* (la maison de la goule), près de Sidi Ali el-Fassi, que Dieu, etc., (acte de 1218, soit 1803-1804).

La maison bâtie au-dessus de cette chapelle mènaçant ruine, les restes mortels du Saint furent enlevés le 16 mai 1841 et transportés par les soins du Beït el-Mal dans la Zaouiet el-Abassi, sise rue des Dattes, qui avait été désignée par le muphti pour recevoir ces reliques. Le 15 octobre 1842, le local dont il s'agit, qui portait le n° 64 de la rue Philippe, fut aliéné au profit du propriétaire de la maison qui le surmontait, laquelle porte actuellement le n° 13 de la même rue,

Le dernier oukil a été le sieur Ahmed ben Essebbar, nommé par Hassan pacha, en 1791.

## CHAPITRE XXVIII.

### ÉCOLES DE RAHBET EL-KEDIMA (OU RAHBA KEDIMA), RUE DE LA RÉVOLUTION.

#### I.

Au n° 14 de la rue de la Révolution se trouvait une fort petite mosquée servant d'école et consignée à ce titre dans l'oukfla, qui la désigne comme étant sise à Rahbet el-Kedima (l'ancienne halle). Ce petit édifice, dont le sieur Ben Yacoub a été le dernier administrateur et qui était affecté à l'enseignement des jeunes turcs, a été aliéné le 25 novembre 1840, et se trouve actuellement englobé dans la maison portant le n° 1 de la rue des Trois-Couleurs.

#### II.

A l'angle des rues Bab el-Oued, Tourville et de la Révolution, et portant le n° 1 de cette dernière, se trouvait une petite école, sans dotation, qui a été aliénée en mars 1841 au profit du propriétaire de la maison dans laquelle elle se trouvait enclavée.

## SECTION II<sup>e</sup> NORD-EST.

### CHAPITRE XXIX.
#### MOSQUÉE DE KA'ESSOUR, RUE DU 14 JUIN.

Le développement que prend la partie de la ville basse comprise entre la porte *du Ruisseau* (Bab el-Oued) et la porte *de la guerre Sainte* (porte de France), m'a déterminé à consacrer une section spéciale aux quartiers qui avoisinent le front de mer depuis la batterie de *Seba Tabaren* (rue du 14 juin), jusqu'à la mosquée de la Pêcherie.

Le premier édifice dont j'aie à m'occuper dans cette zône, est une très-petite mosquée, portant actuellement le n° 13 de la rue du 14 juin et détenue par une famille indigène qui s'en prétend propriétaire. Comme je poursuis un but purement historique, je m'abstiendrai soigneusement de tout commentaire pour ou contre cette prétention et me bornerai à publier l'unique renseignement que j'aie pu recueillir dans les documents au sujet de la petite mosquée qui nous occupe.

« Mosquée (Djama) sise à *Ka'essour*, au-dessous d'el-Boteha, près de la maison d'*Arnaout Mami*, au-dessus d'une voûte qui est là » (oukfla).

La notoriété, d'accord en cela avec les documents, appelle cet édifice : la Mosquée (du quartier) de *Ka'essour* (قاع السور) le sol du rempart), de sa proximité, — non de l'enceinte fortifiée, puisqu'il n'en existe pas sur ce point, mais — de la limite de la ville, donnant à pic, dans cette partie, sur les rochers de la côte.

### CHAPITRE XXX.
#### MOSQUÉE DE SIDI FELIH, RUE DU CHEVAL.

Voici les seuls renseignements que j'aie pu recueillir sur cette petite mosquée sans minaret, qui portait le nom d'un marabout dont elle renfermait le tombeau.

1. Mosquée (mesdjed) du saint, vertueux et béni sidi Felih (سيدي فليح),

que Dieu nous soit propice par ses mérites, dont est imam Mohammed Echerchâti ben Youssef (acte de 1084, soit 1673-1674).

2. Maison sise au quartier d'El-Boteha, près de la mosquée du saint et vertueux Sidi Felih, etc. (acte de 1144, 1730-1731).

3. Mosquée (mesdjed) connue sous le nom du cheikh Sidi Felih et sise près de *Dar el-Mokriyen* (1), au dessous d'El-Boteha (ou : fla).

Cette mosquée reçut le n° 3 de la rue du Cheval. Elle conserva son affectation pendant quelque temps, mais elle servait de magasin en 1836. En 1842, elle était signalée comme fermée et abandonnée. Elle fut aliénée, pour cause de vétusté, vers cette époque et son emplacement se trouve actuellement englobé dans la maison portant le n° 3 de la rue du Cheval.

## CHAPITRE XXXI.

### MOSQUÉE ABDY PACHA, RUE MACARON.

Dans le courant de l'année hégirienne 1138 (1725-1726), le pacha Abdy fit construire une mosquée, tout près de la caserne des janissaires, appelée *Dar el-Mokriyen* (la caserne des lettrés), et usuellement Dar el-Makaroun, vers le milieu d'une rue peu fréquentée, bâtie d'un seul côté et formant une espèce de chemin de ronde le long du rivage. Cet édifice, destiné à la *khotba*, ou prière publique du vendredi, et d'une capacité médiocre, était pourvu d'un minaret octogone peu élevé et comprenait des latrines.

Voici les documents et renseignements que j'ai trouvés au sujet de cet établissement, qui portait le nom de son fondateur, et auquel fut annexée en 1152 (1748-1749) une école bâtie par le pacha Mohammed ben Bakir.

1. Le pacha Abdy fait un habous au profit de la mosquée (mesdjed el-djama), qu'il a fait construire (2) actuellement dans le voisinage des deux prisons (zendana), l'une grande et l'autre petite, sises près de la caserne de janissaires dite Dar el-Mokriyen (دار المقريين), aux environs de la porte de l'île (Bab-el-Djezira, aujourd'hui porte de France) (acte de la fin de djoumada, 2° 1138, soit du 24 février au 4 mars 1726).

2. Traduction d'un acte en tête duquel se trouvent le cachet du cadi hanafi et les notes suivantes :

---

(1) C'est la caserne de janissaires actuellement appelée Dar el-Makaroun.

(2) Il s'agit ici d'une construction et non d'une reconstruction, point important à fixer.

Approuvé par le mir mir'an Abdy Pacha, gouverneur (ouali) de la (ville) bien gardée d'Alger d'occident. (Suivent la signature d'Abdy-Pacha et un cachet dans lequel on lit : celui qui se confie en l'Éternel, son adorateur, Abdy ben Mohammed)

Louange à Dieu, qui, dans sa bonté, nous dispense ses grâces, ∴ qui nous comble de bienfaits dont nul ne saurait être digne quelle que soit la grandeur de ses efforts ; ∴ qui donne et qui prend sans que nul puisse détourner ses dons, ni faire faillir ses promesses. ∴ « Ce que Dieu, dans sa miséricorde, envoie aux hommes (de ses bienfaits), nul ne saurait le renfermer, et nul ne saurait leur envoyer ce que Dieu tient. » (2) ∴ Je le loue (qu'il soit glorifié !), je lui adresse des actions de grâces pour cela, et je l'honore, malgré mon impuissance à le remercier et à le glorifier ! ∴ J'implore de lui, du Dieu glorieux, l'abondance inépuisable de ses bienfaits et la perpétuité de ses faveurs ! ∴ J'atteste qu'il n'y a de dieu que Dieu, qu'il est unique et qu'il n'a point d'associé, et cette attestation, sincère dans ses expressions, repose sur des bases solides. ∴ J'atteste que *notre Seigneur et notre Maître Mohammed*, son adorateur et son Envoyé (que Dieu répande ses grâces sur lui et lui accorde le salut !) est le plus noble de ceux qu'il a choisis pour être ses prophètes et ses adorateurs, ∴ et le plus grand de ceux qui ont guidé les créatures vers la Vraie Direction et la Droiture. ∴ Que Dieu répande ses grâces et le salut sur lui, sur sa famille, sur ses nobles compagnons, sur ses partisans et sur son armée ! ∴ Grâces que nous implorons, s'il plaît à Dieu, pour être sauvés des horreurs et des anxiétés du Jugement dernier, ∴ et par lesquelles nous solliciterons de la bonté de notre noble Maître, et de sa vaste miséricorde, qu'il nous assigne une place favorisée de la sécurité, dans laquelle nous serons à l'abri de tout malheur ! ∴ Après avoir adressé des louanges à Dieu le sublime, ∴ et avoir appelé les bénédictions divines sur notre Seigneur Mohammed, le Noble Prophète ! ∴ (nous constaterons que) lorsque le Pacha grand, ∴ célèbre, considérable, ∴ très-fortuné, éminent, ∴ droit, orthodoxe, ∴ très-puissant, pieux, ∴ gloire de l'Empire Ottoman, ∴ et prunelle de l'œil du royaume des Khakan ; ∴ assisté de Dieu et victorieux, ∴ le champion de la guerre sainte, combattant pour l'amour du Souverain, du Miséricordieux, ∴ dont les conquêtes sont l'apanage, Abdy Pacha eut cédé aux inspirations de son caractère, qui le por-

---

(2) Coran, chapitre xxxv, verset 2.

tent à se rapprocher de Dieu (qu'il soit glorifié et exalté !) par des actes de dévotion, ∴ et à s'élever vers lui (que sa grandeur soit proclamée !) par de bonnes œuvres ; ∴ *il constitua habous* au profit de la mosquée d'assemblée (المسجد الجامع) dont il a élevé les constructions, ∴ dont il a assis les fondations et exhaussé les murs, ∴ dans le quartier de *Ka'essour*, laquelle se trouve en face, en biaisant, de la caserne de l'armée victorieuse connue sous le nom de *Dar el-Mokriyein*, dans l'intérieur de la (ville) bien gardée d'Alger, ∴ que Dieu très-haut la préserve des maux de l'adversité. ∴

La totalité du fondouk qu'il a fait rebâtir, connu sous le nom de Yani Mselman et contigu au marché des figues (Diouan el-Kermous); stipulant qu'à l'étage supérieur, la première chambre à droite, en montant par l'escalier, se louera 18 rial par an ; la seconde chambre, 15 rial ; la troisième, 15 rial, la quatrième, 18 rial ; la cinquième, 30 rial ; la sixième, 18 rial, et la septième, 18 rial ; et qu'à l'étage supérieur, la première chambre, à droite, en entrant, se louera 16 rial ; la deuxième, 12 rial ; la troisième, 14 rial ; la quatrième, 14 rial ; la cinquième, 14 rial et la sixième, 12 rial.

Ainsi que la totalité de l'*aloui*, dans le vestibule du magasin, au-dessous dudit fondouk, stipulant que deux de ses chambres supérieures se loueront au *Bach A'ra*, moyennant 30 rial, et deux de ses chambres inférieures au chaouch Ahmed, moyennant 25 rial ;

Ainsi que la totalité de la boutique, située au-dessous dudit fondouk, et affectée à la profession de barbier, laquelle se louera 15 rial par an. (Suit l'énumération de divers autres immeubles, dont le fondateur fixe le prix de location. *N. du tr.*)

Ce habous est complet et perpétuel, ∴ ce wakf est stable et éternel. ∴ Il ne sera pas modifié, ∴ et ses dispositions ne seront pas altérées. ∴ Il comprend toutes les limites et contenances, ∴ dépendances, accessoires et appartenances ∴ intérieures et extérieures des immeubles qui en sont l'objet. ∴

Le seigneur Pacha susnommé ( que le Dieu très-haut l'assiste !) a autorisé les administrateurs des deux (villes) saintes et nobles, Mekkat (la Mecque) et el-Madinat (Médine), (que Dieu augmente leur noblesse, leur considération et leurs honneurs !) lesquels sont : el-Hadj Chaban Ar'a ben Otsman, le turc, l'honorable kara Mohammed Ar'a ben Ahmed, de la même nationalité, le pieux, le pur el-Hadj Mohammed ben Hadj Mohammed el-Blidi et l'honorable Mohammed, amin des amins, fils de Mohammed fils de Echoïhed, à prendre possession à son exclusion de tout ce qui a été mentionné.

En conséquence, ils ont pris possession de tout cela d'une manière complète et conforme aux dispositions, de la loi. Il a stipulé qu'ils ajouteraient les revenus desdits immeubles à ceux des propriétés fondées en habous au profit des pauvres des deux (villes) saintes, *et qu'il serait prélevé sur ces revenus :* tous les mois, 15 rial pour le khetib de la dite mosquée, . ·. pour son imam, 8 rial ; . ·. pour le lecteur du *Tenbih el-Anam*, 1 rial ; . ·. pour le professeur, 5 rial ; . ·. pour le *raoui* (narrateur) qui lit les traditions au professeur, 1 rial ; . ·. pour le mouedden en chef, 3 rial ; pour 3 mouedden, 6 rial, soit 2 rial à chacun d'eux ; . ·. pour deux mouedden du minaret, 4 rial, soit 2 rial à chacun d'eux : . ·. pour celui qui allume les lampes, 3 rial ; . ·. pour celui qui est chargé de balayer la mosquée et d'étendre les tapis, 1 rial et 1|2 ; . ·. pour celui qui est chargé de donner la crosse au khetib, 1 rial ; . ·. pour celui qui est chargé de nettoyer les lieux d'ablution, 1 rial ; . ·. pour six hezzabin, 4 rial et 1|2 ; . ·. pour le mouedden des heures du *mor'ereb*, de l'*eucha* et du matin, 1 rial. . ·. Le surplus des produits desdits immeubles sera affecté à l'entretien de la mosquée susdite, aux réparations qu'elle pourra nécessiter et l'achat de ce qui lui est nécessaire en fait d'huile, de nattes, de lampes, etc. S'il y a un excédant, il sera acquis aux pauvres des deux (villes) nobles et saintes (que Dieu augmente leur noblesse, leur considération, leurs honneurs et leurs dignités !) ; il sera ajouté aux produits de leurs propriétés, etc. Le seigneur Pacha, susnommé, (que Dieu l'assiste !), a désigné pour gérer lesdits habous, opérer les prélèvements qui doivent être effectués sur leurs produits et prendre possession de l'excédant pour le compte des ayant-droit, les administrateurs susnommés des biens des deux (villes) nobles et saintes, ou leurs successeurs. Ils ont accepté cette mission et se sont engagés envers lui à s'efforcer de la remplir avec zèle. Il a été témoigné en faveur du seigneur Pacha susnommé, etc. Il a été déclaré que les *rial* mentionnés dans cet acte sont des *rial draham serar* en argent. A la date des derniers jours de safar le bon de l'année 1142 (du 15 au 23 septembre 1729).

3. Mohammed, oukil el hardj, ben Ahmed le Turc, fonde un habous au profit de la mosquée d'assemblée qu'a fait bâtir le prince illustre, gloire des grands princes, qui se voue à la guerre sainte pour l'amour de Dieu, notre maître le seigneur Abdy Pacha dey, sise à *Essebâ Tabaren* (les sept tavernes), en face, en biaisant, de la caserne des troupes victorieuses de la ville d'Alger la prospère,

connue sous le nom de dar el-mokriyen. (Acte de 1144, soit 1731-1732)

4. Traduction d'un acte en tête duquel est un cachet dans lequel on lit : Celui qui se confie au miséricordieux, son adorateur, Ibrahim Pacha ben Ramdan.....

Louange à Dieu. Après que notre défunt maître, le seigneur Abdy Pacha, eut fait bâtir la mosquée qu'il a fondée dans le quartier de *Ka'essour*, près de la caserne des janissaires connue sous le nom de *dar el-mokriyen*, et lui eut constitué une dotation par habous, ainsi que cela résulte de l'oukfia.

Parmi les immeubles attribués à titre de habous à ladite mosquée, se trouvait une maison de juifs, appelée par eux *dar Chennoun eddemi* (la maison de Chenoun le tributaire), et située dans le voisinage du four d'el-Kebabtya, laquelle maison devait produire un loyer de 200 rial par an. Cela fut ainsi jusqu'à la présente année, et alors les juifs occupant cette maison exposèrent que ce loyer était trop élevé.

Ils s'adressèrent, en conséquence, au gouverneur actuel, lequel est notre honoré maître le pacha Ibrahim Dey (que Dieu prolonge ses jours), en présence de Sid Ahmed ben el-Mokfouldji, l'Andalou, administrateur (dudit bien). Leur décision fut qu'une réduction de 80 rial serait faite sur ledit prix et que ladite maison serait conservée aux juifs susdits, moyennant un loyer annuel de 120 rial, sans augmentation. Ils se sont entendus à ce sujet et il ne reste plus entre eux aucun sujet de contestation. Et le salut ! Ecrit par l'ordre de notre honoré et illustre maître le Doulateli, le seigneur Ibrahim Pacha (que Dieu lui soit propice !). A la date du commencement de choual de l'année 1153 (du 20 au 29 décembre 1740).

5. Mohammed Pacha ben Bakir fonde un habous au profit du professeur attaché à la nouvelle école qu'il a fait bâtir, laquelle est sise près de la caserne des janissaires dite dar el-makriyen, et est contiguë à la mosquée du défunt Abdy Pacha (Acte de 1162, soit 1748-1749)

Tous les actes et documents postérieurs au renseignement ci-dessus conservent à cette mosquée le nom de son fondateur. Affecté au casernement militaire en 1830, l'édifice dont il s'agit conserve encore cette destination. Il portait autrefois le n° 31 de la rue Macaron et a reçu le n° 17 en 1854. Quant à l'école, privée de numéro depuis cette dernière époque et affectée au casernement militaire à partir de 1830, elle portait autrefois le n° 33 de la même rue.

## CHAPITRE XXXII.

**MOSQUÉE DITE DJAMA EL-KECHACH, RUE DES CONSULS.**

Les plus anciennes mosquées d'Alger, se distinguaient par une particularité assez remarquable. Elles étaient surmontées par des toits à double versant, recouverts en tuiles rouges et remplaçant les dômes surbaissés arrondis ou ovoïdes qui signalent ordinairement les grands temples du culte musulman. D'une ordonnance plus mesquine et d'une architecture plus pauvre encore que les mosquées édifiées pendant la domination turque, elles étaient d'ailleurs dignes d'une humble bourgade berbère, étrangère aux beaux-arts et ignorant que le sort lui réservait de plus brillantes destinées. Je signalerai comme appartenant à cette catégorie d'édifices contemporains de l'Alger berbère, ou le rappelant par une reconstruction à laquelle avaient été conservés les caractères du type primitif : la mosquée de Sidi Ramdan, la mosquée de Khedeur-Pacha, la Grande Mosquée, et la Mosquée d'El-Kechach, qui fait l'objet du présent chapitre.

La date de la construction de cette dernière mosquée ne m'est pas connue, et, elle ne saurait l'être, puisque l'édifice appartient à une époque sur laquelle nous ne possédons pas de documents. Le renseignement le plus ancien que j'aie pu trouver est de 978 (1570-1571) ; un acte du cadi, passé dans les premiers jours du mois de Rebi 2ᵉ de cette année, ayant à mentionner la mosquée dont je m'occupe, la désigne sous le nom caractéristique d'*el Djama el-Kedim* (الجامع القديم la vieille mosquée), qui nous apprend qu'à cette époque reculée, elle était l'un des plus anciens temples d'Alger. Cette désignation significative est reproduite par plusieurs actes postérieurs dont le dernier porte la date de 1039 (1629-1630). Elle disparaît ensuite, à partir d'un titre de 1046 (1636-1637), pour faire place à celle de *Djama el-Kechach* (جامع الفشاش, la mosquée d'el-Kechach), et je ne l'ai retrouvée que dans deux documents d'une date beaucoup plus récente, dont voici des extraits :

1. La vieille mosquée connue sous le nom de Djama el-Kechach (oukfia).

2. .......................... maison sise dans le quartier de la vieille mosquée connue aujourd'hui sous le nom de Djama el-Kechach. (Acte de 1180, soit 1766-1767.)

6.

— 86 —

Quant à ce nom, — ou plutôt ce surnom — d'el-Kechach, qui est venu au commencement du XVII° siècle de notre ère, s'attacher à la *vieille mosquée* et remplacer son ancienne et instructive dénomination, il appartient évidemment à l'auteur d'une reconstruction qui a dû avoir lieu vers cette époque. Je trouve dans *Haedo*, qui écrivait en 1612, la confirmation de cette supposition que tout, d'ailleurs, semblait autoriser. En citant les sept principales mosquées d'Alger, l'auteur espagnol s'exprime ainsi :

« La seconde, qui est proche de celle-là (1), du côté du couchant ; elle fut terminée en l'année 1579 ; un maure fort riche dit el-Caxes ordonna, au moment de sa mort, de la construire ; elle est fort jolie, bien travaillée et de raisonnable grandeur. » (2)

La situation indiquée par Haedo est précisément celle de l'édifice qui m'occupe, car celui-ci se trouve effectivement à l'Ouest et à peu de distance de la Grande-Mosquée. Quant au mot *Caxes*, il ne sera pas difficile d'y reconnaître le nom *el-Kechach*, si l'on tient compte du mode de transcription des auteurs espagnols, lesquels remplaçaient le *ch* (ش) des arabes par le X ou le J, écrivant *Xaban* pour *Chaban*, Baxa ou Baja pour Bacha etc. Ajoutons que la mosquée d'*el-Kechach* était réellement l'une des plus importantes d'Alger et qu'à l'époque où écrivait Haedo, il n'existait dans tout le quartier de la Grande-Mosquée, aucun autre édifice qui méritât de figurer dans la nomenclature du savant bénédictin. L'identité me semble donc aussi bien établie que possible. Je dois seulement rappeler qu'il ressort péremptoirement des renseignements précédents que le pieux *el-Kechach* ne fit que reconstruire, probablement en l'agrandissant, une mosquée qui n'était pas la plus moderne du vieil Alger puisqu'on la désignait par une appellation destinée à constater son âge vénérable.

En sa qualité de mosquée à Khotba, cet édifice avait un assez nombreux personnel composé comme il suit : 1 oukil, 1 imam. 1 mouedden, 2 hezzabin, 1 allumeur, 1 balayeur, 4 prieurs et 1 porte-crosse. Son dernier oukil fut le sieur Kaddour ben Sisni, nommé par el-Hadj Ali pacha, en 1224 (1808), et devenu Cadi Maleki d'Alger sous la domination française.

Cette mosquée, peu belle au dehors et au-dedans,— quoiqu'en ait

---

(1) La grande mosquée, dont l'auteur vient de parler.
(2) La secunda, que esta, etc. *Topographia e historia general de Argel.* (f° 41, verso.)

dit Haedo sur la foi des informations qu'il recueillait, — et pourvue d'un petit minaret carré, fut affectée au dépôt des lits militaires dès 1831. Après avoir servi à l'installation de l'hôpital civil, pendant quelques années, elle fut remise de nouveau à l'administration militaire, qui l'a reconstruite en grande partie et y a établi le magasin central des hôpitaux. Elle reçut d'abord le n° 31 de la rue des Consuls, dont elle porte le n° 28, depuis 1854.

## CHAPITRE XXXIII.

### ZAOUIAT EL-KECHACH, RUE DES CONSULS (1).

Je n'ai pu me procurer aucun renseignement précis sur cette Zaouiat, qui est contiguë à la mosquée dont je viens de parler et que la notoriété et divers actes dont le plus ancien ne remonte qu'à 1162 (1768-1769), appellent *la Zaouiat d'el-Kechach* (زاوية الفشاش). La tradition assure qu'elle a été construite par el-Kechach, mais je ne publie ce renseignement que sous toutes réserves, bien qu'il paraisse conforme aux probabilités. La Mosquée et la Zaouiat portant le même nom, formaient cependant deux établissements distincts, ayant chacun son oukil et sa dotation.

La Zaouiat el-Kechach était une grande maison, ou plutôt une espèce de fondouk, dont les chambres servaient d'asile à des savants, ou tolbas, peu fortunés, lesquels recevaient également la nourriture. A la fois lieu de refuge et école supérieure (mdersa), cet établissement avait un professeur chargé de faire un cours de droit et de théologie. Il comptait, en outre, 10 lecteurs appelés à accomplir certaines lectures stipulées dans des fondations pieuses. Son dernier oukil a été un sieur Mohammed ben Djilani. Quelques indigènes m'ont assuré que l'une des chambres du rez-de-chaussée renfermait une tombe qui passait pour être celle d'El-Kechach.

Cette Zaouiat reçut le n° 35 de la rue des Consuls. Son sort fut le même que celui de la mosquée d'El-Kechach.

---

(1) Le Musée d'Alger possède, sous le numéro 35, l'inscription qui figurait jadis sur l'ancienne fontaine de la Zaouia dite *El-Kechchach*.

## CHAPITRE XXXIV.

**MOSQUÉE DE BAB EL-DJEZIRA (OU, PAR CONTRACTION : BAB DZIRA) AUSSI APPELÉE DJAMA CHABAN KHODJA.**

A l'angle des rues de la Marine et des Consuls, se trouvait une grande mosquée à Khotba, affectée au rite hanafi. Bâtie en 1105 (1693-1694) par le Dey el-Hadj Chaban Khodja, qui fut élu en 1101 et étranglé en 1106 ; elle dût un agrandissement au pacha Hassan ben Hossain, en 1209.

Le personnel de cette mosquée était important. Il se composait de : 1 imam, 1 khetib ou prédicateur, 1 porte-crosse, 1 chef des moueddens, des moueddens, des hezzabin et des hommes de peine chargés de l'éclairage, du balayage et autres soins matériels. Quant à la dotation, elle était administrée par les oukils du Sboulkheirat, institution dont l'une des principales attributions était de gérer les propriétés des édifices du rite hanéfite.

Voici les documents et renseignements que j'ai recueillis sur cet édifice auquel étaient annexées des latrines publiques avec fontaines et une école spécialement affectée à l'enseignement des jeunes turcs.

1. El-Hadj Chaban Dey achète, à un particulier, une maison située auprès de la porte de l'île (Bab el-Djezira, ou plus usuellement Bab-Dzira, باب الجزيرة, aujourd'hui porte de la Marine ou de France), déclarant que son intention est d'élever une mosquée sur l'emplacement de cet immeuble (acte du mois de Rebi 1ᵉʳ 1104, soit du 30 novembre au 9 décembre 1692).

2. Le doulateli, El-Hadj Chaban Dey, constitue une maison en habous au profit de la mosquée qu'il fait actuellement construire près de la porte de l'île (Bab el-Djezira), dans la ville d'Alger, pour ses produits être affectés à l'entretien de la dite mosquée, en fait de nattes, huile, traitement des mouedden et des hezzabin, etc. ; il a confié la surveillance de tout cela aux deux administrateurs du sboulkheirat, fonctions dont les titulaires actuels sont El-Hadj Hassan ara ben Mohammed, le turc, et El-Hadj Ibrahim ben el-Hadj Hamida el-Andeloussi (l'andalous) (acte du mois de djoumada 1ᵉʳ 1104, soit du 8 janvier au 6 février 1693).

3 *Texte et traduction d'une inscription arabe, mutilée, provenant de cette mosquée et déposée à la bibliothèque publique d'Alger, où elle est cataloguée sous le n° 2.*

لا اله الا الله الملك الحق المبين . . . . . . .

ومحمد رسول الله صادق الوعد الامين . . . . . .

هذا المسجد لوجه الله العظيم التوكل . . . . . .

العلامة الناسك لبيت الله الحرام الحاجي شعبان

داي بقاء الدولة بمحروسة الجزاير المحمية بالله

وفي شهر صفر الخير سنة ١١٠٥ خمس وماية والف

بعد الهجرة النبوية عليه الافضل التحية

Il n'y a d'autre dieu que Dieu, le souverain, la vérité évidente..
.............. Mohammed est l'envoyé de Dieu, ses promesses sont sincères, il est digne de confiance............... (a ordonné la construction de) cette mosquée, pour l'amour du Dieu sublime, celui qui se confie........................ le très-docte (1), le visiteur de la maison sacrée de Dieu, le Hadj Chaban Dey, perpétuité de la royauté dans la (ville) bien gardée d'Alger, protégée par Dieu, dans l'excellent mois de safar de l'année 1105, mil cent (2) cinq (3) après l'émigration (hégire) du prophète sur qui soit la meilleure des graces divines.

4 El-Hadj Chaban Dey fonde un habous au profit de la mosquée, qu'il a fait construire dans le voisinage de Bab el-Djezira, près de la caserne des janissaires (acte de Rebi 1ᵉʳ 1105, soit du 31 octobre au 29 novembre 1693).

5. Un particulier fonde un habous au profit de la mosquée que notre maître le Doulateli considérable, le Seigneur El-Hadj Chaban Dey a fait bâtir auprès de la porte de l'île (bab el-djezira). (Acte de la fin de Chaban 1106, soit du 6 au 14 avril 1695).

6. *Traduction d'un acte portant en tête le cachet du cadi hanefi et en marge celui de Hadj Chaban Dey:*

---

(1) Chaban appartenait au corps des *Khodja* ou lettrés turcs : ce titre de *Khodja*, qu'on ne lui donnait pas pendant qu'il était au pouvoir, reparaît à l'exclusion de tous autres, après sa mort.

(2) Quoique fruste, le mot *cent* est parfaitement reconnaissable et sa lecture ne me semble offrir aucun doute.

(3) Soit du 2 au 30 octobre 1693.

Louange à Dieu ! L'honorable très-glorieux, très-fortuné et très-éminent Seigneur El-Hadj Chaban Dey, mentionné comme acquéreur dans l'acte qui se trouve au dessus de celui-ci et auquel celui-ci fait suite, a pris les deux signataires de cet acte en témoignage contre sa noble personne, déclarant constituer en habous la maison désignée dans ledit acte au profit de la mosquée qu'il a fait construire près de la porte de l'Ile (bab el-djezira), l'une des portes de ladite ville, dans le voisinage de la caserne de janissaires. Les revenus dudit immeuble seront affectés aux besoins de la mosquée susdite en fait d'huile, nattes, éclairage, salaire de l'imam et des moueddens nécessaires au service de la mosquée, ou tous autres objets dont le besoin sera reconnu. De même, il a constitué habous les deux boutiques sises au dessous dudit immeuble et mentionnées dans l'acte dont il a été parlé, au profit du chef des moueddens de ladite mosquée ; celui-ci touchera leurs loyers à titre de traitement mensuel, ainsi que c'est l'usage en pareille circonstance, à la condition d'entonner la prière dans ladite mosquée aux heures d'oraison déterminées et de lire trois fois la Sourate de la délivrance avant chacune des prières, dans ladite mosquée etc. Cette constitution de habous est éternelle, stable, etc.; elle sera inaltérable jusqu'à ce que Dieu hérite de la terre et de ceux qu'elle porte, et il est certainement le meilleurs des héritiers, etc. En agissant ainsi il a eu en vue la face du Dieu sublime et a espéré les immenses rémunérations, car Dieu ne laisse point faillir le salaire des bonnes œuvres, etc. A la date du milieu de hidja le sacré, dernier des mois de l'année mil cent six (1106) (du 23 juillet au 1er. août 1695).

(Suit la signature des deux assesseurs du Cadi).

7. Hassan Pacha fonde un habous au profit de la Mosquée de l'honorable et respectable Sid Chaban Khodja, sise près de la porte de l'Ile, et qui est régie par le Sboulkeïrat (acte de djoumada 6° 1209, soit décembre 1794).

8. Traduction d'un acte portant le cachet du cadi haneff.

Louange à Dieu. Après que l'honorable et respectable Seigneur Hassan, Pacha actuel, fils de celui à qui Dieu a fait miséricorde, le sid Hossaïn, eut été établi dans la propriété de la petite maison (douira) mentionnée dans l'acte ci-dessus, auquel celui-ci fait suite, ainsi que des deux boutiques sises au dessous de cet immeuble et du magasin affecté à la préparation du café, mentionnés avec lui dans ledit acte, ainsi que le tout résulte de la teneur de cette pièce. Établissement complet !

Actuellement, le Seigneur Hassan Pacha, susnommé, jugea opportun, dans l'étendue de ses connaissances et la force de son jugement de démolir ladite doüira et les immeubles mentionnés avec elle, et d'annexer leur emplacement à la mosquée qui leur est contiguë, connue sous le nom de Mesdjed Chaban Khodja, afin de l'agrandir par cette adjonction et de lui donner une vaste contenance ; stipulant que tout ce qu'il construira dans la partie inférieure de la dite mosquée, en fait de boutiques et autres (locaux), sera *habous* au profit de cette mosquée et sera ajouté à tout ce qui est déjà immobilisé en sa faveur, exactement aux mêmes conditions, sans addition ni omission. Il a eu en vue, en agissant ainsi, la face du Dieu sublime et a espéré ses immenses rémunérations, car Dieu récompense ceux qui font du bien, et ne laisse point faillir le salaire des bonnes œuvres. Celui qui altérera ou modifiera ce habous sans motif légal, Dieu lui en demandera compte et tirera vengeance de son entreprise : ceux qui ont pratiqué l'arbitraire apprendront de quel châtiment ils seront atteints.

Le fondateur susdit du habous s'est dessaisi de ses droits de propriété sur les objets du habous et a conféré des droits d'usufruit sur ces immeubles à l'administrateur actuel du Sboulkheirat. Celui-ci a accepté cela de lui, et est entré en possession, à son exclusion, pour le compte de la dite mosquée ; cette prise de possession est entière et conforme à la loi. Tout cela a eu lieu par l'organe de son serviteur l'honorable Mebarek le biskri, le Toulgui, ben ... etc. A la date des premiers jours de Djoumada 2ᵉ de l'année 1209 (du 26 décembre 1794 au 2 janvier 1795).

(Suivent les signatures des deux assesseurs du cadi)

9. Après que la dame Amina bent Ahmed eut constitué en habous une boutique sise près de la porte de l'île (Bab el-Djezira), vis-à-vis de la caserne de Janissaires, etc.

Actuellement, celui à qui Dieu a confié le gouvernement des hommes et du pays, lequel est l'honorable, glorieux et courageux seigneur Hassan, Pacha actuel, ben Hossaïn, mettant ses projets à exécution, démolit une partie de la mosquée connue sous le nom de Mesdjed du défunt Cha'ban Khodja, située près de la porte de l'île (Bab el-Djezira), et annexa à cette mosquée ladite boutique (entr'autres immeubles).

En conséquence, il ordonna à l'administrateur actuel du Sboulkheirat, lequel est l'honorable El-Hadj Khelil manzoul agba, de servir aux dévolutaires de cet immeuble un loyer mensuel d'un quart de boudjou, etc. (Acte du mois de Rebi 2° 1210, octobre 1795)

Cette mosquée était connue sous le nom de son fondateur, Chaban Khodja. Cependant sa proximité de la porte de la marine lui valait assez souvent la dénomination de Djama Bab el-Djezira ou plus usuellement Bab Dzira. Elle formait voûte sur la rue des Consuls, dont elle reçut le n° 7 et avait sur la rue de la Marine une issue qui porta le n° 251. Transformée en caserne du Génie militaire dès 1830 ; elle fut remise, en ruines, le 20 juin 1834, au service des Domaines, qui aliéna, le 26 septembre 1835, la partie de son emplacement respectée par les nouveaux alignements, laquelle se trouve actuellement englobée dans la maison à la française portant le n° 36 de la rue des Consuls.

## CHAPITRE XXXV.

#### 1° MOSQUÉE DU PORT. 2° CHAPELLE DE SIDI EL-ROBERINI.

Nous voici arrivés près de celle des portes de la ville qui a certainement joué le plus grand rôle dans les événements dont Alger a été le théâtre pendant plusieurs siècles, car c'était par là que sortaient les corsaires qui allaient s'embarquer pour écumer les mers et combattre les infidèles, qu'entraient le butin enlevé à l'ennemi et les pauvres prisonniers chrétiens, pleurant leur liberté, leur famille et leur patrie. Cette porte, qui constituait la seule communication de la ville avec le port, était usuellement appelée *Bab Dzira*, par corruption des mots *Bab el-Djezira* (la porte de l'île). Les documents lui donnaient, plus ordinairement, le nom significatif de *Bab el-Djihad*, la porte de la guerre sainte. En 1830, nous l'avons appelée la *Porte de France*.

Franchissons cette issue, jadis si redoutable aux chrétiens et visitons deux édifices de peu d'importance que renferme l'ancien port. Nous trouvons d'abord, contre la voûte de l'amirauté, du côté opposé à la ville, une petite mosquée sans minaret, autrefois exclusivement fréquentée par les gens de mer. L'oukfia désigne « ainsi cet édifice : « mosquée (Mesdjed) sise hors la porte de « l'île (Bab el-Djezira), près du grand fort (Bordj el-Kebir), » et deux ou trois actes, dont le plus ancien n'est que de 1104 (1692-1693), l'appellent *Mesdjed el-Mersa*, la mosquée du port.

Plus loin, un peu avant la voute du môle, se trouve, ménagé

dans les fortifications, un petit local qui renferme les restes de Sidi *El-Roberini*, saint sur lequel je n'ai aucun renseignement à donner, et qui paraît avoir été inhumé en ce lieu antérieurement à la construction des batteries qui lui forment une formidable chapelle.

Repassons, maintenant, la porte de la guerre sainte et engageons nous de nouveau dans la rue de la marine, où bientôt nous allons trouver, à gauche, la grande Mosquée, édifice remarquable par son ancienneté et son importance religieuse.

## CHAPITRE XXXVI.
### LA GRANDE MOSQUÉE, RUE DE LA MARINE.

Dans chaque ville mahométane il y a un temple désigné sous la dénomination de Grande Mosquée et qui correspond, jusqu'à un certain point, à une cathédrale. La Grande Mosquée est le siège du Muphti (chef religieux ; docteur et interprète de la loi), qui y remplit les fonctions d'imam (officiant) et de khetib (prédicateur), le vendredi de chaque semaine et à l'occasion de l'*aïd el Kebir* (la grande fête), et de l'*aïd esserir* (la petite fête).

La Grande Mosquée actuelle d'Alger faisait évidemment partie de la ville berbère, mais la date de sa fondation, contemporaine, sans doute, de l'installation des Beni Mezerenna sur les ruines d'Icosium, ne saurait être précisée, puisque les matériaux font défaut pour cette période de l'histoire de l'Algérie. On ne peut même rappeler les restaurations ou les modifications que cet édifice a dû subir dans le cours de plusieurs siècles. Deux indications chronologiques se présentent seules à mes recherches. Voici la première de ces indications que j'emprunte à l'excellent article que M. l'abbé Bargès, professeur d'hébreu à la Sorbonne, a publié dans la livraison d'avril 1857 de la *Revue de l'Orient, de l'Algérie et des colonies* :

« . . . . . . . . . . . . . Nous croyons faire une chose agréable au lecteur en lui signalant une autre inscription qui se lisait anciennement sur le *minbar* ou chaire de la Grande Mosquée d'Alger, et qui peut servir à déterminer d'une manière approximative la date de la fondation de ce temple. Cette inscription se trouve rapportée dans le dernier folio de l'histoire des Beni Abd el Wad, par Yahia Ibn Khaldoun, manuscrit de notre collection qui paraît avoir été copié il y a une centaine d'années . . . . . »

« Louange à Dieu ! Au nombre des choses qui ont été trouvées

» écrites à Alger la bien gardée, sur le minbar de la Grande
» Mosquée en caractères coufiques et liés, on lit ce qui suit :
   » *Au nom de Dieu clément et miséricordieux! Ce minbar a été achevé*
   » *le 1ᵉʳ Redjeb de l'an 409. Ouvrage de Mohammed.* » Il faut remarquer que l'an 409 de l'hégire correspond à l'an 1018 de notre ère ; l'existence de la Grande Mosquée à cette date est donc certaine. »

Le second de mes documents est une inscription gravée sur plaque de marbre blanc et placée sur l'un des murs et près de l'entrée du minaret, dans l'intérieur de la mosquée. Elle nous apprend que le minaret actuel de la Grande Mosquée a été bâti en 1324 par Abou Tachfin, roi de Tlemcen. Voici le texte de cette inscription et la traduction que j'en ai faite, d'après un estampage qui m'a été communiqué par M Serpolet, architecte-voyer de la ville d'Alger et membre de la Société Historique Algérienne (1).

بسم الله الرحمن الرحيم صلى الله على سيدنا محمد
لما تمم امير المسلمين ابو تاشفين ايده الله ونصره منار
الجزاير في مدّة اولها يوم الاحد السابع عشر من ذي قعدة
من عام اثنين وعشرين وسبعماية وكان تمامها وكمالها
في غرة رجب من عام ثلاثة وعشرين وسبعمائة ناذا المنار
المذكور بلسان حاله الحالي اي منار حاله في الحسن كحالي
اقام امير المسلمين تفاخمًا كساني بها حسنًا وتمم بنياني
وقابلني بذر السماء وقال لي عليك سلامي ايها القمر الثاني
فلا منظر يسبي النفوس كمنظري لا فانظروا حسني وبهجة تيجاني
فزاد الاهي رفعةً لبُنتي كما زاد في شاني ورفع اركاني
ولا زال نصر الله حول لوايه رفيقًا له تال وجيشا له ثاني

---

(1) La *Revue de l'Orient* a publié dans sa livraison d'avril 1857, une traduction de cette inscription, due à M. l'abbé Bargès

(1ʳᵉ *ligne.*) Au nom de Dieu clément et miséricordieux ! Que Dieu répande ses grâces sur notre seigneur Mohammed !

(2ᵉ *ligne.*) Lorsque le prince des Musulmans Abou Tachfin, que Dieu le fortifie et l'assiste ! eut achevé le minaret

(3ᵉ *ligne.*) D'Alger, dans une période dont le commencement est le dimanche dix-septième jour de doul Kada

(4ᵉ *ligne.*) De l'année sept-cent-vingt-deux (1), et dont la fin et la cloture

(5ᵉ *ligne.*) Est la nouvelle lune de redjeb de l'année sept-cent-vingt-trois (2). Le minaret

(6ᵉ *ligne.*) Susdit sembla, par son aspect actuel, s'écrier : Quel est le minaret dont la beauté est comparable à la mienne ?

(7ᵉ *ligne.*) Le Prince des Musulmans a érigé des boules (3), dont il m'a composé une parure brillante, et il a complété ma construction.

(8ᵉ *ligne.*) La lune du firmament s'est présentée à moi, dans tout son éclat, et m'a dit : Sur toi mon salut ; ô toi la seconde lune !

(9ᵉ *ligne.*) Aucune vue, en effet, ne captive les cœurs, comme la mienne. Allons ! venez donc contempler ma beauté et l'aspect réjouissant de mes couronnes.

(10ᵉ *ligne.*) Puisse mon Dieu accroitre l'élévation de celui qui m'a achevé comme ce dernier l'a fait à mon égard et comme il a exhaussé mes parois.

(11ᵉ *ligne.*) Que l'assistance de Dieu ne cesse d'être autour de son étendard, le suivant comme un compagnon et lui servant de seconde armée. »

Les titres de propriété et autres documents authentiques dans lesquels j'opère, d'ordinaire, mes fouilles historiques, ne m'ont été d'aucun secours pour un monument aussi ancien, car les plus vieilles de ces pièces ne sont que postérieures à l'établissement des Ottomans en Algérie. Je constaterai seulement qu'ils appellent cet édifice الجامع الأعظم (el-Djama el-A'dem), tandis que le

---

(1) Comme le 17 Kada 722 coïncidait avec un samedi, il devient certain que le jour indiqué est en réalité le 18 dudit mois, correspondant au 28 novembre 1322.

(2) Du 6 au 15 juillet 1323. La construction du minaret a donc été achevée en sept mois et demi.

(3) Il s'agit des trois boules superposées, en cuivre peint en vert, qui composent la flèche du minaret.

langage usuel emploie l'expression de الجامع الكبير (el-Djama, ou plus habituellement, Djama el-Kebír), et qu'ils accompagnent souvent sa mention de la formule : « que Dieu la fasse retentir de ses louanges ! »

La Grande Mosquée est orientée du N.-O. au S.-E. Elle forme un parallélogramme presque régulier, d'une superficie d'environ 2,000 mètres carrés, ayant un développement de 48 mètres, environ, sur les façades N.-O. et S.-E., et de 40 mètres, environ, sur les deux façades latérales N.-E. et S.-O.

Contre la façade latérale S.-O. et ayant un développement d'environ 18 mètres sur la rue de la Marine, se trouve une annexe appelée *el-Djenina*, le petit jardin, qui comprend une cour et divers locaux occupés par le muphti et les agents de la mosquée. Une autre dépendance, jadis adossée à la face latérale N.-E. et aujourd'hui démolie, comprenait *le Msolla* ou oratoire des dernières prières prononcées sur les restes mortels des fidèles, des chambres à l'usage des Mouedden et autres agents, des latrines avec fontaines, et une grande cour dans laquelle était établie une batterie de 4 canons.

En descendant vers le port, on compte cinq portes dans la façade N.-O. ; 1° la porte de la Djenina, ou petit jardin ; 2° une porte dite *Bab el-Bouakol* (el-bawakil, des bocaux) parce qu'il s'y trouvait, à l'usage des passants altérés, plusieurs vases en terre qu'un homme préposé à ce soin, tenait toujours remplis d'eau ; 3° une fausse porte établie par nous, lors des travaux dont je parlerai quelques lignes plus loin ; 4° la porte du jet d'eau (Bab el-fouwara), correspondant au milieu de la cour intérieure et par conséquent, à la travée qui, partageant la mosquée en deux portions égales, aboutit au Mihrab ; 5° et *Bab Essouma'a* (la porte du minaret), ainsi appelée de sa proximité du minaret mais ne donnant pas, cependant, dans cette partie de l'édifice, laquelle n'a qu'une issue, s'ouvrant dans l'intérieur de la mosquée. La galerie publique à arceaux en ogives dentelées qui borde actuellement la rue de la Marine avec une certaine élégance, est notre œuvre. Elle a été appliquée par nous, en 1837, contre l'ancienne façade N.-O., aussi pauvre d'ornementation que le reste du monument. Les belles colonnes en marbre qui la soutiennent, proviennent de la mosquée *es-Sida*, dont l'emplacement se trouve aujourd'hui compris dans la place des orangers.

Sur la façade S.-E. dominant d'une hauteur d'environ 12 m.

une portion de la côte sise jadis en dehors des limites du port, s'ouvrent deux portes correspondant l'une à *bab el-Bouakal* et l'autre à *bab Essouma'a*, et donnant sur un chemin de ronde crénelé qui faisait partie du système de défense de la ville. Cette portion de l'édifice était construite sur de vastes magasins voûtés, que le Beylik utilisait pour les besoins de la marine, et auxquels on parvenait en suivant une bande étroite de rochers. Ce point de la ville, naguère battu par les flots de la pleine mer, est aujourd'hui couvert par les quais du nouveau port et le boulevart.

La façade latérale N.-E. avait deux portes appelées l'une *bab El-Djenaïz* (des funérailles), parce qu'elle donnait accès dans le *Msolla* ou oratoire des dernières prières, et l'autre *bab Et-Tahtaha* (de l'esplanade), parce qu'elle s'ouvrait dans la grande cour où était installée une batterie. Enfin, la façade latérale S.-O. présente deux portes, sans noms particuliers, placées en regard des deux précédentes.

A l'extérieur, cette mosquée est un édifice bas, percé d'étroites meurtrières, dépourvu de toute prétention architecturale, d'un aspect peu monumental malgré l'importance de la superficie qu'il couvre, et surmonté de onze toits à double versant, recouverts en tuiles rouges et dirigés du N.-O. au S.-E. Le toit du milieu, plus large que les autres, est coupé sur la façade S.-E. par une très-petite coupole qui recouvre le mihrab et qui ne daterait, d'après la tradition, que d'une réparation qu'auraient nécessitée les bombardements opérés par les Français, vers la fin du XVII° siècle. A l'angle septentrional, se trouve le minaret, lequel, posé à faux équerre, forme une tour carrée de 6 mètres sur 6 mètres, ayant à peine une élévation de 17 mètres, ce qui lui donne un aspect massif et lourd. Malgré les louanges ampoulées et emphatiques de l'inscription du XIV° siècle, ce minaret, trapu et placé de travers, n'a aucune élégance et ne rachète ses défauts par aucun détail d'architecture. On comprendrait difficilement que la lune, si brillante dans la pure atmosphère d'Alger, pût s'inquiéter d'une pareille rivalité. Les faïences bleues et blanches, et autres enjolivements qu'on remarque aujourd'hui sont dûs à une restauration que le service des bâtiments civils a effectuée, il y a quelques années. La plate-forme du minaret est bordée par 24 merlons, dont 4 placés aux angles et 20 espacés symétriquement sur les quatre faces ;

la flèche est formée de trois grosses boules vertes, en cuivre, — les fameuses boules de l'inscription, — superposées et surmontées d'un croissant. Cette tour n'a d'autre issue qu'une porte donnant dans l'enceinte du temple.

L'intérieur de la Grande Mosquée mérite une description, malgré sa nudité, car il diffère essentiellement de celui des autres mosquées d'Alger. Soixante-douze piliers en simple maçonnerie, placés à une distance de 3m. 40c. les uns des autres, et supportant des arceaux en ogive, forment onze travées qui courent du N.-O. au S.-E. et qui correspondent aux onze toits couverts en tuiles rouges. L'allée du milieu d'une largeur exceptionnelle de 5m. aboutit au Mihrab, placé dans la façade S.-E. Trois de ces travées au N.-E. et trois au S.-O. traversent l'édifice dans toute sa largeur ; mais les cinq travées du milieu s'arrêtent au cinquième pilier. Cette disposition crée une cour intérieure d'environ 200 mètres carrés, et sans fermetures, dans laquelle se trouvent un jet d'eau, un noyer et un oranger sauvage. La partie sise entre cette cour et la façade S.-E. — et qu'on peut jusqu'à un certain point considérer comme constituant la mosquée proprement dite, — est coupée, à angle droit, par trois allées indiquées par des arcades à ogive dentelée. Cette ordonnance est, en petit, celle de la fameuse mosquée de Cordoue, commencée par Abderame 1er, en 786, et terminée par son fils Hachem. Mais, ici, le tout manque de hauteur et d'ampleur ; et cette grande quantité de piliers rapprochés produit des nefs trop petites et offre un ensemble peu grandiose et dont les perspectives sont trop restreintes. Il faut ajouter que la partie décorative est nulle et que cet intérieur est aussi nu et aussi froid que l'extérieur.

## II.

La Grande Mosquée d'Alger appartenait au rite maleki, le seul qui fût représenté en Algérie antérieurement à la fondation de la Régence d'Alger par Aroudj Barberousse et son frère Kheireddin, au commencement du XVIe siècle. C'était dans cet édifice que siégeait le *medjeles* ou tribunal supérieur, composé de : 1° le muphti hanafi, qui, en sa qualité de représentant des dominateurs du pays, avait la préséance sur son collègue, bien que celui-ci appartînt à la secte professée par l'immense majorité des habitants (1) ; 2° le muphti maleki ; 3° le cadi Hanafi. et le cadi Maleki. Un bach-adel et un adel (greffiers) étaient attachés à ce tribunal aux séances duquel assistait un officier supérieur (Bach Yayia bachi), ayant la double mission de représenter l'autorité souveraine auprès du medjelès et de faire respecter celui-ci par les Turcs qui comparaissaient devant lui.

Le muphti maleki est installé dans un local dépendant de la Grande mosquée, et c'est là qu'on vient le consulter et qu'il rend ses décisions juridiques Il avait, naguère, la gestion de la dotation de la mosquée, dont les revenus formaient ses seuls émoluments. Comme les muphtis jouissaient d'une certaine importance au point de vue religieux il m'a paru que leurs noms appartenaient à l'histoire. J'ai donc patiemment relevé dans les milliers de pièces qui ont passé entre mes mains, toutes les mentions de muphti qu'elles renferment, et je suis parvenu à dresser une liste fort incomplète qui n'a pas la prétention d'être une chronologie, mais qui peut cependant, fournir d'utiles renseignements. Je donne pour chaque muphti deux dates : la plus ancienne et la dernière dans l'ordre chronologique de celles que j'ai recueillies dans les documents où il intervient.

On trouvera ci-après cette liste en ce qui concerne le rite maleki ; je l'ai complétée au moyen d'extraits empruntés à un manuscrit arabe rédigé vers l'année 1153 (1740-1741) par un algérien coulougli, qui ne se nomme pas, se contentant de décliner les noms et qualités de ses ascendants jusqu'au troisième degré. Comme l'auteur se dit fils d'un muphti, il m'a semblé que ses renseignements présentaient quelques garanties de véracité et je n'ai pas hésité à les employer par exception à la règle que je me suis imposée de ne puiser que dans des documents officiels. Ce manuscrit renferme d'ailleurs, des détails qui ne sauraient avoir été inventés et qui sont des peintures de mœurs d'autant plus utiles à enregistrer que les matériaux de cette nature n'abondent pas. Dans une Khatba (ou invocation) qui sert d'introduction à son œuvre, cet écrivain nous apprend qu'étant arrivé près du terme de sa carrière et se trouvant seul et affligé dans ce monde, par la perte de ses enfants, il a entrepris, bien qu'il ne soit pas doué d'une science éminente, de recueillir les faits

---

(1) Nous avons rendu au muphti maleki une préséance que lui assurait la supériorité numérique de sa secte.

historiques parvenus à sa connaissance ; et cela avec sincérité et dans le but de remédier dans les limites de ses forces, à l'absence d'ouvrages de cette nature. « Mon père, dit-il ensuite, était, que Dieu lui fasse miséricorde, le cheikh, l'imam, le vertueux, l'accompli, le savant, le théologien, le docteur profond, Hossaïn, fils de Redjeb chaouch, ainsi connu, fils de Mohammed. Il naquit à *Mezerennet el djezaïr* (Alger), y vécut et y a son tombeau. Son père et son aïeul naquirent dans une bourgade de Malaman appelée Haza Hissar : Malaman est une vaste contrée sise en face de la ville de Smyrne ; je l'ai visitée en 1128. Mon père, que Dieu lui fasse miséricorde, a rempli les fonctions de muphti à Alger la bien-gardée. »

Voici la liste que j'ai dressée en combinant mes deux sources d'informations. J'ai eu soin d'indiquer par une mention spéciale les indications puisées dans le manuscrit du fils du muphti Hossaïn ben Redjeb.

1° Sidi Ahmed ben Mohammed ben Ahmed ben Mansour ; et Sidi Ahmed ben Saïd el Bekouch. (Etaient en fonctions à une époque non déterminée, mais antérieure à la dénomination ottomane ; leur existence n'est constatée que par le manuscrit arabe dont un extrait va être donné).

2° Sidi abou Barakat el Barouni, muphti en 766 (1364-65), (son existence n'est établie que par le manuscrit arabe dont un extrait est ci-dessous).

— *Extrait d'un manuscrit arabe rédigé vers 1153 (1740-1741) par le fils du muphti hanafi Hossaïn ben Redjeb.*

« Sachez que du temps des Arabes, les ulémas de cette ville étaient malékis. Lorsque les Turcs y pénétrèrent, on vit arriver des savants non arabes qui accompagnaient les Pachas ; d'autres vinrent de leur gré. La science hanéfite commença à être enseignée par eux et par les coulouglis ; et ils occupèrent des charges d'imams, de prédicateurs et de muphtis............ L'ancienne ville était un lieu de science et de vertu. Les savants qui y résidaient autrefois étaient consultés et donnaient des consultations juridiques sans être investis d'aucune charge spéciale. Personne n'était particulièrement appelé à remplir les fonctions de Muphti. Plus tard, ces attributions semblent avoir été exercées spécialement par deux personnes dont nous avons vu et constaté les signatures dans une même consultation. Mais l'une a rédigé la réponse, tandis que l'autre n'a fait que donner son adhésion. Il résulte de là, que l'une était nécessairement pourvue de la charge et que l'autre n'avait que prêté son concours, pour donner plus de valeur. L'un des signataires est Sidi Ahmed, fils de Mohammed, fils d'Ahmed fils de Mansour, dont le tombeau, bien connu, se trouve dans la Zaouïet Youb, à droite en entrant. L'autre est Sidi Ahmed ben Saïd el Bekouch. Le premier était muphti ; quant au second il y a incertitude. Les ascendants du premier appartenaient à la science de père en fils : Cela est établi pour Ahmed, Mohamed et Ahmed, mais je n'ai pas de certitude pour Mansour ; Saïd el Bekouch nous est également inconnu. L'opinion la plus commune est que Sidi Ahmed était imam de la Mosquée de Ketchawa, sise en face d'une source d'eau qui jaillit de terre en cet endroit, etc... .............. Voici ce qui m'a été rapporté par mon professeur, Sidi Mohammed ben Ibrahim ben Ahmed ben Moussa el Nigrou, ainsi connu, andalou par ses ascendants, né, élevé et inhumé à Alger ; il le tenait, par tradition, de son père et de ses professeurs : Sidi Abou Barakat el Barouni, qui fut imam de la mosquée de Settena Meriem, sise près de la porte du ruisseau (Bab-el-Oued) et connue actuellement sous le nom de Mesdjed ben Nigrou, remplissait les fonctions de muphti à Alger, à l'époque du grand tremblement de terre dont j'ai déjà parlé d'après la relation de voyage a'*El Bortcheki*. Cette circonstance que sidi Abou Barakat el Barouni était muphti à la date du tremblement de terre, est rapportée par sidi Abderahman ben Mohammed ben Mekhlouf Etta'lbi dans son ouvrage intitulé : *Djam'a el Bousam, fi Akhbar el Oumam*, œuvre considérable en deux volumes. Sidi abou Barakat el Barouni était donc muphti en 766 (soit 1364-1365); son tombeau est hors la porte du ruisseau (Bab-el-oued),à la porte de la chambre dans laquelle on descend par trois marches et qui renferme le tombeau du saint et vertueux sidi Mohammed Et-Telemsani, au-dessous du fort de Setta Kelit, du côté de la mer, à gauche du chemin pour ceux qui se rendent à la plage ; à côté de sidi Abou Barakat se trouve la tombe de celui qui lui avait succédé dans la mosquée Settena Meriem ; ces deux tombeaux ne sont pas célèbres. En résumé, tout cela prouve que la charge de muphti Maléki remonte à une date fort reculée dans cette ville. Ce sont là les seuls renseignements que j'aie pu recueillir au sujet des premiers muphtis. »

3. *Mohammed ben Belkassem ben Ismaël.* — Dans un acte du medjelès dressé à la date de la fin de Hidja 1012 (soit du 21

au 30 avril 1064), j'ai relevé la signature de ce muphti maleki.

4. *Sidi Ammâr*. — Un acte du medjelès portant la date du commencement de Hidja 1022 (soit du 12 au 21 janvier 1614), mentionne Sidi Ammâr comme étant muphti maleki. Cette pièce énonce en outre que le théologien et savant professeur Sidi Saïd Gueddoura assistait les deux muphtis.

5. *Sidi Saïd ben el Hadj Ibrahim* (Gueddoura). — J'ai trouvé une première mention de ce muphti en fin djoumada 2° 1030 (du 13 au 21 mai 1621) et une deuxième mention en milieu Rebi 2° 1060 (du 13 au 22 avril 1650.) Ce muphti est célèbre par ses mérites, ses vertus et sa science ; la tradition a conservé son souvenir. Par une faveur aussi exceptionnelle que remarquable, il obtenait fréquemment la préséance sur le muphti Hanafi dans les réunions du medjelès, ainsi que j'en ai trouvé la preuve dans des documents officiels. Lorsqu'il est cité dans une pièce postérieure à son décès, son nom est accompagné de la formule réservée pour les marabouts ou saints personnages : *que Dieu nous soit propice par ses mérites et par ceux de ses semblables, Amen !*

*Extrait du manuscrit arabe déjà cité, relatif aux trois muphtis dont les noms précèdent.*

« J'ai vu l'écriture de Sidi Mohammed ben Belkassem ben Ismaël el-Matmati, qui était muphti avant sidi Saïd ben Ibrahim Gueddoura. Gueddoura est une bourgade près de Djerba. Mon professeur, Sidi Mustapha el-Annabi m'a dit que Sidi Saïd est né à Gueddoura, et que son père l'amena à Alger ; son père, Ibrahim ben Abderrahman, d'origine tunisienne, exerçait la profession de fournier près de la zaouiat de Sidi el-Akehal, du côté de la porte d'Azzoun (Bab-Azoun). Sidi Mohammed ben Belkassem ben Ismaïl el-Matmati fut le professeur de Sidi Saïd, d'après ce que rapporte Etta'lbi, savant célèbre, etc. Il ne fut pas son prédécesseur immédiat, car il y a entre eux un autre muphti, qui est Sidi Ahmed Ezzerrouk ben Ammâr. On trouve le tombeau dudit Sidi Kassem el-Matmati au sud du saint et vertueux Sidi Ahmed ben Abdallah, auteur de *la Djeziriyat*. On doit ranger au nombre des muphtis célèbres Sidi Ammâr ben Mohammed ben Daoud ben Mohammed l'Algérien ; telle est sa filiation d'après ce qu'il a dit lui-même dans, etc.... Sidi Ahmed Zerrouk alternait avec Sidi Saïd dans la charge de muphti, par de fréquentes nominations et révocations, d'après ce que m'a raconté notre professeur Sidi Mohammed ben Ibrahim ben Ahmed ben Moussa, dit el-Nigròu, d'origine andalouse. Cela se passa ainsi jusqu'à ce que mourut Sidi Ahmed Zerrouk ben Ammâr, que Dieu lui fasse miséricorde! Son tombeau n'est connu que de quelques personnes ; je sais d'une manière certaine qu'il se trouve près de la tombe du saint et vertueux Sidi Ahmed ben Abdallah l'Algérien, au milieu des marches, proche de *Sidi Ali Echatbi* et auprès de la tombe du saint et vertueux fils de Sidi Abderrahman Etta'lbi, que Dieu nous soit propice par leurs mérites !......... Les membres du Divan et les citadins pensaient à Sidi Ahmed ben Zerrouk ben Sidi Ammâr pour les fonctions de muphti lorsqu'il y avait quelques réparations à effectuer à la Grande Mosquée, dans l'espérance qu'il les exécuterait, comme il avait restauré de ses deniers la partie du rempart donnant sur la mer, du côté de *blath eddiyék* (l'ardoise étroite...........?), car il (que Dieu lui fasse miséricorde!) était fort riche et très-généreux. Quand les réparations étaient accomplies, on le révoquait et on faisait revenir Sidi Saïd ben Ibrahim Gueddoura, d'origine tunisienne, né et établi à Alger ; car les gens de la ville l'affectionnaient, et ils agissaient sans cesse, par leurs intrigues, sur les non-arabes dépositaires de l'autorité, qu'ils parvenaient à abuser par leurs suggestions, comme le songe abuse l'homme ; ceux-ci étaient affligés d'une grande indifférence après comme avant l'examen (des affaires); les autres, au contraire, étaient les plus habiles gens du monde pour argumenter. Que Dieu nous préserve des égarements de la langue et des faux-pas des pieds! Sidi Saïd ben Ibrahim fut promu muphti après son retour de Fez, où il était allé étudier. Quant il revint de cette ville, il occupa les fonctions d'imam de la mosquée *el-Blat*, puis celles de *khetib* (prédicateur) de la mosquée Sidi-Ramdan ; ensuite, il fut nommé muphti après la révocation de Sidi Ahmed Zerrouk ben Ammâr, en 1028 (soit 1618-1619) et se trouva le collègue de Ben Karaman, muphti hanafi ; il exerça cette charge pendant plusieurs années. Le jour de son installation, on dressa le compte des fonds de la Grande Mosquée, dont il allait devenir comptable, ainsi qu'il était d'usage de le faire à l'égard de quiconque était promu muphti ; on reconnut qu'il existait un nombre considérable de livres, et une somme de douze mille *rial boudjou*, provenant de l'excédant des recettes sur les dépenses de la Mosquée et amassée par ses prédécesseurs. Au bout de huit années, il fut invité à une reddition de comptes par les gouvernants et par les habitants de la ville; ceux-ci étaient les instigateurs de cette mesure. Il éluda d'abord leur demande, et l'affaire traîna en longueur. Ensuite il (que Dieu lui fasse miséricorde et nous soit propice par ses mérites !) leur dit : vous faut-il absolument une reddition de comptes? Ils répondirent affirmativement. Alors il leur exhiba la pièce relative au premier compte, et ils reconnurent qu'il avait grossi la somme primitive ; il leur donna connaissance des achats de livres qu'il avait faits pour la Mosquée et parmi lesquels se trouvait l'acquisition d'un *Tefsir lel-Aïni* (Commentaire du Coran); enfin, il leur communiqua la note des dépenses effectuées, réparations et restaurations d'immeubles menaçant ruine; toutes ces dépenses étaient constatées par des pièces authentiques. Ainsi furent mis à néant leurs intrigues et leurs mauvais desseins (1). Il avait quatre vicaires qui le remplaçaient à tour de rôle, en cas d'empêchement, dans ses fonctions de khetib et dans celles d'imam de la Grande Mosquée pour les prières d'*el-dohor* et d'*el-asr*, dont il était chargé d'après les anciens usages acceptés par ses prédécesseurs. C'étaient : le savant, le théologien Ben Ras el-Aïn, disciple de Sidi Ali el-Ansari ; Sidi Mezian ; Sidi Mohammed ben Guerouach ; et un autre dont je ne me rappelle plus le nom. Il les payait de ses propres deniers et non sur les fonds de la Mosquée. Il était riche et ne demandait rien pour ses dépenses personnelles, aux revenus de la Mosquée. Il possédait une terre de culture; les gens de la ville le faisaient participer aux associations dites *chorket nokbel*; ils le comptaient au nombre des associés et le faisaient entrer dans la répartition. A cette époque, les marchandises et le numéraire abondaient à cause du grand nombre des prises faites en mer et vendues dans le badestan. On rapporte que quelques personnes ont raconté, comme y ayant assisté, ce qui suit : une troupe de gens se présenta devant lui et déposa entre ses mains onze cents boudjous, en disant : nous t'avons considéré comme notre associé ; chacun de nous reçoit pour sa part un lot égal à celui-ci; mais fais-nous l'abandon de ta portion, etc ..... Lorsque la considération de Sidi Saïd eut grandi dans la ville, comme il se trouvait dans l'impossibilité de continuer ses fonctions, il se fit suppléer par son fils Sidi Mohammed, savant, théologien du plus grand

---

(1) Il résulte de ce passage du manuscrit que je cite, qu'à cette époque, le muphti n'avait pas la libre disposition des fonds de la Grande Mosquée. En dernier lieu, il n'en était plus ainsi, et le muphti employait pour son usage personnel et sans aucun contrôle, la totalité des revenus, après prélèvement, bien entendu, des dépenses nécessaires.

mérite, commentateur (du Coran), et gardien des récits traditionnels, que j'ai connu dans ma jeunesse. Bien qu'il fût jeune, il le chargea de le remplacer comme muphti, comme prédicateur et comme professeur, à cause de son mérite. Précédemment, Sidi Saïd avait chargé, pendant quatre mois, Sidi Mohammed ben Guerouach de le suppléer dans ses fonctions de prédicateur et de muphti ; mais la population de la ville n'accepta pas son abstention et la lui reprocha. Alors, ils se mirent d'accord par la désignation de son fils Mohammed comme suppléant. Après cela, Sidi Saïd vécut encore quelque temps et mourut en 1066 (1655), que Dieu lui fasse miséricorde et nous soit propice par ses mérites ! Il fut inhumé dans la chapelle du saint et vertueux Sidi Ahmed ben Abd-Allah el-Djeziri, aux pieds de son professeur Sidi Mohammed ben Belkassem ben Ismaïl el-Matmati, que Dieu soit satisfait d'eux, amen ! »

6. Mohammed ben Sidi Saïd ben el-Hadj Ibrahim (fils du précédent). Première mention, en milieu moharrem 1066 (du 10 au 19 novembre 1655); dernière mention en fin ramdan 1107 (du 23 avril au 3 mai 1696).

*Extrait du manuscrit arabe déjà cité.*

« Pendant la durée du bombardement, on enleva les livres de la Grande Mosquée et on les transporta au fort de Moulaï Hassan Pacha (fort de l'Empereur), situé hors de la Porte-Neuve, au-dessus de la ville. Ce transport dura trois jours et fut effectué au moyen de chameaux, dont le nombre ne m'est pas connu, mais qui était de plus de deux. C'est ce que m'a rapporté notre professeur Sidi Mustapha el-Annabi. Lorsque, sous le règne de Ahtchi Mustapha, Sidi Ahmed ben Sidi Saïd, frère de Sidi Mohammed susdit, fut révoqué de ses fonctions de muphti et de khetib, son successeur, dont nous parlerons plus bas, lui demanda la remise des livres; il les lui représenta à la Grande Mosquée, en présence de notre professeur susdit Sidi Mustapha el-Annabi, d'El-Hadj el-Mehdi ben Salah, dont nous parlerons plus loin à propos des cadis malékis et aussi à propos des muphtis, et en présence de plusieurs autres. Il existait alors douze r'erâra (grands sacs pour chameaux) remplis de livres ; c'est ce qu'il leur exhiba. Plus tard, moi, l'humble (auteur) j'ai vu, du temps de Sidi Ammar, plus de cent volumes. El-Hadj Saïd, qui était d'une excessive négligence, avait permis, pendant qu'il exerçait les fonctions de muphti, que beaucoup d'ouvrages fussent emportés par diverses personnes. Lorsque Sidi Mohammed ben Mimoun, oukil de Sidi Djami, et ami de ce muphti, décéda, Sidi Ammar trouva chez lui, en ma présence et en présence de mon professeur Sidi Mohammed ben Nigrou, plus de quarante volumes. Sidi Ettahar el-Marouni avait également pris plusieurs de ces livres; après sa mort, son fils les emporta à Tunis et s'en appropria le prix. Ibn el-Mortada, son fils, et Sidi Abdelkader ben Echoulhet, leur parent et fils de la fille de Sidi Saïd, ont aussi détourné une grande quantité de ces ouvrages. Sidi Mohammed ben Mobarek en a beaucoup recueilli pendant qu'il était muphti. Aujourd'hui, les ouvrages de la Grande Mosquée forment un total d'environ trois cents volumes. Une dizaine d'années avant 1090, Sidi Mohammed ben Sidi Saïd fut révoqué, mais pour un moment et sans être remplacé. Cette destitution était due à une lettre qui avait été adressée au Prince alors au pouvoir, et dans laquelle on l'accusait d'actions honteuses et de manque de dignité. Bien loin de là, il était vertueux et noble. Cette accusation n'était que mensonges et inventions, dictés par la méchanceté. Il fut réintégré dans ses fonctions avant le vendredi suivant. J'ai trouvé la mention de ce fait dans un écrit en prose et en vers, rédigé par ses amis plusieurs années après l'événement, et qui est encore en ma possession. Mon père, ainsi que mes professeurs Sidi Mustapha el-Annabi et Sidi Mohammed ben Nigrou, m'ont fait de nombreux récits, mais ils ne m'ont jamais parlé du fait que je viens de citer. Il en est de même de mes frères et bons amis ci-après nommés, qui avaient une connaissance approfondie des hommes du passé et avec lesquels je me suis souvent entretenu de matières de cette nature, savoir : Sidi Mohammed ben Mohammed Ettseriri, savant fils de savant; Sidi Mohammed, adel du Beït-el-Mal; Ben Sidi Mohammed el-Cadi ben el-Manguelati; Sidi Mohammed ben Ali ben Sidi el-Mehdi ben Sidi Ramdan ben Youssef el-Oldj ; Sidi Ahmed ben el-Itim, adel (greffier) du tribunal hanéfi ; Sidi Mustapha ben Ettaleb l'Andalou, l'un des notables de Blidah ; Sidi Mohammed ben Kanit, cheikh de la hadera des Soufis, etc. Tous ignoraient cette destitution. Ils avaient été tous contemporains de mon père, qui exerça les fonctions de muphti pendant huit ans. — Sidi Mohammed ben Sidi Saïd resta en exercice pendant plus de quarante années et mourut en 1107 (1695-1696). »

7. Sidi Ahmed ben Sidi Saïd ben el-Hadj Ibrahim (autre fils du muphti porté sous le numéro 5). Première mention en fin Ramdan 1107 (du 23 avril au 2 mai 1696). Dernière mention au commencement de redjeb 1118 (du 9 au 18 octobre 1706).

*Extrait du manuscrit arabe déjà cité.*

« Il (Sidi Mohammed ben Sidi Saïd) fut remplacé par son frère Sidi Ahmed. Ensuite, sous le gouvernement de Ahtchi Mustapha, celui-ci fut destitué à cause d'une question de droit pour laquelle il différait d'opinion avec le muphti hanafi. Il s'agissait d'une femme qui avait à se plaindre de son mari, et *En Nigar* (muphti hanafi), avait ordonné que les conjoints iraient habiter au milieu de gens de bien. Mais s'ils habitaient déjà en compagnie de gens vertueux fallait-il les maintenir dans cette demeure ou les obliger à un changement de domicile? Les deux muphtis étaient divisés sur cette question; cette divergence d'opinions amena une discussion violente et ils en vinrent jusqu'à s'adresser mutuellement des injures. Cela se passait dans une réunion qui avait lieu dans la Grande Mosquée. Ils convinrent alors de se présenter, dans l'après-midi, devant le Doulateli (le Dey), et de se faire accompagner par tous les ulémas de la ville. Cela se fit ainsi. Mais les ulémas se partagèrent en deux camps. Sidi Mustapha el-Annabi, son frère Hossaïn, El-Hadj el-Mehdi ben Salah et Si Mohammed Guenderoun soutenaient le muphti hanafi Enniyar; Sidi Mahammed ben Ali, Sidi Ettahar, Sidi Ammar et Sidi Mohammed ben Ali ben Sidi el-Mehdi étaient du parti de Sidi Ahmed, lequel comptait aussi au nombre de ses partisans Sidi Mohammed ben Nigrou et son père Ibrahim ben Nigrou, qui prirent également part à cette démarche. Le parti du muphti hanafi remporta la victoire. Le Prince, après les avoir accueillis, les interrogea. Sidi Mustapha et son frère, se chargeant de la réponse, prirent la parole et dirent que le muphti hanafi Enniyar avait raison. « Et moi, dit le prince Ahtchi Mustapha, je révoque Sidi Ahmed, et je nomme pour le remplacer un homme de ses parents, de petite taille, auquel je vois remplir les fonctions d'imam à la grande mosquée. » On lui répondit. « Oui; il se nomme Sidi Abderrahman el-Mortada. » On appela ce dernier en toute hâte et on l'amena. Alors, le Hadj el-Mehdi ben Salah, — qui avait été destitué des fonctions de cadi Maléki et remplacé par Sidi Mohammed fils du savant Mohammed el-Koutchili, — prenant la parole, s'adressa au Sid Abderrahman el-Mortada et lui dit : « Le Prince daigne t'accorder les fonctions de muphti; accepte, et on t'adressera des félicitations, s'il plait à Dieu. » Puis se tournant vers le Sid Ahmed; « Lève-toi, et vat-t'en, lui dit-il, tu es révoqué. » celui-ci se leva et sortit.

pendant que ledit el-Mortada s'asseyait à sa place. Ensuite, le même el-Hadj el-Mehdi, s'adressant au cadi Maléki, lui dit : lève-toi, toi aussi, sois destitué et partage le sort de ton compagnon Sidi Ahmed. « Il lui mit la main dessus et le tira; alors Sidi Mohammed, tout troublé de cette brutalité, se leva et sortit sur les traces de Sidi Ahmed ben Sidi Saïd. Sidi el-Hadj el-Mehdi ben Salah s'assit à sa place, comme s'il était cadi Maléki. Il s'empara de ces fonctions grâce à cette intimidation, à ce mensonge atroce, à cette anarchie. Personne ne s'y opposa. Le Prince croyait que cette destitution était conforme à la légalité et se faisait avec le consentement des ulémas. Il n'en était rien. Sidi Ahmed était bien révoqué par la parole du Prince; quant au cadi Maléki, *il* s'empara traitreusement de son emploi par le vif désir qu'il en avait. Il trouva une heure propice, créée par le soulèvement des passions, et réussit grâce au silence de son parti ; ce fut une réunion de gens silencieux. El-Hadj el-Mehdi exerça les fonctions de cadi pendant vingt mois; ensuite, son élève, le doulateli (Dey) Hossaïn Khodja chérif, le destitua et l'exila dans le pays des non-arabes, après lui avoir infligé une grande humiliation : il ordonna à tous ceux qui lui avaient fait des cadeaux pour se le rendre favorable, de les lui réclamer. Cela se fit ainsi. Une foule nombreuse l'assaillit dans le navire où il avait été embarqué, et il fut obligé de rendre la plus grande partie de ce qu'il avait reçu. Quant à Sidi Ahmed, il resta révoqué le reste de la journée de jeudi, le vendredi et le samedi. Dans la matinée du dimanche, le Prince Ahtchi Mustapha le Doulateli, le fit venir et lui demanda de pardonner et d'être satisfait. Il le réintégra dans ses fonctions de muphti et mit à l'écart el-Mortada. — Sidi Ahmed resta en exercice jusqu'au commencement du règne de Sidi Mohammed Baktache Khodja. A cette époque, des intrigants le dénoncèrent à Baktache et à son beau-frère Ouzoun Hossaïn Tchaouch qui assistait Baktache dans l'exercice du commandement et de l'administration. Voici à quel propos eut lieu cette délation ; lorsque Hossaïn Khodja chérif devint doulateli (Dey) il confia à Mohammed Khodja Baktache les fonctions de taftardar de l'armée victorieuse et celle d'Ara du Beit-el-Mal à Ouzoun Hussan chaouch et à un nommé el Hadj Mahmoud. Au bout de quelque temps Hossaïn Khodja (le Dey) reçut des rapports secrets sur ces trois personnages et conçut des craintes sur leurs intentions. Il les fit jeter en prison et leur fit administrer mille coups de bâton à chacun, excepté Baktache. Puis il les bannit, et ils arrivèrent à Tripoli. Là, ils résolurent de mourir ou de parvenir au pouvoir. Ils revinrent donc à Alger et, dans la matinée du vendredi, ils pénétrèrent dans le palais et s'y maintinrent. Ils convoquèrent les membres du divan et installèrent Baktache comme Doulateli. Hossaïn Khodja fut pris dans la chapelle de Sidi Ouali Dada. Il se trouvait dans sa maison et n'avait pu se rendre au palais, empêché qu'il en était par une tumeur purulente entre les deux épaules. Il fut mis dans une barque de pêcheur et envoyé à Bougie sous la surveillance de gardiens turcs. La mer devenant trop forte, ils allèrent se mettre à l'abri sur un point de la côte, sis près de Dellys. Les Kabyles habitant près de Zouawa, apprenant la présence de Hossaïn Khodja, firent descendre une troupe de gens qui le tirèrent des mains des turcs et le menèrent à Zouawa, en le portant sur leurs épaules, en marque de considération et de respect. Il vécut encore quatre mois et mourut *de cette tumeur*. Leur affection pour lui provenait de ce qu'il n'était pas sanguinaire et qu'il respectait la loi. Ouzoun Hossaïn devint Kikhia (Second) de son parent par alliance, Baktache Khodja. Il commandait les colonnes, bien qu'elles eussent un chef, lorsque cela était nécessaire ; comme lorsqu'il marcha à la conquête d'Oran et prit cette ville, malgré la présence du bey Musthapha begi biouk (en arabe ; bou chelaram, qui a de grandes moustaches) ; et, comme lorsqu'il poursuivit Aït ben Mahmoud bey de la province de l'Est, qui s'était enfui au désert, enlevant le produit de l'impôt ; et cela malgré la présence de Ouali bey qui avait remplacé Ali ben Mahmoud. Il n'était jamais désavoué par son parent par alliance. Quant à el Hadj Mahmoud, il fut réintégré dans ses fonctions d'ara du Beit-el-Mal. On prétendit que Sidi Ahmed ben Sidi Saïd n'avait pas été étranger à ce qui était arrivé à ces trois personnages et à leur bannissement, et cela était vraisemblable par la grande affection que (le Dey) Hossaïn Kohdja avait eue pour lui. D'après l'opinion de quelques personnes, ces délateurs furent la cause de ce qui arriva. Quant à moi, je sais qu'il existait de l'hostilité entre eux (et Sidi Ahmed). Parmi ces gens (hostiles) se trouvaient mon professeur Mustapha el-Annabi et son frère Sidi Hossaïn ; mon professeur s'occupait beaucoup de lui et se préoccupait de ses affaires ; il avait pour habitude de s'enquérir minutieusement des faits qui pouvaient porter atteinte à sa considération, et quand quelqu'un lui en confiait un sous le sceau du secret, il le divulguait. — Baktache Khodja fit arrêter Sidi Ahmed et son neveu, le fils de sa sœur, Sidi Allal, les laissa en prison depuis le matin jusqu'après le coucher du soleil, et les fit ensuite étrangler dans un lieu plein d'ordures, à la porte de la prison du chef de la police, qui est le mezouar. Le même jour, on les fit sortir de la prison du Pacha, laquelle, sise dans le palais, est destinée aux délinquants arabes, et on les fit monter à l'aloui (local; petite maison) du mezouar; la porte s'étant trouvée trop étroite pour l'excessive corpulence de Sidi Ahmed, ils furent exécutés tous deux dans la rue, à la porte de l'aloui (que Dieu leur fasse miséricorde !), dans le mois de Hidja 1118. Sidi Ahmed ben Sidi Saïd était distingué, avait l'esprit cultivé par l'étude, était versé dans la science grammaticale et dans la théologie dogmatique, et possédait une grande facilité pour répondre promptement et convenablement à toutes les questions.

8. Abderrahman ben Ahmed el-Mortada. 1re mention : fin hidja 1118 (du 26 mars au 3 avril 1707). Dernière mention au commencement de Moharrem 1122 (du 2 au 11 mars 1710).

*Extrait du Manuscrit arabe déjà cité.*

» Sidi Ahmed fut remplacé par son neveu, le Sid Abderrahman el-Mortada, qui fut appelé, pour la seconde fois, aux fonctions de muphti et de prédicateur (Khetib) de la grande mosquée et les conserva pendant toute la durée du règne de Baktache Khodja. Sous le doulateli Dali-Ibrahim, il fut destitué. El-Mortada était habile dans l'art de parler et dans la science des récits traditionnels. Antérieurement à sa nomination, il avait rempli pendant fort longtemps l'emploi de chef des Chérifs, que son père occupait avant lui; lors de sa première nomination à la charge de muphti, il fut remplacé dans ses fonctions de chef (des Chérifs) par le Sid Mohammed descendant du Saint Sidi Mohammed chérif, dont le tombeau, sis dans les hauts quartiers de la ville d'Alger, est fort célèbre.

9. El-Hadj Saïd ben Ahmed ben Saïd. 1° commencement de Rebi 1er 1122 (du 30 avril au 9 mai 1710). 2° commencement redjeb 1124 (du 4 au 13 août 1712).

*Extrait du Manuscrit arabe déjà cité.*

Il (Abderrahman el-Mortada) fut remplacé par le fils de sa

tante maternelle el-Hadj Saïd, mari d'Aziza bent Sidi Mohammed ben Sidi Saïd, qui avait été l'épouse du muphti hanafi Hossaïn effendi. Ce Hadj Saïd était la plus ignorante des créatures du Dieu très-haut. Il ne savait pas distinguer le chant du coq du bêlement du mouton. Il était méchant. Il arriva à ce poste par contrainte et avec répugnance. Sa nomination fut due à ce que les habitants de la ville avaient en grande considération la famille de ses pères et de ses ayeux et considéraient cette famille comme lui portant bonheur. Ils croyaient et tenaient même pour certain que la bénédiction s'attachait jusqu'aux enfants en bas âge. Beaucoup de nos controverses avec eux avaient pour objet cette opinion que lorsque Alger n'aurait pas pour muphti une personne appartenant à la descendance des enfants de Sidi Saïd, cette ville serait assaillie par une pluie de malheurs tels que l'élévation des prix, les tremblements de terre, la foudre et autres choses. — El-hadj Saïd resta en exercice pendant plus de sept années. »

10. Abderrahman ben Ahmed el-Mortada (Voir n° 8). Mention unique, relevée dans un acte portant la date du milieu de redjeb 1124 (du 14 au 23 août 1712). (L'auteur du manuscrit dont je donne des extraits ne mentionne pas cette nouvelle apparition d'Abderrahman el-Mortada).

11. El-hadj Saïd ben Ahmed ben Saïd (Voir n° 9). 1re mention commencement de Rebi 2° 1125 (du 27 avril au 6 mai 1713). Dernière mention : milieu de rebi 1er 1126 (du 27 mars au 5 avril 1714).

12. El-Mehdi ben Salah. Mention unique, relevée dans un acte portant la date du milieu de ramdan 1127 (du 10 au 19 septembre 1715).

*Extrait du manuscrit arabe déjà cité.*

« Il (El-Hadj Saïd) fut remplacé par le savant, l'éminent théologien, le rhétoricien Sid el-Hadj el-Medhi ben el-Hadj Salah, qui fut cadi, ainsi que je l'ai rapporté ailleurs Il resta en exercice cinq mois, pendant lesquels il attira la foule dans la mosquée, en enseignant les récits traditionnels, science dans laquelle il excellait. Un certain jour, la foudre tomba sur le minaret. Cette circonstance fut exploitée par un individu de la plus basse condition que je connais avec certitude pour un homme peu dévot, négligeant les prières et faisant l'usure ; il a des esclaves mécréants auxquels il fait vendre du vin dans des chambres et il partage avec eux ; il s'imagine que cette action est licite : je le lui ai entendu dire à lui-même. Il alla trouver le doulateli Ouzoun Ali pacha, et lui dit : « La population de la ville te dit que la cité ne peut être fortunée avec un mupliti qui ne fait pas partie des enfants de Sidi Saïd ». Par suite de cette démarche el-Hadj el-Mehdi ben el-Hadj Salah fut révoqué et remplacé par le Sid Abderrahman el-Mortada, appelé pour la troisième fois aux fonctions de Muphti. L'intrigant qui fut la cause de cette destitution est le vil Youssef ben el-Kartilou, que Dieu ne lui accorde pas le pardon de son action ! Il occasionna la révocation d'un savant éminent qui possédait à fond quatre sciences, dont l'une suffirait, savoir : la grammaire, la théologie, la rhétorique et la science des récits traditionnels. »

13. Abderrahman ben Ahmed el-Mortada, (Voir n°˚ 8 et 10). 1ʳᵉ mention : fin djoumada 1ᵉʳ 1128 (du 13 au 22 mai 1716) ; dernière mention : commencement hidja 1134 (du 12 au 21 septembre 1722).

14. Amar ben Abderrahman ; mention unique relevée, dans un acte du milieu de djoumana 1ᵉʳ 1135 (du 19 au 28 mars 1723).

15. Abderrahman ben Ahmed el-Mortada (Voir n°˚ 8, 10 et 13) ; mention unique relevée dans un acte du milieu de Chaban 1135 (du 17 au 26 mai 1723).

*Extrait du manuscrit arabe déjà cité.*

« Sidi Abderrahman el-Mortada était loin de posséder de l'intelligence ; il était tel que je l'ai déjà dépeint et avait une belle écriture. Il n'avait aucun droit à cet emploi éminent, à ces fonctions élevées. Il resta en exercice pendant cinq ans et plus, et décéda ; que Dieu lui fasse miséricorde, dans la nuit du vendredi, dix jours restant encore à s'écouler du mois de choual 1125 (23 juillet 1723) »

16. Amar ben Abderrahman. (Voir n° 14). 1ʳᵉ mention : fin Hidja 1135 (du 22 au 30 septembre 1723) ; dernière mention : fin Safar 1144 (du 25 août au 2 septembre 1731).

*Extrait du manuscrit arabe déjà cité.*

« Après Sidi Abderraman el-Mortada, fut nommé notre professeur Sidi Ammar, Tlemcénien d'origine et de naissance, élevé et marié à Alger, jurisconsulte, rhétoricien, théologien, très-disert, très-versé dans la grammaire, l'éloquence et le calcul ; vertueux, ignorant les choses d'ici-bas et s'en tenant éloigné ; que Dieu nous soit propice par ses mérites ! Mohammed Pacha et Abdy ont été comblés des grâces divines par ses vertus, et ils avaient ses qualités en grande considération. Il avait réellement un grand mérite, mais il éprouvait de grandes difficultés pour faire la khotba (prône); il n'avait pas la voix nécessaire et la timidité s'emparait de lui à tel point qu'il était tout en sueur. Cependant, dans son enseignement il avait de l'assurance, sa voix était ferme et il prononçait clairement. C'était un homme d'un grand caractère et d'une âme élevée. Que Dieu soit satisfait de lui ! Il passa son temps d'exercice dans le souci et les tracas à cause de sa femme; elle se livrait à la dépense et faisait incessamment des appels à sa bourse. Il était pauvre et endetté. L'ayant rencontré, un jour, il me fit part de ses griefs contre elle et contre son frère (le frère de sa femme), sidi Mohammed ben sidi Houda, qui était vicaire (khelifa) de la mosquée. Il le déléguait d'une manière permanente pour la khotba (prône); de plus, ce khelifa jouissait de plusieurs emplois qui lui rapportaient près de cinquante rial draham par mois ; ces revenus ne suffisaient pas pour couvrir ses dépenses personnelles et subvenir à son habitude de recevoir chez lui ; il lui arrivait, certaines nuits, de dépenser jusqu'à trente ou quarante rial pour traiter ses invités, bien que ses ressources fussent modiques. Nous avons pu, deux fois, constater nous-même, la variété des mets précieux qu'il offrait. Il s'imposait donc des dépenses bien au-dessus de ses moyens et il arriva ainsi à avoir quatre mille rial draham de dettes, dont la majeure partie n'était pas payée au moment de sa mort, que Dieu lui fasse miséricorde ! Aussi, en outre de ses revenus et des emprunts qu'il contractait, il entamait encore les ressources du muphti sidi Ammar. Celui-ci, lorsqu'il me confia ses plaintes, me dit : « Par Dieu ! je ne possède que la chemise qui est sur moi, et mes deux enfants sont nus et sans souliers. Je voudrais les faire circoncire, mais je n'ai pas de quoi leur donner des vêtements afin qu'ils puissent changer d'habillement le jour de la circoncision ! » Il eut un point de côté et mourut (que Dieu lui fasse miséricorde et nous soit propice par ses mérites !) le lundi 15 safar 1144 (lundi, 20 août 1731). Il fut inhumé auprès de son beau-père, le père de sa femme, sidi Houda, au-dessus de la colline de Boukandoura et de la chapelle du saint et vertueux sidi Mohammed Essadi Ezzouawi; que Dieu nous soit propice par ses mérites !

17. Mohammed ben el-Mobarek. 1<sup>re</sup> mention : milieu de rebi 2<sup>e</sup>

1147 (du 10 au 19 septembre 1734). Dernière mention : milieu de kada 1150 (du 1" au 10 mars 1738).

*Extrait du manuscrit arabe déjà cité.*

« Trois jours après sa mort, le jeudi, 18 safar 1144, sidi Ammar fut remplacé par sidi Mohammed ben Ahmed ben Sidi Mebarek, théologien, versé dans la grammaire, éloquent, interprétateur, éminent ; digne de cet emploi par ses nombreuses qualités. Il décora la mosquée, l'embellit et la répara par son habileté et la bonté de ses procédés. Voici un fait remarquable : Le mur de la mosquée qui donne sur la rue par laquelle on arrive au port menaçait ruine. Il fut rebâti en peu de jours par l'assistance que le muphti reçut de la population de la ville ; les personnes de distinction fournirent des fonds, les gens des métiers et des professions donnèrent un concours personnel ; chaque jour, une profession était de corvée, les grands comme les petits ; et cela de leur plein gré. L'exemple fut donné par les tanneurs, enfants des arabes qui sont dans l'intérieur de la ville. Voyant cela, une autre profession les imita et se mit au travail avec ardeur. Et ainsi de suite, jusqu'à ce que tout fût terminé, etc. Le cheikh sidi Mohammed ben sidi el-Mobarek, debout au milieu des travailleurs, appelait sur eux les bénédictions. Il amena ainsi les créatures à accomplir un acte de dévouement et de piété. Il avait beaucoup d'adresse et d'affabilité. Cependant, il était susceptible et rancunier ; il s'exagérait le plus petit tort, bien qu'en apparence il fût humble, modeste et exempt de tout vice. Il fut atteint d'hydropisie. Étant entré chez lui, un jour, pour lui faire visite, je le trouvai, que Dieu lui fasse miséricorde ! fort tracassé par une oppression qui avait atteint sa poitrine, et les joues empourprées. Malgré cela, il me reçut avec affabilité, etc. Précédemment, nous avions eu une brouille et j'étais resté quelque temps sans lui parler. Pendant qu'il était en fonctions, nous avions eu une seconde discussion, et il était resté de la froideur entre nous. Le jour de sa mort nous nous pardonnâmes réciproquement tout. Il mourut après l'appel à la prière du dehour (une heure de l'après-midi) du lundi. Il fut inhumé le lendemain dans le tombeau de son père, à Bab-Azoûn, près d'el-Medarbia, au-dessus (du quartier) des tanneurs, enfants des non-arabes, le 25 kada 1150 (lundi, 17 mars 1738).

18. **Mohammed ben Ibrahim.** 1° Commencement de rebi' 2°
1151 (du 19 au 28 juillet 1738). 2° Milieu de ramdan 1152 (du 12
au 21 décembre 1739).

*Extrait du manuscrit arabe déjà cité.*

« Après lui (Mohammed ben el-Mobarek), son professeur et le
nôtre, le savant, le jurisconsulte, le grammairien, le théologien,
le rhétoricien, l'éloquent, l'orateur, etc.. Sidi Mohammed ben
sidi Ibrahim ben Moussa el-Nigrou, andalou par son origine, né,
élevé et inhumé à Alger, fut installé dans les fonctions de mupti,
trois jours après le décès de son prédécesseur, c'est-à-dire le
mercredi 27 du mois de kada 1150 (mercredi, 19 mars 1738) ;
son temps d'exercice fut rendu pénible par son fils aîné, qui ne
cessait de lui demander des comptes et qui le brouillait avec
sa femme, laquelle n'était pas la mère de ses enfants alors vivants;
et aussi par de vives discussions avec Sidi Mohammed ben sidi
Houda, khelifa, (vicaire) de la Mosquée, que Dieu lui fasse miséricorde ! Celui-ci était délégué depuis longtemps pour faire le
prône (khotba). Il avait commencé à l'être du temps de son
beau-frère (le mari de sa sœur), Sidi Ammar, qui s'abstenait à
cause de la difficulté qu'il éprouvait et de son grand âge, ainsi
que nous l'avons dit plus haut. Il en avait été de même sous
Sidi Mohammed ben sidi Mobarek, qui l'aimait et avait des égards
pour lui à cause de son père, etc.. Il pensa que cela se passe-
rait ainsi avec notre professeur Sidi Mohammed ben Nigrou. Mais
avant sa nomination, celui-ci s'adonnait avec assiduité à la khôt-
ba et suppléait plusieurs prédicateurs. D'abord, il remplaçait,
en cas d'empêchement justifié, Sidi Abderrahman ben sidi el-
Mehdi ben Mohammed, prédicateur de djama el-Kechach ; il
était le suppléant d'el-Hadj Saïd ; plusieurs fois il avait remplacé el-Morfada à la Grande Mosquée. Quand il fut devenu
titulaire d'une khotba, il renonça à exercer les délégations qui
lui avaient été précédemment accordées à cause de sa capacité
et de son ardeur pour cette occupation, et résolut de faire
le prône lui-même conformément aux usages établis par les
premiers seigneurs tels que Sidi Saïd et son fils Mohammed.
Il délégua comme ses suppléants ses deux fils afin de les voir
(dans cette fonction) et de se donner cette satisfaction. Ces dispositions mécontentèrent et affligèrent Sidi Mohammed ben sidi Houda,

bien qu'il continuât à jouir de ses emplois et à en toucher les émoluments. Il s'en plaignit à l'un des membres du gouvernement, Ibrahim Khodja, neveu du pacha et Kheznadji. Il fut assisté par les marchands, lesquels firent un affront à notre professeur, en lui disant qu'ils voulaient entendre les prônes de Sidi Mohammed ben sidi Houda, et en prétendant qu'il était un (véritable) prédicateur. Il le laissa donc continuer pendant plus d'un mois. Puis, il délégua son plus jeune fils. Mais l'autre fut de nouveau contrarié et trouva des auxiliaires dans le muphti hanafi et dans Sidi Mohammed ben Mimoun, cadi du Beit el-Mal, Il y avait entre le cheikh Ben Nigrou et ce cadi une animosité dont voici le motif. Ce cadi touchait certains appointements pour tenir un emploi de professeur à la Grande Mosquée ; précédemment il les percevait sans jamais faire acte de présence. Mais lorsque notre professeur fut nommé muphti, il lui ordonna de se présenter, mais l'autre refusa, voulant recevoir la rétribution sans accomplir sa tâche. Alors, le muphti refusa de le payer. Ils se réunirent chez Sidi Mohammed ben Ali, le muphti, et ayant fait appeler notre professeur, ils lui demandèrent de renoncer personnellement à la khotba et de n'avoir d'autre délégué que Sidi Mohammed ben Houda. Il repoussa cette demande et fut très-irrité de leur insistance sur ce sujet. Il sortit courroucé contre eux et destitua Ben Houda de ses fonctions de vicaire (khelifa) et de tous ses autres emplois. Le muphti hanafi lui en voulut et chercha plusieurs fois à se venger, mais sans en avoir le pouvoir ; il ne put lui nuire que par la langue. Les employés de la Grande Mosquée furent aussi contre lui à cette occasion, parce que le fils de Sidi Houda les avait souvent traités chez lui. Ce muphti ayant été atteint d'un point de côté, resta peu de jours au lit et décéda (que Dieu lui fasse miséricorde !), le lundi, 16 hidja 1152 (lundi, 14 mars 1740), etc.

19. El-Hadj Ahmed Ezzerrouk ben Mahi-Eddin ben Abdellatif, 1° commencement de rebi 2° 1153 (du 26 juin au 5 juillet 1740), 2° commencement de hidja 1166 (du 29 septembre au 8 octobre 1753).

*Dernier extrait du manuscrit arabe déjà cité.*

« Après lui (Mohammed ben Ibrahim) fut nommé muphti el Hadj Zerrouk ben Mahi-Eddin ben Abdellatif, fils de la sœur du savant Sid el Hadj el Mehdi ben el Hadj Salah, dont j'ai déjà parlé plus haut à propos des muphtis Malékis. El Hadj Zerrouk avait été mon condisciple aux conférences de Sidi Mustapha el Annabi, aux conférences de Sidi Ammar et à celles de Sidi Mohammed ben Nigrou. Il a été nommé muphti trois jours après la mort de Sidi Mohammed ben Nigrou. C'est lui qui est aujourd'hui en fonctions. »

20. Abd-el-Kader ben Mohammed el Bramli, mention unique, du commencement de safar 1169 (du 6 au 15 novembre 1755).

21. Mostafa ben Ahmed el Msisni. 1° Commencement de safar 1170 (du 26 octobre au 4 novembre 1656), 2° fin de djoumada 2° 1175 (du 18 au 27 décembre 1761).

22. Ettahar ben Mohammed 1° fin de djoumada 2° 1175 (du 17 au 25 janvier 1762), 2° fin de rebi 1" 1176 (du 10 au 19 octobre 1762).

23. Abderrahman ben Ahmed el Mortada, mention unique, au commencement de redjeb 1176 (du 16 au 25 janvier 1763).

24. Mostafa ben Ahmed el Msisni (voir n° 21), 1° milieu de choual 1176 (du 25 avril au 4 mai 1763), 2° commencement de djoumada 1" 1179 (du 19 au 25 octobre 1765).

25. Ahmed ben Ahmed, 1° fin de chaban 1179 (du 2 au 10 février 1766), 2° fin de kada 1179 (du 10 au 19 mai 1766).

26. El Hadj Ahmed ben Amar, mention unique, au commencement de rebi, 2° 1180 (du 17 au 26 août 1766).

27. Abdderrahman ben Ahmed el Mortada, mention unique, au commencement de djoumada 2° 1180 (du 4 au 13 novembre 1766).

28. El Hadj Ahmed ben Si Amar, 1° commencement Kada 1180, (du 31 mars au 9 avril 1767) 2° chaban 1184 (du 20 au 29 novembre 1770).

29. El Hadj Mohammed ben Ahmed ben Djadoun, 1° commencement ramdam 1185 (du 8 au 17 décembre 1771), 2° fin redjeb 1197 (du 22 juin au 1er juillet 1783).

30. Mohammed ben Echahed, 1° milieu rebi 1" 1198 (du 3 au 12 février 1784), 2° commencement djoumada 1" 1206 (du 27 décembre 1791 au 5 janvier 1792).

31. El Hadj Ali ben Abd-el-Kader ben el Amin, mention unique, du milieu de djoumada 2° 1206 (du 5 au 14 janvier 1792).

32. Mohammed ben Echahed (voir n° 30), 1° milieu redjed 1206 (du 24 février au 4 mars 1792), 2° commencement rebi 2° 1207 (du 16 au 25 novembre 1792).

33. Mohammed ben Mohammed ben el Khodja, mention unique, du commencement de rebi 2° 1207 (du 16 au 25 novembre 1792).

34. Mohammed ben Echahed (voir n°° 30 et 32), mention unique, du

commencement de djoumada 1" 1207 (du 15 au 24 décembre 1792).

35. El Hadj Ali ben Abd-el-Kader ben el Amin (voir n° 31). 1° milieu redjeb 1207 (du 21 février au 2 mars 1793). 2° milieu safar 1208 du 18 au 27 septembre 1793).

36. Mohammed ben Mohammed ben Ali. Mention unique, de fin rebi 2° 1208, (du 26 novembre au 4 décembre 1793).

37. El-Hadj Ali ben Abd el-Kader ben el-Amin. (Voir n°° 31 et 35). 1° Commencement djoumada 1" 1208, (du 5 au 14 décembre 1793). 2° Milieu ramdan 1210, (du 20 au 29 mars 1796).

38. El-Hadj Mohammed ben Ahmed ben Malek. 1° Fin choual 1210, (du 29 avril au 7 mai 1796). 2° Commencement moharrem 1213, (du 15 au 24 juin 1798).

39. El-Hadj Ali ben Abd el-Kader ben el-Amin (Voir n°° 31, 35 et 37). 1° Commencement safar 1213, (du 15 au 24 juillet 1798). 2° Fin djoumada 1" 1226, (du 13 au 22 juin 1811).

J'emprunte au recueil de notes officielles, que j'ai publié en 1852, sous le titre de *tachrifat*, l'extrait ci-après, qui donne quelques détails sur la nouvelle révocation du muphti El-Hadj Ali ben Abd el-Kader ben el-Amin et qui fait connaître la date précise de cette destitution.

« Dans le mois de chaban de la présente année, un jeudi, il y eut une grande discussion dans le medjelés, et les Ulémas échangèrent des paroles irritantes. Le lendemain, vendredi, dans l'après midi, après la prière et conformément aux règles tracées pour les réceptions, Hadj Ismaël ben Sfindja, cadi hanafi et membre du medjelés, se fit admettre chez le Pacha et lui rendit compte de ce qui s'était passé. Le Pacha prononça sur le champ la destitution du muphti hanafi, sidi Mohammed ben el-Annabi et du muphti maléki, le cheikh sidi Ali ben el-Amin, et les remplaça, le premier, par sidi Ahmed et le second, par sidi Mohammed ben el-Haffaf. Puisse faire Dieu, dont les œuvres sont magnifiques, que leur nomination soit fortunée; amen! Écrit le vendredi, premiers jours de chaban 1226, (23 août 1811). »

40. Mohammed ben Mohammed ben Ali, (voir n° 36). 1° Fin ramdan 1226, (du 9 au 18 octobre 1811). 2° Milieu choual 1230 (du 16 au 25 septembre 1815).

41. El-Hadj Ali ben Abd el-Kader ben el-Amin, (voir n°° 31, 35, 37 et 39). 1° Fin choual 1230, (du 26 septembre au 5 octobre 1815). 2° Fin safar 1232, (du 10 au 18 janvier 1817).

42. Ahmed ben Ali ben Djadoun. 1° Milieu hidja 1232, (du

22 au 31 octobre 1817). 2° Fin rebi 1er 1233, (du 29 janvier au 7 février 1818).

43. El-Hadj Ali ben Abd el-Kader ben el-Amin, (voir n°° 31 35, 37, 39 et 41). 1° Fin rebi 1er 1233, (du 29 janvier au 7 février 1818). 2° Milieu kada 1235, (du 20 au 29 août 1820).

44. Mohammed ben el-Hadj Ibrahim ben Moussa. 1° Milieu safar 1236 (du 18 au 27 novembre 1820). 2° Commencement kada 1239, (du 28 juin au 7 juillet 1824).

45 et dernier. Ali ben Mohammed el-Manguelati (usuellement Belguelati). Première mention en fin hidja 1239, (du 17 au 28 août 1824). Ce muphti était en fonctions lors de la prise d'Alger par les Français, le 5 juillet 1830.

III

J'ai analysé dans le présent paragraphe diverses fondations pieuses concernant la Grande Mosquée et qui m'ont paru utiles à publier comme renfermant des détails caractéristiques sur les idées et les pratiques religieuses des Musulmans.

I. Le raïs Mustapha Dangueżli ben Ibrahim, le turc, immobilise un immeuble au profit de quatre hezzabin qui liront, matin et soir, des hizeb (1) du Coran pour sa défunte femme Fatma bent Mourad Bey, dans la Grande-Mosquée d'Alger (acte de 1032, soit 1622-1623).

II. Donation immobilière faite à la Grande Mosquée à la condition que ses revenus seront alloués à deux hommes dont l'un lira tous les jours un hizeb (du Coran), après la prière d'el-Dehour (à 1 heure de l'après-midi), et dont l'autre lira, chaque jour, le chapitre de la délivrance (dans le Coran), à l'heure voulue. Ce dernier recevra un rial de plus pour prendre soin du tombeau du fondateur, sis hors de la porte du ruisseau (Bab-el-Oued), près de la tombe de sidi el-Yakout (Acte de 1088, soit 1677-1678).

III. El-hadj Abderrahman ben Ezzerouk, l'Andalou, établit une fondation au profit de six lettrés qui liront chaque jour, à la Grande Mosquée, 2 hizeb du Coran, à l'heure du zoual et

_____

(1) Le Coran se divisant en 60 sections appelées hizeb, on donne le nom de hezzaly (pl. hezzabin) aux lecteurs du Coran.

2 hizeb après la prière d'el-Asser (Vers 3 heures du soir) ; de 3 lettrés qui liront la Sourate de la délivrance 200 fois et après elle la prière pour le prophète, 200 fois aussi, à l'heure du zoual, chaque jour ; et de deux lettrés qui liront le *tanbih el-Anam*, chaque vendredi, depuis le premier appel jusqu'à ce que l'imam monte en chaire (Acte de 1102, soit 1690-1691).

IV. El-hadj Ahmed ben el-Fekhas, constitue en habous une boutique au profit de celui qui lira le *hizeb d'el-Dohour*, la Sourate de la délivrance et la prière pour le prophète (que Dieu répande ses grâces sur lui et lui accorde le Salut !), dans la Grande Mosquée d'Alger, chaque jour, ainsi que c'est l'usage. Les mérites de cette lecture et les récompenses célestes qu'elle obtiendra seront acquis : pendant deux mois de chaque année, à la famille du prophète (que Dieu répande ses grâces sur lui et lui accorde le Salut !) et à ses proches ; pendant deux autres mois au fondateur du habous, et à sa femme ; pendant deux autres mois au père et à la mère du fondateur et à ses enfants ; pendant deux autres mois à ses parents, à ses frères, à ses parents par alliance et à ses amis ; pendant deux autres mois à ceux qu'il a offensés, à tous les auteurs de fondations pieuses et à l'universalité des Musulmans ; et pendant deux autres mois à nos docteurs de la loi et à tous les saints personnages. La gestion et l'exécution de ce habous seront confiés à l'imam de la Grande Mosquée, lequel est le muphti maléki (Acte de 1132, soit 1719-1720).

V. Une donation immobilière est faite à la Grande-Mosquée d'Alger, sous la condition que sur les revenus de cette fondation seront prélevés tous les mois, deux rial draham Serar, qui recevront la destination suivante. Un rial et 1/4, seront remis mensuellement, à un lettré qui lira le *tanbih el-Anam*, à la porte des funérailles (Bab el-Djenaïz) de la dite Mosquée, avant la prière du coucher du soleil. Le restant, soit 3/4 de rial sera donné, chaque mois, à un lettré qui lira un hizeb, à l'heure d'ed-Dehour, dans le Mihrab de la dite Mosquée, avec les autres lecteurs placés là, en sorte que la lecture de l'ouvrage soit entièrement terminée en deux mois (Acte de 1140, soit 1727-1728).

VI. El-hadj Ahmed ben el-Hadj Mohammed ben Abdelthif, fonde un habous au profit de 26 hommes, qui liront un hizeb du Coran Sublime à l'heure *d'ed-dehour*, auprès du Mihrab de la Grande Mosquée, pour que chacun d'eux touche 50 *dirhem* (0 fr. 25 c.) en sus de son salaire ordinaire (Acte de 1159, soit 1746-1747).

VII. Mohammed, khodja du palais, constitue en habous une maison, s'en reservant l'usufruit sa vie durant, pour après sa mort, cet immeuble passer à ses enfants, puis à leur descencendance et en dernier lieu à la Grande Mosquée d'Alger. Il stipule comme condition fondamentale de sa fondation, qu'à partir de ce jour, il sera prélevé sur les revenus de l'immeuble une somme de quatre *rial draham serar* par mois, qui sera répartie par égales portions à quatre hommes choisis parmi ceux qui savent le Coran sublime par cœur, lesquels liront des *hizeb* dans la Grande Mosquée, de la manière suivante : deux hommes liront chaque jour quatre *hizeb*, savoir, deux hizeb après la prière du matin et ils y ajouteront *l'oudifa* (oraison) de Sidi Ahmed Zerrouk (que Dieu nous soit propice par ses mérites!), et deux *hizeb* après la prière d'*el-asser*, ainsi que c'est l'usage dans la dite Mosquée; cette lecture sera faite à son intention et pour lui mériter les récompenses célestes lorsqu'il sera dans son tombeau. Les deux autres hommes liront chaque jour deux *hizeb* d'*ed-dehour*, à la grande réunion, et les mérites de cette lecture seront acquis à sa fille défunte Fatma, que Dieu lui fasse miséricorde ainsi qu'à tous les musulmans! Ceux d'entre les lettrés qui négligeront de lire les *hizeb* stipulés auront à en rendre compte « Dieu (Acte de 1182 soit 1768-1769).

VIII. Un immeuble est donné à la Grande Mosquée, sous la condition que sur ses revenus seront prélevés, mensuellement, trois *rial draham serar*, qui recevront la destination suivante : deux rial et 1|2 seront alloués, chaque mois, à un homme placé à la porte de la mosquée et chargé de fournir de l'eau pour boire. Le 1|2 rial restant sera remis, mensuellement, au même afin qu'il en achète des bocaux (acte de 1188, soit 1774-1775).

IX. Une femme fait une donation immobilière à la Grande Mosquée, en stipulant que les revenus recevront la destination suivante : un salaire sera alloué à celui qui, tous les jours, lira pour elle, un *hizeb* de la parole de Dieu, dans l'intérieur de la dite mosquée. Le surplus des revenus sera employé à acheter de l'huile avec laquelle on allumera, pendant le mois de ramdan, le lustre placé dans l'angle oriental de la susdite mosquée (acte de 1204, soit 1789-1790).

X. Fondation faite au profit d'un savant qui professera la Science Illustre, auprès de la porte du minaret de la Grande Mosquée (acte de 1205, soit 1790-1791).

XI. Le nommé Mohammed, etc., constitue en habous une boutique, pour que chaque année, pendant les quatre mois de l'été un dinar sultani soit alloué mensuellement à celui qui puisera, de l'eau au café sis au quartier d'El-Biar, hors de la porte neuve. Il confie la surveillance de cette fondation au muphti des malekis, siégeant dans la Grande Mosquée de la ville d'Alger (acte de 1206, soit 1791-1795.)

### IV.

Le personnel de la Grande Mosquée était des plus importants. Il se composait de :

2 Imams pour les circonstances ordinaires ; le muphti maleki remplissait les fonctions d'imam et de prédicateur, pour la prière de 1 heure de l'après-midi, chaque vendredi et à l'occasion de l'Aïd el-Kebir (la grande fête, qui a lieu au commencement de l'année) et de l'*aïd esserir* (la petite fête, qui suit le jeûne pratiqué pendant le mois de ramdan);

    1 Porte crosse du muphti,
    1 Huissier du muphti,
    19 Professeurs,
    18 Mouedden,
    8 Hezzabin, ou lecteurs du Coran,

3 Oukils ou administrateurs, savoir : 1 oukil chargé de la gestion de la dotation de la mosquée proprement dite, sous les ordres immédiats du muphti, qui était le véritable administrateur de cette dotation dont les revenus formaient ses émoluments, après prélèvement des diverses dépenses ; 1 oukil chargé de la gestion de la dotation des mouedden, laquelle était entièrement distincte de celle de la mosquée ; 1 oukil chargé de la dotation des hezzabin, également distincte des deux autres.

8 Balayeurs ou hommes de peine, chargés du nettoiement de la mosquée ;

3 Allumeurs.

Des savants chargés de l'accomplissement de certaines fondations, etc.

La dotation de la mosquée était considérable et assurait un

bénéfice élevé au muphti maleki, malgré le prélèvement de dépenses assez importantes, consistant en frais d'entretien de la mosquée et des immeubles lui appartenant, achat de nattes, d'huile et autres frais du culte, salaire du personnel et distribution d'aumônes.

Depuis 1830, la Grande Mosquée n'a jamais cessé d'être affectée au culte et nous nous sommes efforcés de l'entretenir en bon état et de l'embellir par des restaurations extérieures et intérieures.

Cet édifice a porté jusqu'en 1854, les n°s 80, 82 et 84 de la rue de la Marine et n'a reçu aucun numéro lors de la révision effectuée à cette époque.

Rien ne fut changé au régime intérieur de la Grande Mosquée pendant treize années. Au mois de mai 1843, le muphti Maleki, Mustapha ben el-Kebabti, s'étant rendu coupable de résistance ouverte aux ordres du Gouvernement, fut arrêté et déporté en France. L'administration saisit cette occasion de soumettre aux règles communes, la dotation et le personnel de cet édifice religieux, et un arrêté du Gouverneur Général, en date du 4 juin 1843, prononça cette réforme.

## CHAPITRE XXXVII.
### ZAOUIAT DE LA GRANDE MOSQUÉE, RUE DE LA MARINE.

En face de la Grande Mosquée et ayant sa porte d'entrée sur la rue de la Marine, se trouvait un établissement que la notoriété publique appelait en dernier lieu *Zaouiet Djama el-Kebir* (la Zaouiat de la Grande Mosquée) et qui se composait de : 1° une mosquée de second ordre (mesdjed), sans minaret ; 2° une école ; 3° une zaouiat, ou lieu de refuge pour les savants pauvres, comprenant deux étages de chambres ; 4° des latrines publiques ; 5° des fontaines et lieux d'ablution ; 6° divers locaux pour le logement des agents. Cet édifice était dû à une construction effectuée vers l'année 1039 de l'hégire (1629-1630), avec les fonds de la grande mosquée, par le célèbre et savant muphti Maléki Sidi Saïd ben el-Hadj Ibrahim, qui figure au n° 5 de la liste de muphtis, que j'ai donnée dans le chapitre précédent. Ce fait, ignoré de la génération actuelle, nous est révélé par deux documents que les extraits ci-après feront connaître en substance et dont l'un nous apprend cette circonstance caractéristique qu'un chrétien avait été donné par des corsaires au célèbre muphti pour qu'il pût, avec le produit de ce mécréant, se procurer les moyens d'entretenir convenablement les latrines publiques édifiées par sa pieuse initiative !

1. Le vertueux, excellent, etc., le muphti célèbre, Sidi Saïd ben el-Hadj Ibrahim, ayant acheté une boutique sise à, etc., déclare que cette acquisition a eu lieu avec les fonds provenant de la vente d'un chrétien dont lui ont fait cadeau le capitaine Mami Raïs et ses compagnons, sous la condition que son prix servirait à l'achat de ladite boutique, afin que les produits de cet immeuble soient affectés à l'entretien et au nettoiement des latrines établies dans la partie inférieure de la *Mdersat* située en face de la grande mosquée et qui a été rebâtie par ledit muphti (acte du cadi en date de la fin du mois de redjeb 1039, soit du 6 au 15 mars 1630).

2. Louange à Dieu ! Le cheikh, le jurisconsulte, l'imam, le pontife, le savant, le magnanime, l'illustration des grands imams, la quintessence des savants éminents et érudits, le soutien des docteurs de l'Islamisme, le professeur, celui qui sait le Coran de mémoire et qui approfondit la science, l'orthodoxe, etc., l'imam de la Grande Mosquée de la (ville) bien gardée d'Alger, Sidi Saïd, fils du défunt, etc., le Sid el-Hadj Ibrahim, a pris les deux signataires du présent en témoignage contre lui-même, déclarant que tout ce dont le détail va suivre en fait d'achat de livres et d'immeubles, et de construction, a été effectué avec l'excédant des revenus de ladite mosquée, administrés par lui ; qu'il n'a aucun droit à exercer sur rien de tout cela, pas plus sur les objets que sur leur prix, et qu'il n'a agi que comme mandataire et sans avoir le moindre intérêt dans ces opérations ; en sorte que tout ce qui va être mentionné fait partie des habous (fondations pieuses) de la mosquée susdite. Il a agi ainsi pour l'amour de Dieu sublime, espérant ses larges rémunérations, savoir : construction d'un établissement de latrines vis-à-vis de la dite mosquée, d'une mosquée (mesdjed) bâtie au dessus, d'une medersat ; construction d'un Aloui (local), pour le logement de l'imam de cette mosquée (mesdjed) ; reconstruction de l'aloui de l'allumeur (cha'al), et construction de l'école, de la boutique et du magasin qui se trouvent au dessous ; le tout ayant occasionné une dépense de 15,000 dinars algériens, cinquantenaires, etc..... A la date des premiers jours de Rebi 1ᵉʳ de l'année 1052 (soit du 30 mai au 8 juin 1642). (Acte du cadi.)

Cette Zaouiat, qui reçut le n° 99 de la rue de la Marine, fut louée en 1833 à un européen qui y installa un établissement de bains français. En 1840, la portion respectée par le nouvel alignement fut aliénée, et elle se trouve aujourd'hui englobée dans la maison portant le n° 20 de la rue de la Marine, qui est toujours affectée à un établissement de bains.

## CHAPITRE XXXVIII.

### MOSQUÉE EL-DJENAÏZ, RUE D'ORLÉANS.

Cette petite mosquée, de second rang et sans aucune importance architecturale ou autre, mérite cependant quelque attention, à cause de cette circonstance qu'elle a été rebâtie vers le milieu du dixième siècle de l'hégire par un turc de grande distinction, appelé El-Hadj Becher ben Ateladja et surnommé El-Hadj Pacha, qui remplit quelques mois les fonctions de Chef intérimaire de la Régence d'Alger, en 1545. Ayant consacré à El-Hadj Pacha, dans le *Moniteur de l'Algérie* du 7 juillet 1864, une notice qui a été reproduite par la *Revue Africaine*, je ne reviendrai pas ici sur les renseignements biographiques que j'ai déjà donnés sur ce personnage.

La mosquée qui nous occupe fut longtemps désignée dans les documents sous le nom de son restaurateur El-Hadj Pacha. Puis vint un desservant, dont la célébrité effaça le souvenir de l'ancien pacha intérimaire. Quant à la notoriété, oubliant et le Pacha et le desservant, elle appelait cet édifice, en dernier lieu : *Djama Zenket el-Djenaïz*, ou, plus communément et par abréviation : *Djama el Djenaïz*. Ce nom de Zenket el-Djenaïz (la rue des Funérailles), était donné à la voie de communication aujourd'hui appelée rue d'Orléans, parce que les convois funèbres partant du *Mossola*, ou oratoire des dernières prières de la Grande Mosquée, la suivait — comme étant le chemin le plus court — pour se rendre aux cimetières situés hors de la porte du ruisseau (Bab el-Oued).

Voici, d'ailleurs, par ordre chronologique, les renseignements que j'ai pu me procurer sur cette mosquée :

1. Le caïd, le grand, le vizir, le sage, le considéré, le célèbre, celui qui a accompli les actes de dévotion, le seigneur El-Hadj Pacha ben Ateladja, le turc, vend à, etc., une maison sise au quartier de la Grande Mosquée et limitée......... au Nord par la mosquée (Mesdjed) dudit quartier, qui a été rebâtie par le

9

vendeur susnommé, etc. (acte du 20 redjeb 952, soit 27 septembre 1545).

2. Maison attenante à la mosquée qui a été reconstruite par le défunt El-Hadj Pacha (acte de 1026, soit 1617).

3. Maison sise dans le quartier de la mosquée d'El-Hadj Pacha (acte de 1048, soit 1638-1639).

4. ...... Au profit de la mosquée sise dans le quartier d'Osta Ouali, dont l'imam actuel est le théologien, le noble, l'excellent, le considérable Sid Ahmed ben Hemouda, connu sous le nom de ben Selâh (ابن صلاح) (acte de 1094, soit 1682-1683).

5. Mosquée dite d'El-Hadj Pacha, sise dans le quartier de la Grande Mosquée et près de la maison du défunt Osta Ouali (acte de 1098, soit 1686-1687).

6. Mosquée (Mesdjed) connue sous le nom d'El-Hadj Becher (بشر) surnommé El-Hadj Pacha, près de la Grande Mosquée et en face de la maison connue sous le nom d'Osta Ouali ; (d'une écriture plus récente) elle est connue sous le nom de Mesdjed Ibn Selâh (Oukfia des édifices religieux).

7. Mohammed, fils du cheikh Sidi Saïd, muphti maleki, desservant de la mosquée sise dans le quartier de la Grande Mosquée, en face, en biaisant, de la maison du défunt Osta Ouali, connue sous le nom de *dar eddeheb* (دار الذهب la maison de l'Or) (acte de 1105, soit 1693-1694).

8. Maison près de la mosquée du défunt Sid Ahmed ben Selâh (acte de 1128, soit 1715-1716).

9. Maison sise dans le quartier de la Grande Mosquée et connue sous le nom de *dar eddeheb* (la maison de l'Or), près de la mosquée de Sid Ahmed ben Selâh (acte de 1145, soit 1732-1733).

10. Mosquée connue sous le nom de Mesdjed Ibn Selâh (acte de 1167, soit 1753-1754).

11. Maison sise près de la mosquée connue sous le nom de Mesdjed el-Hadj Pacha, à Zenket el-Djenaïz (la rue des Funérailles) acte de 1210, soit 1795-1796).

12. Mohammed le hanéfite ben Ali ben Tchekiken, imam de la mosquée Iben Salah (c'est une erreur : il aurait fallu *Ibn Selâh*), sise à Zenket el-Djenaïz (acte de 1230, soit 1814-1815).

Il résulte d'un acte signé par les membres du Medjolès dans le mois de rebi 2ᵉ de l'année 1065 (du 8 février au 8 mars 1655), qu'à cette époque, ce tribunal supérieur tint sa séance dans la mosquée d'El-Hadj Pacha. Cette circonstance exceptionnelle avait, sans doute, pour motif, que la Grande Mosquée subissait, en ce moment, d'importantes réparations et se trouvait hors d'état de servir de lieu de réunion. Quant au choix de la mosquée d'El-Hadj Pacha, il ne peut guère s'expliquer que par la proximité de cet édifice, proximité qui rendait moins embarrassant, au point de vue du transport des archives et de l'installation matérielle, le déplacemement momentané de la docte assemblée.

En 1830, cette mosquée reçut le n° 41 de la rue d'Orléans, dont elle porte aujourd'hui le n° 18. Son dernier oukil a été le sieur Mohammed ben Mustapha Rarnaout, nommé par Hossaïn Pacha, en 1825. Sa dotation était des plus modestes. Elle cessa d'être affectée au culte en 1836 et forma, un peu plus tard, une annexe de l'hôpital civil. Affectée en 1838 au magasin central des hôpitaux militaires, elle a encore cette destination et a été rebâtie en grande partie.

### CHAPITRE XXXIX.

###### MOSQUÉE EL-MILIANI, RUE D'ORLÉANS.

Les renseignements que j'ai pu recueillir sur cette petite mosquée se bornent aux indications ci-après :

1. Mosquée sise près du tombeau du cheikh Sidi Ali el-Fassi et connue anciennement sous le nom de Sid Ali el-Meliani. (Oukfia).

2. Mohammed ben Ahmed el-Guetchili, imam de la mosquée située près du saint et vertueux Sidi Ali el-Fassi et connue anciennement sous le nom de Mesdjed el-Meliani. (Acte de 1227, soit 1812-1813).

Retirée au culte musulman en 1830, et abandonnée pour cause de vétusté en 1839, cette mosquée, qui avait reçu le n° 91 de la rue d'Orléans, a été aliénée en 1840 conjointement avec plusieurs autres immeubles. Son emplacement est tombé presque complétement dans la voie publique et se trouve, à peu près, devant les maisons portant actuellement les n°° 3 et 5 de la même rue.

### CHAPITRE XL.

§ 1ᵉʳ. MOSQUÉE DE SIDI ABD-ERRAHMAN ETTA'LBI, RUE DE LA CHARTE.

Cette mosquée, des moins importantes, puisqu'elle ne couvrait qu'une superficie de 36 mètres, était connue sous le nom de Sidi Abd-Errahman etta'lbi, saint des plus célèbres, dont la chapelle, sise hors de la porte du Ruisseau (Bab el-Oued), fait l'objet du chapitre VII du présent travail. Les documents que j'ai pu consulter et dont le plus ancien remonte à l'année 978 (1570-1571), ne font pas connaître si l'éminent marabout a été le fondateur ou simplement l'imam (desservant) du modeste édifice qui a conservé son nom pendant plusieurs siècles, sans le moindre changement. Je dois, d'ailleurs, faire remarquer que dans une impasse, tout près de cette mosquée, existait une vieille maison, démolie depuis peu, qui passait pour avoir été la demeure de Sidi Abd-Errahman etta'lbi.

Le personnel de cette mosquée, dont les revenus étaient peu élevés, se composait de 1 oukil, 1 imam remplissant les fonctions de mouedden et 2 lecteurs du Coran ou bezzabin. Le dernier oukil a été El-Hadj Hossaïn ben Guerouach, dont la famille jouissait de cette charge depuis deux ou trois siècles.

Cet édifice reçut le n° 66, et ensuite le n° 7 de la rue de la Charte. Il fut démoli en 1859 et son emplacement se trouve compris dans le terrain qui sert actuellement de jardin, à l'hôtel de M. le Secrétaire-général du Gouvernement (Rue de la Charte, n° 5).

### § 2. ÉCOLE DITE MECID EL-ROULA.

La maison sise rue de la Charte n° 3, occupée aujourd'hui par les bureaux du Secrétariat-général du Gouvernement, et dans laquelle j'ai travaillé pendant plusieurs années, passe chez les indigènes pour un lieu hanté par les *roul* ou esprits lutins qui se plaisent à effrayer le pauvre monde et à lui jouer les tours les plus malins. Nos chaouchs m'ont raconté fort gravement une foule d'anecdotes plus merveilleuses que véridiques, que je regrette de ne pouvoir reproduire ici, le cadre que je me suis choisi ne me permettant pas un pareil hors-d'œuvre. La réputation de cette maison est ancienne, car dans un acte de 1163 (1749-1750), l'immeuble en question est ainsi désigné : *maison sise près de Sidi Ali el-Fassi* et dite *dar el-Roula* (la maison de l'esprit) (1).

---

(1) Le mot *Roula*, que les arabisants d'Europe écrivent *Ghoula*, s'est francisé sous les formes *Ghol*, *Gole*, *Goul* et surtout *Goule*, qui est employé

Un petit local sis contre cette maison et servant d'école, a eu sa part de la mauvaise renommée de sa voisine, car les documents et la notoriété s'accordent à l'appeler *meciḍ el-Roula* (l'école de l'esprit). Toutefois, je dois faire remarquer que je n'ai pu trouver cette désignation dans les documents, qu'à partir de 1197 (1782-1783).

### CHAPITRE XLI.
##### MOSQUÉE DITE DJAMA KOUCHET BEN ESSEMMAN, RUE DUQUESNE.

Je n'ai trouvé aucun renseignement écrit au sujet de cette petite Mosquée connue sous le nom du quartier : *le four du fils du marchand de beurre fondu*. Cet édifice, qui reçut le n° 35 de la rue Duquesne, resta consacré au culte jusqu'en 1834 et fut affecté, de cette époque jusqu'en 1836, au dépôt des instruments de supplice. Dans le courant du mois de septembre 1836, il fut démoli pour cause de sûreté publique. Son emplacement a été englobé dans la maison qui porte actuellement le n° 26 de la rue Duquesne.

### CHAPITRE XLII.
##### ZAOUIA DE SIDI EL-DJOUDI, RUE DES TROIS-COULEURS.

Cet établissement se composait :
1° De la chapelle de Sidi El-Djoudi, marabout dont la légende nous est inconnue; 2° d'un grand cimetière public; 3° et d'une mosquée de second ordre, sans nom particulier. Les plus anciens renseignements écrits qu'il m'a été possible de trouver remontent à l'année 1081 (1670-1671). Ils n'offrent rien de particulier au point de vue de la topographie de l'ancien Alger.

En 1830, la chapelle reçut le n° 15 et la mosquée le n° 23 de la rue des Trois-Couleurs. Le premier de ces édifices fut aliéné en 1838 et le second en 1840. Leur emplacement se trouve compris dans les maisons portant les n° 1 et 3 de la même rue.

### CHAPITRE XLIII.
##### ZAOUIET YOUB, RUE DES TROIS-COULEURS.

Voici les renseignements écrits que j'ai pu trouver sur cet établissement, composé d'une petite chapelle et d'un cimetière assez

---

fréquemment par les poètes. Il est synonyme, de *Lamie* et *Vampire*, ces spectres qui, d'après une superstition populaire jadis très-répandue, sortaient de leurs tombeaux pour sucer le sang des vivants.

grand et désigné par la notoriété sous le nom de Zaouiet Youb.

1. Maison sise au-dessous de *rahbet el-Kedima* (l'ancienne halle aux grains) et près de la medersa de Sid Ahmed Youb (acte de 1074, soit 1663-1664).

2. Zaouia du cheikh beni Sidi Youb, que Dieu nous soit propice par ses mérites ! (acte de 1082 soit 1671-1672).

3. Zaouia du Cheikh Sidi Ahmed Youb, sise près d'*el Kahwa* (du café) (oukfia).

4. La Zaouia du cheikh, de la bénédiction, Sidi Ali ben Mansour, laquelle est également connue sous le nom de Sid Youb, que Dieu, etc., (acte de 1116, soit 1706-1705).

5. Maison sise au quartier de Zaouiet Youb (acte de 1136, soit 1723-1724).

6. ...... près de la zaouia du saint, du vertueux Sidi Ahmed Youb, que Dieu, etc., (acte de 1189, soit 1775-1776).

7. Zaouia du saint, du vertueux Sidi Ali ben Mansour, laquelle est connue sous le nom de Zaouiet Youb, que Dieu nous soit propice par ses mérites, amen ! Son oukil actuel est Sid Ahmed el-Kezzaz, fils de Sidi Youb, descendant dudit Sid Ali, (acte de 1214, soit 1799-1800).

8. Tombeau du saint, du vertueux Sidi Youb, que Dieu nous soit propice par ses mérites, amen ! Sis dans sa Zaouia, laquelle est proche de Kahwa el-Kebira (le Grand Café) (acte de 1215, soit 1800-1801).

L'administration a considéré cet établissement comme la propriété particulière de la famille Youb, entre les mains de laquelle la charge d'oukil était héréditaire et qui s'est empressée d'aliéner, au profit de divers européens, la Zaouia de ses pères.

Cette Zaouia couvrait un assez vaste emplacement, qui s'étendait de la rue des Trois-Couleurs jusqu'à la Zaouia du cadi, sise rue Bab-el-Oued et impasse du Corbeau. Son entrée a porté le n° 60 de la rue des Trois-Couleurs et a reçu, en 1854, le n° 12 de cette rue.

## CHAPITRE XLIV.

### § 1er Mosquée dite Djama Essoltan, rue des Trois-Couleurs.

Cette petite Mosquée était connue par la notoriété sous les noms de Djama Essoltan, de Djama Aïn Essoltan, et de Djama Kahwa el-Kebira. Au sujet de cette dernière appellation, qui est la plus usitée et qui semble la véritable, il y a lieu de remarquer qu'il existait, en cet endroit, un café désigné sous la dénomination d'*el-Kahwa* (le café), ou d'*el-Kahwa el-Kebira* (le grand café), qui paraît avoir été remarquable, puisqu'il a donné son nom au quartier où il avait été établi.

Voici, d'ailleurs, les seuls renseignements que j'aie pu me procurer dans les documents, au sujet de cet édifice.

1. Mosquée el-Kahwa (du café) (acte de 1088, soit 1677-1678).
2. Mosquée (Mesdjed) sise près et en face du Mecid Ibn Es-soltan (l'école du fils du Sultan), et d'une fontaine qui est là (Oukfia).
3. Mosquée (Mesdjed) sise près d'el-Kahwa el-Kebira, en face, en biaisant, d'une fontaine (Acte de 1235, soit 1819-1820).

Cet édifice, qui formait l'angle des rues Mahon et des Trois-Couleurs, reçut le n° 95 de cette dernière rue. Il fut affecté au bureau des poids publics du 1ᵉʳ janvier au 1ᵉʳ novembre 1837 et aliéné le 31 mai 1838. Son emplacement est englobé dans la maison portant le n° 21 de la rue des Trois-Couleurs.

§ 2ᵉ ÉCOLE DITE MECID EL-KAHWA EL-KEBIRA, RUE MAHON.

En face et à peu de distance de la Mosquée dont je viens de m'occuper, se trouvait une école appelée *Mecid el-Kahwa el-Kebira*, par la notoriété et *Mecid Ibn Essoltan* (مسيد ابن السلطان, l'école du fils du Sultan), par divers documents dont le premier est de 1008 (1599-1600). Ce dernier nom, qui est le plus ancien et, par conséquent, le préférable, reste inexpliqué, bien qu'il soit certainement de nature à piquer la curiosité des étymologistes.

Cette école fut démolie vers 1836 et son emplacement est tombé en entier dans le nouveau tracé de la rue Mahon.

SECTION IIIᵉ. CENTRE.

CHAPITRE XLV.

MOSQUÉE BADESTAN (USUELLEMENT BABESTAN), PLACE MAHON OU DE LA PÊCHERIE.

Ce Mesdjed sans minaret tirait son nom du marché aux esclaves, Badestan, dans lequel il était situé. Les renseignements que j'ai pu recueillir et qui se trouvent ci-après, ne font connaître ni le nom de son fondateur ni la date de sa fondation.

Ils établissent seulement qu'il existait déjà en 1025 de l'hégire.

1. Boutique attenant à la Mosquée (Mesdjed) qui est dans l'intérieur du Badestan (البادستان) et contiguë à un puits qui se trouve là (Acte de 1025, soit 1616-1617).

2. Mosquée située dans l'intérieur du Badestan, près du café (el-Kahwa) (Oukfia).

3.... . boutique contiguë à l'escalier de la Mosquée, sise dans l'intérieur du Badestan, vers la fontaine qui se trouve là ( acte de 1192, soit 1778-1779).

Cette Mosquée n'avait point de dotation. Elle était entretenue par les offrandes des fidèles.

Dès les premiers jours de la conquête, le Badestan fut démoli et avec lui la Mosquée dont je m'occupe. L'emplacement de cet édifice fait partie de la place Mahon ou de la Pêcherie.

## CHAPITRE XLVI

#### MOSQUÉE DITE EL DJAMA EL DJEDID, PLACE MAHON ET RAMPE DE LA PÊCHERIE

I

Quand on arrive à Alger par mer, l'attention se porte tout d'abord sur une mosquée d'aspect monumental, assise sur l'extrême bord du plateau élevé où commencent les bas quartiers de la ville, et dominant le port de son haut minaret et de sa grande et élégante coupole. Placé naguère en dehors de l'enceinte de la darse et complètement dégagé, ce blanc édifice appuyait sa base sur une petite plage, — battue par les flots de la rade, — dont le sable offrait un lit moelleux aux barques des pêcheurs et qui servait de débarcadère à l'une des portes de la ville, appelée Bab-el-Behar (la porte de la mer). Cette plage, que les eaux isolaient du reste de la côte, se trouvait à une quinzaine de mètres en contrebas du plateau, et communiquait avec la ville au moyen d'un étroit couloir voûté, en pente fort rapide, ménagé sous la mosquée même. Cet ancien piédestal, qui constituait une mise en scène des plus pittoresques, a été complètement modifié par l'établissement des nouveaux quais et la construction du boulevart de l'Impératrice, et avec lui a disparu un joli petit paysage maritime qui était le principal charme de la mosquée.

Cet édifice est appelé par les indigènes *El Djama el Djedid*, ou plus habituellement *Djama djedid*, c'est-à-dire la mosquée neuve, et par nous la mosquée de la Pêcherie ou la mosquée de la Place. Il couvre, avec ses dépendances, une superficie de 1371 m. 20. La mosquée proprement dite forme un carré long, orienté du N.-N.-O. au S.-S.-E., et ayant une longueur de 39 m. 50 sur 24 mètres de largeur à l'une de ses extrémités, et de 24 m. 50 à l'autre, non compris l'épaisseur des murs, qui est en moyenne d'un mètre. Une grande partie de la terrasse en maçonnerie qui la recouvre, s'arrondit en plein cintre, représentant une croix latine couchée dans le sens de l'orientation. A propos de cette forme insolite, on raconte la légende suivante. Un esclave chrétien, fort habile dans l'art de construire, fu chargé de diriger les travaux de cette nouvelle mosquée. Soit qu'il subît l'influence des souvenirs de sa patrie, soit qu'il eût l'intention de jouer un mauvais tour aux musulmans, il crut devoir adopter la figure d'une croix pour recouvrir son monument. Mais cette idée lui fut fatale. Le fait ayant été dénoncé au pacha, celui-ci, indigné que le signe odieux des Chrétiens maudits eût été représenté dans un temple mahométan, fit empaler le malencontreux architecte. Les opinions sont partagées au sujet de cette tradition. Quelques personnes des plus autorisées pensent qu'elle est apocryphe et dûe à l'imagination féconde d'un Chrétien plus amoureux du pittoresque que de la vérité. D'autre part, elle m'a été racontée par quelques vieux maures, qui m'ont assuré qu'elle est de source indigène et qu'on ne doit nullement l'attribuer à un roumi quelconque. Toutefois, elle n'est pas généralement répandue. En dehors de toute légende, l'opinion des indigènes auxquels je me suis adressé, et notamment celle du muphti hanéfite, est que l'architecte de *Djama el Djedid* a dû être un chrétien, et qu'on ne lui aurait certainement pas permis de réaliser son plan, s'il eût été compris en temps utile. En effet, s'il est vrai que les musulmans n'ont pas hésité à approprier à leur culte quelques anciennes basiliques, qui offrent le transept caractéristique, il serait pourtant difficile d'admettre que les Algériens aient choisi de leur plein gré la forme cruciale dans l'édification d'un temple auquel il était possible d'adapter toute autre architecture, et qui est resté, en définitive, sans imitations comme il était sans précédents. (1)

---

(1) Nous croyons devoir rappeler ici que l'ancienne église de Sainte Sophie, dont le plan trace une croix, après être devenue la mosquée principale de Constantinople, a été le type *officiel* de construction de toutes

Mais revenons à notre mosquée. Au point d'intersection des branches et de la tige est placée une grande coupole, ovoïde, élancée et élégante, entourée, en contrebas, de quatre dômes de même forme. Cette coupole, posée sur une base carrée dont chaque angle est accusé par un merlon, est percée de quatre fenêtres garanties par un auvent et surmontée d'une flèche composée de trois pommes superposées que termine un croissant. Une garniture de merlons entoure l'édifice. Le minaret, carré et placé à l'angle N.-O. mesurait 29 m. 50 de hauteur, avant les travaux de remblai effectués dans la rue de la Marine, lesquels ont eu pour résultat de le réduire à 25 mètres, non compris le clocheton (1). L'administration française y a installé une horloge à trois cadrans. La plate-forme est bordée de vingt-quatre merlons, et une flèche semblable à celle de la coupole la termine. Dans les fêtes publiques, cette mosquée se prête par ses dispositions architecturales à une illumination qui offre un coup-d'œil fort remarquable.

Bien que cet édifice soit réellement d'un bel effet par son ordonnance et par sa position, on y chercherait en vain des détails artistiques. Sous le rapport de l'ornementation extérieure, il est aussi pauvre que les autres mosquées. C'est de la maçonnerie pure et simple, et rien de plus.

L'intérieur de cette mosquée présente un assez vaste vaisseau, très-élevé, d'une largeur de 9 mètres, traversant l'édifice dans toute sa longueur, — soit 39 m 50, — et arrondi dans sa partie supérieure, attendu qu'il correspond à la tige de la croix, lequel est

---

les autres mosquées de l'empire turc. Or, que la croix soit grecque, c'est-à-dire à branches égales, comme à Sainte-Sophie, ou latine à branches inégales, comme à notre mosquée de la Pécherie, elle demeure le signe caractéristique et bien connu du christianisme. Or, puisque son emploi en architecture ne choquait pas en Turquie, et que bien plus il y était obligatoire, l'indignation que l'on prête aux janissaires d'Alger et le supplice de l'architecte de Djama el Djedid pour le motif indiqué paraissent des effets sans cause suffisamment motivée. Le muphti hanéfite d'aujourd'hui, qui n'a sans doute jamais mis les pieds sur le territoire des Osmanlis, peut très-bien ignorer ces choses, mais les anciens Turcs d'Alger, sous la domination musulmane, devaient nécessairement les savoir.

D'ailleurs, la forme cruciale a dû être évidente dès le creusement des fondations ; et on aurait attendu pour se fâcher que l'édifice fût terminé, c'est-à-dire jusqu'au moment où la forme en question n'était presque plus visible. Cela n'est nullement probable !

(1) Je dois ces mesures à l'obligeance de M. Serpolet, architecte-voyer de la ville d'Alger, et membre de la Société historique Algérienne.

bordé de deux bas côtés formés chacun par quatre gros piliers de 2 mètres sur deux mètres, que des arcades en plein cintre relient dans le sens longitudinal. Les deux nefs latérales offrent la largeur moyenne ci-après : 5 m. 50 celle de gauche, en entrant par la façade N.-N.-O., et 6 mètres celle de droite; elles sont coupées, à mi-distance du sol aux arceaux, par une tribune en bois s'interrompant aux deux arcades longitudinales qui formant, à droite et à gauche, les bras de la croix, sont beaucoup plus élevés que les autres et présentent une ouverture exceptionnelle de 10 mètres. Une galerie en bois fort étroite, règne au-dessus des arcades autres que ces deux dernières, formant saillie sur la nef principale. Malgré sa simplicité, cet ensemble revêt une grandeur adaptée à la destination du lieu. Il a un caractère particulier qui le distingue des autres mosquées d'Alger. Ce n'est ni l'ancien type arabe avec ses nombreux piliers et ses étroites travées, calqué si mesquinement dans la grande mosquée, ni la nef carrée entourée de colonnes, inaugurée dans Sidi-Ali-Bitchnin, en 1622, et reprise plus tard, avec plus de luxe, dans la reconstruction des mosquées *Essida* et *Ketchawa*. Ce plan se rapproche plutôt de celui de nos églises, et, en parcourant ce lieu, dont le calme et la sévère ordonnance portent à la méditation, on se prend malgré soi à ajouter foi à la fameuse légende tant controversée.

Le Mihrab, ou niche de l'Imam, tapissé de carreaux en faïence dans sa partie inférieure et orné de moulures en plâtre, d'un joli dessin, est placé dans la façade S.-S.-E., au milieu de portes-fenêtres donnant sur une galerie à colonnettes en pierres et à arcades ogivales, qui dominait autrefois la plage. Au milieu des arabesques et d'inscriptions d'un caractère purement religieux, on lit l'indication suivante, qui borde l'ogive du Mihrab; et dont les lettres sont moulées en plâtre :

الحمد لله وحده وصلى الله على سيدنا محمد اما بعد رحمكم الله قد اجتهد
في بنيان هذا المسجد عبد الله الراجي عفو مولاه المجاهد في
سبيل الله الحاج حبيب كان الله له

Ce que je traduis ainsi :

« Louange à Dieu, unique. Que Dieu répande ses grâces sur notre seigneur Mohammed. Ensuite : que Dieu vous accorde sa miséricorde! S'est occupé avec zèle et assiduité de la construction de cette mosquée, l'adorateur de Dieu, qui espère l'indulgence de son Maître, et qui se consacre à la guerre sainte pour l'amour de Dieu, El-Hadj Habib, que Dieu lui soit en aide ! »

A gauche du Mihrab et formant une ligne horizontale qui de l'autre côté a pour pendant une bande d'arabesques également blanches, se trouve le renseignement ci-après, qui n'est en définitive que la répétition du précédent :

الحمد لله وحده من يتعرف بسبب طلوع المسجد وكيله الحاج حبيب وتهامه

« Louange à Dieu, unique. Celui qui s'informera à qui sont dûs l'apparition de cette mosquée et son achèvement (apprendra que c'est à) son Oukil (administrateur, gérant, directeur) El-Hadj Habib. »

Il résulte des deux inscriptions que je viens de donner qu'El-Hadj Habib eut la direction des travaux de cette mosquée. Mais il ne s'en suit pas, — et c'est là l'opinion des indigènes que j'ai consultés — qu'il était l'architecte, le maître maçon, pour mieux dire, chargé d'arrêter le plan de l'édifice et de veiller à sa mise à exécution par les ouvriers. D'ailleurs, les documents dont on trouvera des extraits un peu plus loin établissent qu'il y eut, à différentes dates, d'autres directeurs des travaux. El-Hadj Habib eut donc, sans doute, la chance d'arriver le dernier, de manière à pouvoir faire inscrire son nom dans des décorations qui étaient évidemment exécutées bien longtemps après l'entier achèvement du gros-œuvre.

Djama Djedid était percée de quatre portes. La première, s'ouvrant dans la façade O.-S.O. a été supprimée par nous. La seconde, donnant également sur la rampe de la Pêcherie, a été récemment reportée un peu plus au Sud par suite des travaux de raccordement du boulevard de l'Impératrice. Elle a un encadrement en marbre blanc, dans le haut duquel on remarque une place vide, réservée sans aucun doute, pour une inscription qui n'a jamais été faite ou qui a disparu. Plus bas, on y lit ce passage du *Borda* (البردة), poëme religieux composé en l'honneur du Prophète :

بشرى لنا معشر الاسلام ان لنا من العناية ركنا غير منهدم *
لما دعا الله داعينا لطاعته باكرم الرسل كنا اكرم الامم

« Une bonne nouvelle pour nous, ô, communion de l'Islam : nous avons en la sollicitude (du Prophète), un appui indestructible. — Dieu ayant appelé *le plus noble des prophètes,* celui qui nous convie à recevoir ses lois, nous sommes devenus la plus noble des nations. »

Sur la clé de voûte est gravée le profession de foi Mahométane :

لا الـه الا الله محمد رسول ألله الصادق الامين صلى الله عليـه
وسلم تسليما

« Il n'y a de dieu que Dieu, Mohammed est l'envoyé de Dieu; il est sincère et digne de confiance; que Dieu répande ses grâces sur lui et lui accorde le salut ! »

Enfin, sur la menuiserie intérieure de cette même porte, on remarque l'inscription suivante sculptée en relief dans la partie supérieure de la plate-bande :

بـسم الله الرحمن الرحيم وصلى الله على سيدنا ومولانا محمد وعلى
الـه وصحبه وسلم تسليما كثيرا الى يوم الدين ولا حول ولا قوة
الا بالله العلي العظيم كتبه احمد بن على

« Au nom de Dieu clément et miséricordieux. Que Dieu répande ses grâces sur notre seigneur et notre maître Mohammed, ainsi que sur sa famille et sur ses compagnons, et qu'il leur accorde abondamment le salut jusqu'au jour de la Rétribution. Il n'y a de force ni de puissance si ce n'est en Dieu, l'Élevé, l'Incommensurable. Écrit par Ahmed ben Ali. »

La troisième porte, percée dans la façade N.-N.-O. et donnant actuellement sur la place de la Pêcherie, a été reconstruite par suite d'un exhaussement considérable apporté au niveau de ce quartier.

A l'occasion de ces travaux, une corniche en marbre de 2 m. 55 c., sur 0 m. 50 c. de hauteur, qui la surmontait, fut enlevée et resta déposée pendant longtemps dans la rue de l'Arc. En janvier 1846, la direction de l'intérieur en fit la remise au Musée, mais un fanatique nommé Hadj Djelloul, maître d'école, avait martelé, quelques jours auparavant, une partie de l'inscription en caractères creux, jadis remplis de plomb, qui recouvre cette corniche, voulant sans doute, soustraire à la profanation qu'allaient commettre les chrétiens, le nom de Dieu et les autres paroles sacrées qui s'y trouvaient. Voici le texte de cette inscription qui est en Turc et en Arabe, et qui porte le n° 17 du catalogue du Musée.

*1re ligne.*

سايهُ پروردكار.... عصر جهيلنده جون اولدى بناى جامع
تكرى نظرا يلسون عسكر منصوريه جزميه بيك افريذ كه ايلدى
تار... قد انتشاجامع للاتقيا فى زمان السلطان

*2e ligne.*

...... منبع لطف وكرم صاحب سيف ورماح قيلنه بش وقت
صلاة بولنه هركز فلاح كه ايلدلر جد وجهد ايله شام وصباح
معبد اصل اتقيا مجمع اهل صلاح خلد... خلافته ما دام الدوران

*3e ligne.*

وضعت هنا ..................... رف زمان ...... الخيرات

*4e ligne.*

ما صاح طير على الاغصان مبتدرا والمسلمين على طول المدا زمرا
والال والصحب والانصار اسدسرا والتابعين لهم فى ساير لام وبعد
فحمدا لله ختملوا اولان مديد وماشا

Je traduis ainsi les portions intactes de cette inscription, dont M. Mohammed ben Otsmau Khodja a reproduit en arabe les passages turcs.

« (1<sup>re</sup> ligne). — Par la grâce de Dieu, qu'il soit exalté !...... Pendant sa belle époque a eu lieu la construction de la mosquée. Que Dieu arrête ses regards sur les soldats victorieux et donne à chacun d'eux mille récompenses (1). Sa date (est renfermée

---

(1) On se rappelle que cette mosquée a été bâtie par l'ordre de la milice.

dans les mots suivants) : *Une mosquée a été élevée pour la piété* (1), *sous le règne du sultan........ (2ᵉ ligne)*. — *Source de bonté et de noblesse, armé du glaive et de la lance. Quiconque y accomplira la prière aux cinq moments* (2), *fera partie des gens auxquels le salut est réservé, car ils y ont travaillé avec zèle et activité soir et matin. C'est un temple, base de la dévotion, lieu de réunion des gens vertueux. Que Dieu perpétue son vicariat... ............ ......; tant que durera la rotation ......... (3ᵉ ligne).* — *Elle (cette inscription ?) a été posée ici ........ (4ᵉ ligne).* — *Tant qu'un oiseau chantera avec empressement sur les branches, et que les musulmans formeront des catégories distinctes, pendant la durée du temps, ainsi que la famille, les compagnons, les pieux* Ansar (3), *et leurs sectateurs dans toutes les nations. Et ensuite : Dieu soit loué, que son achèvement ait eu lieu comme il l'a désiré et voulu.* »

Dans la menuiserie intérieure, l'inscription suivante, formant une seule ligne sculptée, se détache en jaune sur un fond rouge :

ابشر بها ترتجى من خير مولاك ٭ يا دخيل المسجد الله يرعاك
٭ كل يد مسكتنى سلمت من كلى آفة ٭ كل عين نظرتنى
ضوءها دايم مُعافـة ٭ السرور والافراح فى المسا والصباح ٭ كتبه
احمد بن على

« Je t'apprendrai la bonne nouvelle (de l'obtention) de ce que tu espères des bienfaits de ton Maître .·. O toi qui entres dans la mosquée, que Dieu te soit bienveillant. .·. La main qui me saisit est délivrée de tout malheur. .·. L'œil qui me regarde conserve sa clarté toujours intacte. .·. La joie et la réjouissance au soir et au matin ! Ecrit par Ahmed ben Ali. »

La quatrième porte, faisant communiquer la façade N.-N.-E.

---

(1) Il m'est impossible de résoudre ce chronogramme, d'après les règles ordinaires, car l'addition des lettres renfermées dans les mots indiqués me donne 1542, ce qui est un résultat inadmissible.

(2) Il s'agit des moments fixés pour les prières obligatoires.

(3) Les *Ansar* ou aides, c'est-à-dire les hommes de Médine qui ont prêté leur appui à Mohammed, lorsqu'il quitta la Mecque, et l'ont ensuite aidé dans toutes ses entreprises.

avec la rue de l'Arc, n'a subi aucune modification. Elle n'offre aucune particularité à signaler. En entrant par la porte de la place de la Pêcherie, on trouve à droite un jet d'eau qui sert aux purifications. Les latrines se trouvaient en dehors de l'enceinte de la mosquée et contre la façade O.-S.-O., sur la rampe de la Pêcherie ; elle ont été démolies peu d'années après la conquête.

## II

Les documents que j'ai compulsés établissent trois points importants : 1° la mosquée Djama el Djedid a été bâtie vers 1070 (1660 de J -C.); 2° cette construction a été effectuée par les ordres de la milice d'Alger et avec les fonds du Sboulkheirat, institution hanéfite qui recueillait et administrait toutes les offrandes, toutes les donations faites au profit des établissements consacrés à cette secte. C'est un des rares exemples de l'érection d'une mosquée due à une action collective, les autres édifices du culte étant, en général, l'œuvre de l'initiative des particuliers ; 3° cette mosquée a englobé l'emplacement d'une Medersa appelée *Mderset Bou'Anan* et aussi *Mederset el'Ananïa*, fait à noter dans l'intérêt de la topographie du vieil Alger.

Voici, d'ailleurs, les renseignements que j'ai recueillis.

I.... Marché (Souk) nouveau appelé Badestan, situé dans le voisinage de la medersa du maître Bou'Anan (مدرسة المولى بوعنان) (acte de 991, soit 1583-1584).

II. Le caïd Otsman ben Moussa, directeur du Beit-el-Maï, vend à Hassan le barbier, fils d'Abdallah, une portion d'air (espace, droit de surbâtir) de cinq coudées de longueur et de cinq empans de largeur, au-dessus de la porte de la mer (Bab-el-Behar), près de la Medersa de Moulai Bou'Anan (acte de 995, soit 1586-1587.)

III. Le caïd Mohammed el'Addad ben Abdallah (probablement un renégat) déclare qu'il fait l'abandon de la zendana (cave) dont il est propriétaire, sise au marché aux poissons, près de Bab-el-Behar (porte de la mer), l'une des portes de la ville d'Alger; et cela à titre d'aumône au profit des musulmans, afin que cet immeuble soit englobé dans la construction de la mosquée qu'on a l'intention de bâtir dans la *medersa el Anan'ya* (المدرسة العنانية), qui est contiguë au café (*el Kahwah*), dans l'intérieur d'Alger la bien gardée. (Acte du milieu de Safar 1067, soit du 29 novembre au 8 décembre 1656.)

IV. Le janissaire Mohammed fait une donation au profit de la mosquée neuve (الجامع الجديد) qui est dans la medersa de Moulaï Bou Anan. (Acte du commencement de Chaban 1069, soit du 24 avril au 3 mai 1659.)

V. El Hadj Hassan aga, fonde un habous au profit de la mosquée à la construction de laquelle on travaille actuellement dans la medersa el Anan'ya, sous la surveillance d'El Hadj Bakir aga ben el Hadj Ibrahim. (Acte du commencement de Redjeb 1070, soit du 13 au 22 mars 1660.)

VI. Louange à Dieu! après que les deux honorables (individus) qui sont : El Hadj Bakir aga ben el Hadj Ibrahim et Kali Mohammed aga ben Birem, chargés de diriger la construction de la nouvelle mosquée (el Djama el Djedid) placée sur l'emplacement de medreset el Anan'ya, dans l'intérieur de la (ville) bien gardée d'Alger, la protégée, par l'ordre des troupes de la dite ville (que Dieu leur donne la victoire!) eurent élevé une réclamation pour le compte de la dite mosquée, en vertu des pouvoirs qui leur ont été confiés par qui il a été dit, prétendant avoir appris que le théologien et très-noble Sid Ahmed ben Yahya s'étant emparé de la moitié d'une boutique faisant partie de la dotation du Shoulkheirat et sise à, etc. en avait disposé par donation en faveur de la fille de son fils, *Assia*, antérieurement à ce jour, ainsi qu'il résulte d'un acte authentique établi à cet effet.

Ils formèrent le projet de retirer cette moitié de boutique d'entre ses mains et de la joindre à l'autre moitié, afin que la totalité de cet immeuble continuât comme par le passé à faire partie des habous du Shoulkheirat et que les produits de ladite boutique puissent être consacrés de même que les revenus des autres propriétés du Shoulkheirat, à payer les dépenses occasionnées par la construction de la mosquée susmentionnée, attendu que telle est l'affectation donnée à ces revenus par les ordres des troupes précitées. Ils résolurent également de demander des comptes, etc.

Le Sid Ahmed, susnommé, répondit qu'il n'avait disposé par donation que de la jouissance de la dite moitié d'immeuble, au profit de sa petite-fille susnommée, qu'il avait joui antérieurement de cette fraction de boutique en vertu d'un rescrit royal qui lui en accordait l'usufruit à titre d'aumône, mais qu'il n'élevait aucun droit à la propriété, et que cela était, en effet, l'un des habous du Shoulkheirat.

Les parties adverses prolongèrent ainsi leurs discussions jusqu'au moment où ils fournirent leur affaire au Medjelès siégeant dans la grande mosquée, etc., etc. (*Note du traducteur*). Le Medjelès annule la donation faite par Sid Ahmed et ordonne que la moitié de boutique en litige sera remise à la disposition du Sboulkheirat et que Sid Ahmed aura à régler, relativement à la jouissance écoulée, avec les deux individus préposés à la construction de la mosquée). (Acte du Medjelès portant la date du commencement de Moharrem 1073, soit du 16 au 25 août 1662.)

VII. El Hadj Mohammed aga ben Ali, le turc, fonde un habous au profit de celui qui lira le Coran sublime sur l'estrade, dans la mosquée qui est bâtie dans la Mederset el Ananiya. (Acte du commencement de Ramdam 1074, soit du 28 mars au 6 avril 1664.)

VIII.... la mosquée neuve (el Djama el Djedid), sise au-dessus de la porte de la mer. (Acte de 1089, soit 1678-1679.)

IX... la mosquée neuve connue d'après son emplacement sous le nom de Zaouiet Moulaï Bou 'Anan. (Acte de 1110, soit 1698-1699)

A partir de cette dernière époque, le souvenir de la Zaouia de Bou 'Anan s'effaça graduellement et le nom de *Djama el Djedid*, la mosquée neuve, adopté exclusivement par les documents et par la notoriété, est seul connu de la génération contemporaine. Le nom de mosquée de la Pêcherie, employé par nous, est dû, d'une part, à ce que la petite plage dont j'ai parlé était le quartier général des pêcheurs, et d'autre part, à ce que le marché au poisson (Souk el-Hout) se trouvait à mi-côte, près de la façade O.-S.-O. de cet édifice.

### III.

La mosquée Djama el-Djedid est la grande mosquée des Hanefites. Le Muphti de cette secte y tient ses séances et y rend ses décisions juridiques. Cet édifice avait un personnel nombreux. Sa dotation était administrée par le Sboulkheirat. Depuis 1830, il a continué sans interruption à être affecté au culte musulman.

Ainsi que je l'ai fait pour les muphtis malékites, à propos de la grande mosquée, je vais donner, en employant les mêmes sources de renseignements et le même système, un essai de chronologie des muphtis du rite hanéfite.

1. Mohammed ben Youssef, (mention unique relevée dans un acte du commencement de hidja 1022, soit du 12 au 21 janvier 1614)

2. Mahmoud ben Hossaïn. Première mention en fin Djoumada

2° 1039, (soit du 24 mai au 1" juin 1620) ; deuxième mention au milieu de chaban 1033.

3. **Mustapha ben Mohammed.** Mention unique en fin djoumada 1" 1037 (du 28 janvier au 6 février 1628)

4. **Mohammed ben Ramdan.** 1° Commencement de redjeb 1045, (du 11 au 20 décembre 1635); 2° milieu de moharrem 1066 (du 10 au 19 novembre 1655). Ce muphti a signé après le muphti maléki, dans un acte daté de la fin de chaban 1056, (du 2 au 10 octobre 1646).

5. **Hossaïn ben Mustapha ben Ramdan.** 1° Milieu de djoumada 1" 1069, (du 4 au 13 février 1659). 2° Commencement de redjeb 1089, (du 19 au 28 août 1678).

*Extrait du manuscrit du fils du Muphti hanéfite Hossaïn ben Redjeb, (déjà cité au chapitre XX).*

Parmi les muphtis dont nous avons eu connaissance et dont nous avons vu l'écriture, en fait de turcs, d'abord, et plus tard, de couloughis, se trouve en premier lieu le savant et très-docte muphti de l'Islam, Sidi Mohammed ben Karaman, qui fut le collègue de ben Amar ben Daoud, en 1017 (1608-1609), et qui décéda en hidja 1036, (du 13 août au 11 septembre 1627). Après lui fut nommé son frère Mahmoud ben Hossaïn Karaman deuxième, qui occupa cet emploi à plusieurs reprises. Il alternait dans ces fonctions avec le savant et très-docte muphti de l'Islam Sidi Mohammed ben Sidi Ramdan ben Youssef el'Oldj (esclave chrétien converti à l'Islamisme) ; c'était une fois l'un et une fois l'autre ; ensuite Sidi Mohammed ben Ramdan se retira définitivement et abandonna cet emploi au fils de Karaman. Le deuxième Karaman décéda étant muphti, le samedi, 4 hidja 1066, (23 septembre 1656), au moment du dohor (1 heure de relevée.) Après ben Karaman, fut nommé muphti à Alger quelqu'un dont je n'ai pu savoir le nom ; Si Dieu permet que je l'apprenne, je l'ajouterai. Ensuite fut nommé Hossaïn Effendi, qui était khelib (prédicateur) à Djama Essida. Lorsqu'il mourut, que Dieu lui fasse miséricorde ! il fut remplacé par Mouslim Effendi. Hossaïn Effendi occupa les fonctions de muphti pendant vingt-quatre années, environ.

6. **Mouslim ben Ali.** 1° Commencement de djoumada 1" 1090, (du 10 au 19 juin 1679). 2° Commencement de safar 1094, (du 30 janvier au 8 février 1683).

*Extrait du manuscrit déjà cité.*

Quant à Mouslim Effendi ben Ali, qui fut nommé après Hossaïn Effendi, il était venu à Alger en qualité de cadi temporaire, amenant avec lui son fils, Sidi Mohammed.

(*Note du traducteur*. Dans les premiers temps de la domination ottomane, le cadi de la secte hanéfite, à laquelle appartenait la milice, était envoyé de Constantinople et restait en fonctions pendant deux années, au bout desquelles il cédait la place à un nouveau venu, désigné pour le remplacer).

Lorsqu'il eut terminé son temps de service, il se fixa à Alger, s'y maria et entra dans le corps des khodja, ainsi que son fils ; celui-ci fut employé au Sboulkheirat et lui à la Douane. Ensuite, il fut nommé prédicateur (Khétib) de la mosquée de Safir Pacha, sise dans la haute ville. Le premier qui fit le prône dans la mosquée neuve (El Djama el-Djedid) de la porte de la mer, après l'achèvement de sa construction, fut Karabach Effendi, savant venu de Turquie ; il devint le chef d'un parti considérable, et c'est là un fait que détestent les gouvernants ; il fut donc exilé, et Mouslim Effendi quitta la mosquée de Safir Pacha pour descendre à la mosquée neuve. Lorsque Hossaïn Effendi fut décédé et que Mouslim l'eut remplacé comme muphti, il resta à El Djama el-Djedid, et, à partir de ce moment, fut établie cette règle que quiconque devient muphti est le khetib, (prédicateur) de cette mosquée.

7. Mohammed ben Mouslim. 1° Commencement de safar 1095, (du 19 au 28 janvier 1684). 2° Commencement de djoumada 1" 1101, (du 10 au 19 février 1690).

8. Mohammed ben Hossaïn. Mention unique au commencement de redjeb 1101, (du 10 au 19 avril 1690).

9. Mohammed ben Mouslim (voir n° 7). 1° Fin de hidja 1101, (du 25 septembre au 4 octobre 1690). 2° Fin de rebi 2° 1102, (du 22 au 30 janvier 1691).

*Extrait du manuscrit déjà cité.*

« A la mort de Mouslim Effendi, son fils, Sidi Mohammed Khodja fut nommé, » en remplacement de son père, muphti et khetib. Il était urbain et distingué ; il releva ses fonctions et commença à leur attirer de la considération en restant chez lui, au contraire de son père qui se tenait toujours au café, à l'exemple de ses prédécesseurs. Quand El-Hadj Chaban fut promu doulateli, il le destitua. Son temps d'exercice et celui de son père Mouslim, n'atteignent pas le nombre de huit années. »

10. Hossaïn ben Redjeb. 1° Commencement de djoumada 1er 1102, (du 31 janvier au 9 février 1691). 2° milieu de moharrem 1112, (du 28 juin au 7 juillet 1700).

« Après lui, fut nommé mon père Hossaïn ben Redjeb, chaouch. Il augmenta la considération et la puissance de cet emploi. Il était aimé par les gouvernants et avait beaucoup d'influence et de crédit. Il se dévouait à faire réussir ceux qui s'adressaient à lui sans jamais se préoccuper de ses propres intérêts. Il avait coutume de me dire : Sois la tête d'une sardine et ne sois pas la queue d'un thon. (Il vaut mieux être le premier dans un village que le second dans Rome? *Note du trad.*) Il me disait aussi : Resserre ton ventre, ta tête en grossira. Il fut le premier coulougli appelé aux fonctions de muphti. Lorsque mon père reçut sa nomination, il était âgé d'environ trente ans ; il occupa cet emploi pendant douze années et fut révoqué par le doulateli Ahtchi Mustapha. »

11. Mohammed ben Mustapha dit Ben el-Masti. 1° Commencement de rebi 2° 1112, (du 15 au 24 septembre 1706). 2° Commencement de redjeb 1118, (du 9 au 18 octobre 1706).

« A sa place fut nommé El-Hadj Mohammed Enniyar, homme ignorant, vénal et peu religieux. Il fut le premier qui abaissa la science et les savants dans les réceptions du tyran Ahtchi Mustapha ; celui-ci manifesta son orgueil en se revêtant d'or. Je l'ai vu, un vendredi, venir faire la prière à la mosquée d'Ali Bitchnin ; j'ai constaté que son esclave, placé près de lui, l'aidait dans ses mouvements pour s'agenouiller, se prosterner et se relever dans les oraisons surérogatoires. Les princes qui l'ont précédé se levaient, lorsque les ulémas se présentaient devant eux, allaient au devant d'eux et baisaient la main aux savants et aux gens vertueux. Étant allé assister à une réunion extraordinaire du Divan pour la réception d'un envoyé du Sultan victorieux, j'ai pu voir, de mes propres yeux, le doulateli Kara Borli Hossaïn chaouch, baiser la main de mon père, celle de Sidi Ahmed ben Sidi Saïd (le mupliti Malékite), celle du cadi Ben El-Hanafi, et celle du cadi Malékite Sidi Mohammed ben El-Koudjili. Mais l'indévot Enniyar s'inclinait sur la main de Ahtchi Mustapha et l'embrassait à plusieurs reprises ; ses compagnons l'imitaient et cela passa en usage. Il a cessé de se lever, si ce n'est pour le muphti hanéfite, pour lequel il se met debout, en lui tendant la main. S'il est assis et que le muphti malékite et les cadis, entrent, il ne se lève pas pour eux et ne fait même aucun mouvement. Que Dieu abaisse celui qui abaisse la science et les gens de science! Cet ignorant resta en exercice pendant cinq ans et cinq mois et fut révoqué par le doulateli Hossaïn Khodja chérif. La foule assaillit Enniyar, après sa destitution, pour se faire restituer les cadeaux qu'il avait exigés des plaideurs pendant qu'il était muphti. Un homme noble n'aurait pas survécu à cela. Mais lui se distinguait par l'obscénité, le métier d'entremetteur, l'absence de dignité et les vols. Sa cupidité s'étendait jusqu'au mendiant et il commettait des escroqueries au préjudice des marchands. En quel lieu que vous l'aperceviez, observez-le : vous verrez qu'il prépare quelque tromperie. Il a été dévoilé bien souvent, mais il n'en a nul souci et continue ses méfaits. Il recommence et puis recommence. Il était grand et redoutable. Il parlait avec facilité comme s'il eût longuement étudié l'éloquence, tandis qu'il n'avait jamais étudié ni cette science ni aucune autre. Si vous le consultez sur une question scientifique, il est toujours de votre avis et vous approuve en vous disant : *oui*, ou *très-bien*, ou *que Dieu vous bénisse !* Telles sont ses expressions. Pendant son temps d'exercice il a fait de nombreuses réponses juridiques, en s'appuyant sur des auteurs modernes qu'il n'avait jamais lus. Les ulémas de son temps n'avaient aucune considération pour lui. » (*Extrait du manuscrit déjà cité.*)

12. Hossaïn ben Mohammed. 1° fin de hidja 1118 (du 26 mars au 3 avril 1707), 2° commencement de moharrem 1122 (du 2 au 11 mars 1710).

13. Mohammed ben Mustapha (dit ben el Masti). 1° Commencement de rebi 1er 1122 (du 30 avril au 9 mai 1710), 2° fin djoumada 1er 1122 (du 18 au 27 juillet 1710).

14. Hossaïn ben Mohammed. Mention unique du commencement de chaban 1122 (du 25 septembre au 4 octobre 1710).

15. Mohammed ben Mustapha (dit Ben el Masti). 1° Commencement de Kada 1122 (du 23 au 31 décembre 1710), 2° milieu de redjeb 1124 (du 14 au 23 août 1712),

16. Hossaïn ben Mohammed. 1° Commencement de rebi 2° 1125 (du 28 mars au 6 avril 1713), 2° milieu de ramdam 1127 (du 10 au 19 septembre 1715).

17. Mohammed ben Mustapha (dit ben el Masti). 1° Commencement de djoumada 1er 1128 (du 23 avril au 2 mai 1716); 2° fin hidja 1135 (du 22 au 30 septembre 1723). Un acte en date du commencement de moharrem 1138 (du 9 au 18 septembre 1725) mentionne que le Beit-el-Mal recueille la succession de Mohammed ben Mustapha, dit Ben El Masti, ex-muphti hanéfite « dont la mort a eu lieu « par les décrets divins *et la décision du Divan.* »

18. El Hadj Ali ben Mosli. 1° Fin de hidja 1136 (du 10 au 19 septembre 1724); 2° commencement de chaban 1147 (du 27 décembre 1734 au 5 janvier 1735).

19. Hossaïn ben Mohammed el Annabi. 1° Milieu de rebi 2° 1148 (du 31 août au 9 septembre 1735); 2° commencement de rebi 2° 1150 (du 8 au 17 août 1737).

20. Mohammed ben Mohammed, connu sous le nom de Ben Ali. 1° Commencement de chaban 1150 (du 24 novembre au 3 décembre 1737), 2° commencement de hidja 1166 (du 29 septembre au 8 octobre 1753).

*Dernier extrait du manuscrit déjà cité.*

« Il nomma à sa place le disciple de mon père, Sidi Mohammed ben el Mastétchi lequel, fort jeune puisqu'il n'atteignait pas encore trente ans, était savant et distingué. Il resta muphti pendant une année et quatre mois moins quelques jours, du temps du Doulateli Hossaïn Khodja. Après sa révocation, Sidi Hossaïn ben el Annabi fut nommé à sa place, sous le doulateli Baktache Khodja, et exerça pendant trois ans moins quelques jours. Il fut révoqué et remplacé par El Hadj Mohammed Enniyar, nommé pour la seconde fois par le doulateli Dali Ibrahim; celui-ci, après quatre mois et vingt jours, le destitua et le remplaça par Hossaïn Khodja ettobal (le boiteux). Ce muphti resta en fonctions pendant sept jours avec Dali Ibrahim et pendant les huit premiers jours du règne d'Ouzoun Ali Chaouch, le pacha; puis il fut révoqué et remplacé par Sidi Hossaïn el Annabi, nommé pour la seconde fois. Au bout de deux mois, ce dernier fut également révoqué et Sidi Mohammed ben el Mastchi nommé pour la seconde fois; après deux années, il fut révoqué, et Sidi Hossaïn ben el Annabi nommé pour la troisième fois. Après vingt mois, il fut révoqué et Sidi Mohammed ben el Mastchi nommé pour la troisième fois. Ce dernier resta en exercice pendant dix années et fut révoqué par Mohammed pacha. Fut nommé à sa place El Hadj Ali Teurkman qui resta muphti jusqu'au jour du règne d'Ibrahim pacha ; il fut révoqué au bout de douze années moins trois mois, après la prière du vendredi, 5 kada 1147 (27 mars 1735). Sidi Hossaïn ben el Annabi fut nommé pour la quatrième fois et mourut le mercredi 21 djoumada 2° 1150 (16 octobre 1737), après être resté en exercice, cette dernière fois, trois années et trois mois. Sidi Mohammed ben Ali ben Sidi el Mehdi ben Sidi Ramdan ben Youssef el Oldj (esclave chrétien converti à l'islamisme) a été nommé, en remplacement du défunt, muphti, prédicateur et professeur à la mosquée neuve (Djama el Djedid), que Dieu prolonge la durée de son exercice et soit utile aux musulmans par son intermédiaire. Il est en fonctions depuis plus de six années. Voilà tout ce qui concerne les muphtis, d'entre messieurs les hanéfites nommés à Alger. »

21. Hossaïn ben Mustapha. Mention unique du commencement de safar 1169 (du 6 au 15 novembre 1755).

22. Hassaïn ben Fodli. 1° Milieu de redjeb 1170 (du 1" au 10 avril 1757), 2° fin de safar 1171 (du 4 au 12 novembre 1757).

23. Mohammed ben Mustapha el Ouani. 1° Fin de djoumada 1" 1171 (du 30 janvier au 9 février 1758), 2° commencement de djoumada 1" 1177 (du 7 au 16 novembre 1763.

24. Hassan ben Ahmed Ettefahi. 1° Milieu de chaban 1177 (du 14 au 23 février 1764), 2° fin kada 1179 (du 1" au 10 mai 1766).

25. Mustapha ben Abdallah. Commencement rebi 2° 1180 (du 6 au 19 septembre 1766).

26. Mohammed ben Mustapha. Commencement de djoumada 2° 1180 (du 4 au 13 novembre 1766).

27. El Hadj Mustapha ben Abdallah. 1° Commencement de kada 1180 (du 31 mars au 9 avril 1767), 2° milieu de moharem 1191 (du 19 au 28 février 1777).

28. Hassan ben Ahmed. 1° Fin de redjeb 1191 (du 25 août au 3 septembre 1777), 2° milieu de redjeb 1200 (du 13 au 22 mai 1786).

29. Mohammed ben Ismael. 1° Commencement de chaban 1200 (du 2 au 10 juin 1786), 2° commencement de redjeb 1203 (du 28 mars au 6 avril 1789).

30. Mohammed ben Abderrahman. 1° Fin rebi 1" 1204 (du 9 au 18 décembre 1790), 2° commencement de moharem 1224 (du 16 au 25 février 1809.

31. Ahmed ben Ibrahim. Milieu de moharrem 1224 (du 26 février au 7 mars 1809).

32. Mohammed ben Abderrahman ben Hossaïn. 1° Fin de mohar

rem 1224 (du 8 au 17 mars 1809), fin de kada 1225 (du 18 au 27 décembre 1810).

33. Ahmed ben Ibrahim ben Ahmed. 1° Fin de redjeb 1226 (du 11 au 20 août 1811), 2° fin safar 1232 (du 10 au 18 janvier 1817).

34. Mohammed ben Abderrahman ben Racil. 1° Milieu de hidja 1232 (du 23 octobre au 1" novembre 1817), 2° milieu de safar 1233 (du 21 au 30 décembre 1817).

35. Ahmed ben Hossaïn. 1° Fin rebi 1" 1233 (du 29 janvier au 7 février 1818), 2° fin de djoumada 2° 1233 (du 28 avril au 6 mai 1818.)

36. Mohammed ben Mahmoud ben Mohammed ben Hossaïn el Annabi. 1° Fin de moharrem 1234 (du 20 au 29 novembre 1818), 2° fin de djoumada 2° 1235 (du 5 au 13 avril 1820).

37. Ahmed ben Ibrahim ben Ahmed. 1° Milieu de chaban 1235 (du 2 au 11 juin 1820), 2° fin de moharrem 1241 (du 5 au 14 septembre 1825.

38. Mohammed ben Abderrahman ben Racil. 1° Commencement de rebi, 2° 1241 (du 13 au 22 novembre 1825), 2° fin de kada 1242 (du 16 au 25 juin 1825).

39 et dernier. El Hadj Ahmed ben el Hadj Omar ben Mustapha. 1" mention au commencement de rebi 2° 1243 (du 22 au 31 octobre 1827). Ce muphti était en fonctions lors de la prise d'Alger.

## CHAPITRE XLVII.

### § 1" MOSQUÉE ERRABTA, OU MERABTA EZ-ZERZOURA, RAMPE DE LA PÊCHERIE.

Les documents et la tradition désignaient cette petite mosquée sous le nom de Mesdjed Errabta (de l'ascète, de la femme qui s'est vouée à la vie éternelle, qui a renoncé aux choses de ce monde) et aussi sous celui de Mesdjed el-Merabta (de la maraboute, de la sainte) Ez-Zerzoura. On ne peut avoir de renseignements plus précis. Il est impossible de savoir si cette pieuse femme a fait construire l'édifice ou y a été inhumée, postérieurement à la construction. Nous sommes donc forcé de nous en tenir aux renseignements ci-après, que j'ai recueillis dans des documents.

I. Magasin sis dans le marché des marchands de poissons (Souk el-Houatin), dans la ville d'Alger, et contigu à la mosquée d'Errabta (مسجد الرابطة): (Acte de 1034, soit 1624-1625)

II. Mesdjed Errabta, proche de la porte de la mer (Bab el-Behar), dans l'intérieur d'Alger la bien gardée (Oukfla).

III. Boutique proche de la porte de la mer et près du tombeau de la sainte et vertueuse dame Zerzoura (Acte de 1189, soit 1775-1776).

IV. Local sis à Souk Bab-el-Behar (le marché de la porte de la mer), le second à gauche en entrant dans le tombeau de dame Zerzoura (السيدة زرزورة) (Acte de 1192, soit 1778-1779).

V. Mesdjed Errabta, voisine de la porte de la mer (Acte de 1193, soit 1779).

VI. Boutique sise près de Bab-el-Behar, l'une des portes d'Alger, et proche du tombeau de notre sainte et vertueuse dame (سيدتنا) Zerzoura, que Dieu nous soit propice par ses mérites ! (Acte de 1203, soit 1788-1789)

VII. Mosquée connue sous le nom de Mesdjed Errabta (Acte de 1228, soit 1813-1814).

VIII. Mosquée connue sous le nom de Mesdjed el-Merabta, sise près de la porte de la mer et dont est imam le Sid Ettayeb Khodja, oukil du Bey de Tittery, ben el-Hadj Mohammed, dit ben El-Hassan Cherif (Acte de 1234, soit 1818-1819).

Cette mosquée était sise à une quinzaine de mètres de la façade O.-S.-O. de Djama-Djedid, à peu près en face de l'entrée du couloir voûté établi sous ce dernier édifice, où il formait un coude, et conduisant à la porte de la mer. Elle a été démolie en 1832 pour cause d'utilité publique. Sa dotation était fort modeste.

§ 2° MOSQUÉE DES PÊCHEURS, SUR LA PLAGE DE LA PÊCHERIE.

J'ai déjà eu l'occasion de rappeler que les pêcheurs hâlaient leurs bateaux sur la petite plage où s'ouvrait la porte de la mer, et s'étaient établis dans cette partie extérieure de la ville. Un petit local adossé à la mosquée Djama-Djedid, en dehors de la ville, leur servait d'oratoire ; il était connu sous le nom de Mesdjed el-Houatin (des pêcheurs).

Au sujet de cette petite mosquée j'ai relevé le passage suivant dans la traduction d'un acte passé devant le cadi en 1838 :

« La corporation des pêcheurs possédait un emplacement au bas de la porte Bab-el-Behar, sur le lequel Sid Hossaïn, Pacha d'Alger, a fait construire une batterie ; à l'époque de cette construction, Sid Hossaïn-Pacha promit à la dite corporation de lui concéder un autre emplacement en échange, et au même moment, il fit bâtir sur un terrain, à gauche en descendant de Bab-el-Behar, deux chambres, une maïda (pièce destinée aux ablutions) et un oratoire au dessus, qu'il abandonna en échange à la dite corporation des pêcheurs. Ceci eut lieu il y a dix ans environ. »

Cet édifice, qui n'avait point de dotation, a été démoli lors de l'établissement des nouveaux quais.

## CHAPITRE XLVIII.

### § 1". MOSQUÉE ESSEBARIN, OU EL-MEKAISSIA, PLACE DU GOUVERNEMENT.

Non loin du marché au poisson (Souk el-Houatin), se trouvait une petite mosquée, sans minaret, qu'on appelait indifféremment du nom des deux quartiers avoisinants : Mesdjed Essebarin (la mosquée des teinturiers), ou Mesdjed el-Mekaïciya (la mosquée des tourneurs en corne). On ne connaît ni la date de sa fondation ni le nom de son fondateur. Un acte passé devant le cadi établit qu'elle existait déjà en 980 (1572-1573).

Cet édifice fut démoli dès les premiers jours de la conquête, pour cause d'utilité publique, et son emplacement se trouve sous les voûtes de la place du Gouvernement.

### § 2°. ÉCOLE AU QUARTIER D'EL-KISSARIA.

Un acte passé devant le cadi d'Alger à la date des derniers jours de djoumada 2° de l'année 1089 (soit du 10 au 18 août 1678), établit : que le Hadj Mohammed, Doulateli (Dey) d'Alger, fils de Mahmoud, étant devenu propriétaire d'une boutique sise dans le Souk-el-Kissaria (سوق القيسارية), laquelle est la huitième à droite pour celui qui, pénétrant dans ledit Souk par sa porte occidentale, se dirige vers l'Est, déclare la constituer en habous afin qu'elle soit consacrée à l'enseignement du Coran et convertie en école à l'usage des enfants des musulmans.

Cette école, connue sous le nom Mecid el-Kissaria, a été démolie dès les premiers jours de la conquête. Son emplacement se trouve sous les voûtes de la place du Gouvernement. Quant à l'étymologie du mot El-Kissaria, qui n'est pas arabe, et qui dans l'ancien langage courant de l'Afrique septentrionale, s'appliquait à un quartier plus particulièrement affecté au commerce, je ne puis que renvoyer au savant et intéressant article que M. Brosselard a publié dans le V° volume de la *Revue Africaine* (n° 25, janvier 1861).

### § 3°. LATRINES, PRÈS DE LA JÉNINA.

Auprès du palais, se trouvait un établissement de latrines, au profit duquel un immeuble a été constitué en habous, en 1168 (1754-1755).

## CHAPITRE XLIX.

### MOSQUÉE DITE DJAMA ESSIDA, PLACE DU GOUVERNEMENT.

En face de l'entrée principale du palais des Pachas, se trouvait une mosquée de premier ordre, que sa situation et son importance appelaient à l'honneur d'être fréquentée par les chefs de la Régence. Aussi doit-on la reconnaitre dans cette mention faite vers 1581, par l'historien espagnol Haëdo, lequel ayant à énumérer les sept principales mosquées d'Alger, s'exprime ainsi :

« La troisième est auprès de la maison du roi et dans la rue de l'Hortolage, où les rois ont coutume de faire leur prière le vendredi » (1).

Faisons remarquer, en passant, que Haedo emploie dans ce passage deux expressions arabes, auxquelles il a donné une forme espagnole : d'abord le mot *Souk* (Soco) qui désigne une rue spécialement affectée à certain commerce ou à certaine industrie, et ensuite le mot *Salla* (Sala) qui signifie *prière*, le savant bénédictin n'ayant probablement pas voulu qualifier d'une dénomination chrétienne les pratiques des infidèles.

Toutes les pièces que j'ai consultées et dont la plus ancienne remonte à 1564, s'accordent, sans exception, à appeler cet édifice *mosquée dite Djama Essida* (la mosquée de la Dame), nom que la notoriété a conservé en lui enlevant seulement l'article, ce qui le transforme en *Djama Sida*. Cette appellation était évidemment destinée à rappeler que l'édifice auquel elle s'appliquait devait sa construction première au zèle pieux d'une dévote musul-

---

(1) La tercera esta cerca la casa del Rey, y en el soco de la Ortaliza, adonde los reyes suelen hazer el viernes su sala.

mane. Mais je n'ai trouvé nulle part d'explications précises à ce sujet, et la date exacte de la fondation m'est restée inconnue. Quelques documents désignent cette mosquée comme étant sise dans la rue (Souk) des marchands de légumes verts, ce qui est conforme à l'indication donnée par Haëdo.

Vers la fin du XII° siècle de l'hégire, la mosquée Essida fut reconstruite par Mehemmed-Pacha, ce Dey qui eut le bonheur exceptionnel de régner 25 ans, — de 1179 (1765-66) à 1205 (1790-91), — et de mourir dans son lit. Cette reconstruction, dont la tradition n'a pas gardé le souvenir et qui n'a pas eu pour résultat, contrairement à ce qui avait ordinairement lieu, de changer la dénomination de l'édifice, est constatée authentiquement par deux actes du cadi, dans lesquels je puise les extraits suivants :

I. ... Boutique contiguë à la mosquée Essida, proche du palais du Gouvernement, vis-à-vis l'hôtel de la Monnaie (Dar-Essekka), laquelle est devenue actuellement la porte de ladite mosquée dont la reconstruction a été faite par l'honorable, considérable, respecté et vénérable seigneur Mehammed-Pacha, que Dieu l'assiste, etc. (Acte du commencement de rebi 1ᵉʳ 1198, soit du 24 janvier au 2 février 1784).

II. ... Lorsque le défunt Mehemmed-Pacha entreprit de reconstruire la mosquée dite Djama Essida, il engloba dans cet édifice toutes les boutiques qui lui étaient jadis contiguës, les unes par suite d'acquisition et les autres en vertu du droit de gestion qui lui était légalement départi. Les nouvelles boutiques ménagées autour de la mosquée, lors de sa reconstruction, sont administrées par le Sboulkheirat (Acte du milieu de djoumada 2° 1241, soit du 21 au 30 janvier 1826).

Le catalogue du Musée d'Alger indique comme paraissant provenir de *Djama Essida*, d'après les renseignements recueillis, les inscriptions n°˚ 1 et 81, portant l'une le nom de Hossaïn-Pacha et l'autre celui de Hassan-Pacha. Comme il paraît certain qu'aucun de ces deux pachas n'a restauré la mosquée qui nous occupe, je crois pouvoir attribuer la plaque n° 1 à la mosquée Mezzo-Morto, et la plaque n° 81 à la mosquée de Ketchawa. Je m'expliquerai plus longuement à ce sujet dans les chapitres respectifs de ces deux monuments.

Le nouvel édifice, dû à la pieuse libéralité du Pacha Mehemmed, était des plus élégants à l'intérieur et a été regretté par les amateurs d'architecture indigène, lorsque l'administration française s'est vue dans l'obligation de le faire démolir. Bien que je me trouvasse déjà à Alger à l'époque de cette démolition, j'étais trop jeune pour que mes souvenirs me soient aujourd'hui d'aucun secours, et, pour avoir une description de Djama Essida, j'ai dû m'adresser à l'obligeance de M. Auguste Lodoyer, ancien membre de la Société historique algérienne, lequel a bien voulu me communiquer la note suivante :

« L'ensemble de cette mosquée n'avait à l'extérieur rien de remarquable ; c'était une masse à peu près informe, englobée dans un grand nombre de maisons agglomérées et enchevêtrées les unes aux autres, sans symétrie ni aucune séparation de rues visibles à vol d'oiseau. L'unique porte qui donnait entrée dans l'édifice était en bois, à petits compartiments peints de différentes couleurs. Elle était dans un encadrement en marbre jadis blanc, sculpté et formant un arceau surmonté d'un fronton, le tout d'un style équivoque et d'un médiocre travail. Cette entrée était à l'Ouest et en face de l'entrée principale de la grande cour du palais, à peu près, si ce n'est juste, à l'angle formé aujourd'hui par les arcades de la façade de l'hôtel de la Régence et par la rue Bab-el-Oued. »

« Le minaret était à l'angle Est de la mosquée et par conséquent du côté opposé à la porte d'entrée. Il avait la forme de celui des deux mosquées actuelles de la rue de la Marine, et était encadré, à l'extrémité supérieure, par des plates-bandes en carreaux de faïence vernis et de couleurs verte, jaune et blanche. »

« Si le monument n'avait rien qui le fit remarquer à l'extérieur, il n'en était pas ainsi à l'intérieur. Une coupole élégante et d'une grande hardiesse de dessin, formait le milieu de l'édifice ; elle reposait sur des bas-côtés soutenus par une vingtaine de grosses colonnes en marbre blanc, les mêmes qui ont servi plus tard à former le péristyle actuel de la grande mosquée de la rue de la Marine, dont la première pierre a été posée en 1837 et en grande pompe, par S. A. R. le duc de Nemours. Ces bas-côtés servaient eux-mêmes, à droite et à gauche, de tribunes réservées pour le Souverain et sa cour. Elles étaient ornées de balustrades finement sculptées et formées par compartiments dont chacun avait une coupole festonnée et découpée en arabesques du meilleur style et du meilleur goût. Des versets du Coran, en grands caractères dorés, formant des cartouches d'un bel effet, étaien técrits de distance en distance autour de la coupole principale. »

On voit d'après cette description, que le type de la nef carrée entourée d'arcades ogivales, inauguré dans la mosquée d'Ali Bitchnin, en 1622, avait été adopté pour la reconstruction de Djama Essida, mais avec beaucoup plus de goût et de richesse. C'est ici le lieu de faire remarquer que les colonnes et autres pièces d'architecture en marbre, employées par les algériens dans la construction des édifices publics, fontaines, maisons particulières, etc., leur étaient envoyées, toutes façonnées, d'Italie. Les indigènes, n'avaient que le mérite de la mise en œuvre de ces beaux matériaux, que leur ignorance en matière artistique ne leur aurait pas permis de créer. La même remarque est applicable aux carreaux vernis, de diverses couleurs, qui ornent les constructions indigènes.

Bien qu'élevée au rang de chapelle royale, Djama Essida ne possédait qu'une dotation des plus modestes et n'était guère l'objet de la munificence de ses illustres visiteurs, car je n'ai trouvé trace dans ses archives que de trois donations faites par des pachas, savoir : l'une émanant du dey El-Hadj Mohammed ben Mahmoud, en 1088 (1677-1678) ; l'autre dûe au pacha Hassan, en 1092 (1681-1682) ; et enfin, la troisième, provenant des libéralités de Mohammed pacha, restaurateur de l'édifice.

Voici les noms de quelques-uns des administrateurs de cette mosquée. En 972 (1564-1565), Saïd ben Ahmed Echerif el-Hamzi. — En 1074 (1663-1664), Hossain ben Mustapha, Cadi Hanafi. — En 1090 (1679-1680), El-Hadj Ali ben Ali, dit Ben Essinsou et El-Hadj Mohammed ben el-Haddjam. — En 1114 (1702-1703), El-Hadj Ibrahim, le teinturier, ben El-Hadj Hamida, l'Andalou, et El-Hadj Hassan Agha, le turc. — A partir de 1115 (1704), la dotation de Djama Essida, qui appartenait au rite hanéfite, fut administrée par le Shoulkheirat, institution dont une des attributions était la gestion des fondations pieuses faites au profit des établissements de cette secte.

Cet édifice occupait la portion de la place du Gouvernement qui s'étend devant l'hôtel de la Régence et qui est connue sous le nom de place des Orangers, ou sous celui de place des Palmiers. Il porta le n° 3 de la place du Gouvernement et fut démoli, peu de jours après la conquête, tant pour les besoins de la défense que pour la commodité de la circulation. Voici, à propos de cette démolition, quelques détails que je dois également à la complaisance de M. Auguste Lodoyer.

« Cette mosquée a été le premier monument abattu, avec la pioche et le marteau, par la main des Français à Alger. Sa démolition, ainsi que celle des maisons qui l'entouraient, fut jugée nécessaire, non-seulement pour dégager les abords de l'ancien palais que l'on avait converti en manutention militaire et en magasins du campement, mais aussi pour avoir un espace libre dans l'intérieur de la ville et un point de ralliement pour la défense en cas de soulèvement de la part de la population indigène.

» Une des particularités de la démolition de la mosquée, est celle qui se rattache au minaret, qui fut abattu tout d'une pièce. Cette partie de l'édifice était restée debout et intacte longtemps après que la façade et la grande coupole avaient disparu ; car la démolition avait commencé en 1830, et ce ne fut qu'en novembre 1832 que l'on fit tomber le minaret. Mais enlever pierre par pierre, à coups de pioches et de marteaux, cette hauteur compacte de matériaux, parut trop long au gré du chef des travaux. Celui-ci fit donc attacher des cordes au sommet de l'édifice, et au moyen de cabestans, il tenta de l'ébranler et de l'abattre. Mais les cordes cassèrent sous les efforts des travailleurs, et le minaret resta debout. Ce résultat provoqua l'intervention officieuse et spontanée d'un spectateur, dont le nom est resté ignoré, lequel, — semblable à celui qui, autrefois, pour l'érection de l'obélisque de Saint-Pierre, cria: *mouillez les cordes*, mais dans un but contraire, puisqu'il s'agissait d'abattre au lieu d'élever, — proposa de saper le minaret par sa base, à l'exemple de ce que firent jadis les Turcs pour renverser les remparts de Rhodes, de remplacer les matériaux, au fur et à mesure que la pioche les enlèverait, par des supports en bois debout d'un demi-mètre de hauteur, et lorsque les trois côtés opposés au palais seraient ainsi minés, d'enduire les bois avec du goudron et autres matières inflammables et d'y mettre le feu simultanément sur tous les points, à la fois.

» La proposition ayant été acceptée, on procéda bientôt à son exécution. Et nous, qui avons assisté à ce spectacle nouveau et saisissant, nous avons vu, au moment où les bois carbonisés cédèrent sous l'énorme poids qu'ils supportaient, nous avons vu la masse entière s'affaisser sur elle-même, se pencher vers le côté *Est*, en faisant quelques contorsions, puis, d'une seule pièce, tomber sur le sol, qui trembla, sans que le moindre accident en fû résulté. »

Sous cette mosquée se trouvait une école qui avait été construite par le Beit El-Maldji Sari Mustapha ben el-Hadji-Mohammed, ainsi que cela résulte d'un acte passé devant le cadi hanéfite d'Alger, dans les derniers jours du mois de rebi 2° de l'année 1115 (du 3 au 11 septembre 1703).

## CHAPITRE L.

### § 1<sup>er</sup>. — MOSQUÉE DE KHEIR-EDDIN, PLUS CONNUE SOUS LE NOM DE DJAMA ECHOUACH.

Tout près de l'entrée principale de la Jénina et faisant suite à la façade de cet ancien palais des Pachas, se trouvait un Mesdjed des moins remarquables quoique assez grand, mais qui empruntait une certaine importance à cette circonstance que sa construction était due au fameux Kheir-Eddin, le fondateur de la Régence, connu par les Européens sous le nom de Barberousse, ou de deuxième Barberousse. La génération de 1830, oublieuse de ses traditions historiques, ne désignait plus cet édifice que sous la dénomination de *Djama Echouach*, parce qu'il était fréquenté par les chaouchs, ou officiers de police de l'armée, lesquels avaient un service permanent au palais.

Voici les renseignements que j'ai recueillis sur cette mosquée, laquelle était recouverte en terrasse et n'avait point de minaret.

1. Texte et traduction d'une inscription placée autrefois au-dessus de la principale porte de la mosquée et aujourd'hui déposée au Musée public d'Alger, où elle est cataloguée sous le n° 36 (1) :

1<sup>re</sup> *Ligne*. بِسْمِ اللهِ الرَّحْمٰنِ الرَّحِيمِ وصلَّى اللهُ عَلَى سَيِّدِنَا مُحَمَّدٍ

2<sup>e</sup> *Ligne*. فِي بُيُوتٍ أَذِنَ اللهُ أَن تُرْفَعَ وَيُذْكَرَ فِيهَا اسْمُهُ يُسَبِّحُ لَهُ فِيهَا بِالْغُدُوِّ وَالْآصَالِ

3<sup>e</sup> *Ligne*. أَمَرَ بِبِنَاءِ هَذَا الْمَسْجِدِ الْمُبَارَكِ السُّلْطَانُ الْمُجَاهِدُ فِي سَبِيلِ رَبِّ الْعَالَمِينَ

(1) Voyez, pour le commentaire historique de cette inscription : BER-BRUGGER. *Époques militaires de la Grande Kabilie* (page 52, etc.).

4ᵉ Ligne. ‎توكلنا خير الدين ابن الامير الشهير المجاهد ابي
‎يوسف يعقوب التركي

5ᵉ Ligne. ‎بلغه الله اقصى سؤله واعانه على جهاد عدو الله
‎وعدو رسوله

6ᵉ et dernière Ligne. ‎بتاريخ اوايل جمادى الاولى من عام سنة
‎و..... رين وتسعمائة

Je traduis ainsi :

1ʳᵉ *ligne*. Au nom de Dieu, clément et miséricordieux ! Que Dieu répande ses grâces sur notre seigneur Mohammed !

2ᵉ *ligne*. « Dans les maisons que Dieu a permis d'élever pour que son nom y soit répété chaque jour au matin et au soir. » (*Note du traducteur* : Coran, chapitre XXIV (la lumière), verset 36. — La citation est incomplète, car la fin de la phrase se trouve dans le verset 37 : « célèbrent ses louanges des hommes que le commerce et les contrats ne détournent point du souvenir de Dieu, de la stricte observance de la prière et de l'aumône ».)

3ᵉ *ligne*. A ordonné la construction de cette mosquée bénie, le Sultan qui se consacre à la guerre sainte pour l'amour du Souverain de l'univers,

4ᵉ *ligne*. Notre maitre Kheir-Eddin, fils du prince célèbre, champion de la guerre sainte, *Abou Youssef* (le père d'Youssef) Yacoub, le Turc.

5ᵉ *ligne*. Que Dieu réalise ses vœux les plus extrêmes et l'aide à combattre les ennemis de Dieu et les ennemis de son Envoyé.

6ᵉ *ligne*. A la date des premiers jours de djoumada 1ᵉʳ de l'an neuf cent vingt-six (*Note du traducteur*. Le mot qui, dans la date exprime les dizaines est fruste. Mais il ne peut y avoir la moindre incertitude sur sa lecture, attendu que les lettres ‎رين ... qui sont seules restées distinctes, ne sauraient appartenir qu'au mot ‎عشرين vingt. Cette date correspond à la période comprise entre le 19 et le 28 avril 1520).

II. Mosquée de Kheïr-Eddin Pacha, contiguë au palais. (Acte de 1028, soit 1618-1619).

III. Mosquée (Mesdjed) contiguë au palais et connue sous le nom de Djama-el-Pacha Kheïr-Eddin (oukfia).

IV. Mosquée contiguë au palais (Acte de 1190, soit 1776-1777).

V. Mesdjed Echouach (la mosquée des chaouchs). Acte de 1219, soit 1804-1805).

VI.... Au profit de Djama Echouach, contigu au palais et sis à Souk-el-Belardjia (Acte de 1240, soit 1824-1825).

Malgré son origine princière, cette mosquée n'avait que de fort modestes revenus. Son personnel se composait d'un imam. Cet édifice, qui porta d'abord le n° 17 de la rue Bab-el-Oued et qui, plus tard, se trouva en façade sur la place du Gouvernement, fut converti en corps-de-garde dès les premiers jours de la conquête, et reçut le poste de la place d'armes. Ainsi que bon nombre de mes collègues de la milice algérienne; j'ai gardé un fort mauvais souvenir de la rude hospitalité que l'ancienne mosquée des janissaires offrait aux citoyens chrétiens chargés d'assurer la tranquillité de la capitale de l'Algérie, lorsque notre brave armée était appelée, toute entière, à une besogne plus pénible et plus périlleuse.

L'emplacement de cet édifice, — qui a été démoli en même temps que le palais dont il formait, pour ainsi dire, une dépendance, — se trouve occupé par les maisons portant le n° 1 de la rue Neuve-du-Soudan et le n° 2 de la rue Neuve-Mahon.

§ 2°. — ÉCOLE DITE MECID-EDDIWAN, RUE DU SOUDAN.

Dans la rue du Soudan, sous une voûte dépendant du palais de la Jénina, existait une petite école appelée Mecid Eddiwan et qui jouissait d'un revenu de 54 fr. par an.

§ 3°. — ÉCOLE, PLACE DU SOUDAN.

Sur la petite place du Soudan, aujourd'hui comprise dans la rue Bruce, existait un cimetière appelé Djebanet Ali-Pacha, et une école à laquelle appartenait l'inscription ci-après, actuellement déposée au Musée public d'Alger (n° 46 du catalogue).

1re Ligne. الحمد لله أمر ببناء هذا المكتب * الأمير الفخم السيد علي باشا نصره الله

2e Ligne. أوائل في شهر صفر سنة ١١٢٥ * عام خمسة وعشرين ومائة والف

1re *ligne.* Louange à Dieu! A ordonné la construction de cette école.˙. le prince considérable, le seigneur Ali-Pacha, que Dieu l'assiste!

2e *ligne.* Premiers jours du mois de safar de l'année 1125 .˙. an mil cent vingt-cinq (Soit du 27 février au 8 mars 1713).

## CHAPITRE LI.

### § 1er. — ZAOUIAT DES CHORFA, RUE JENINA ET IMPASSEBRUCE.

On appelle chérif, — ou noble d'origine, — tout musulman qui peut prouver, au moyen de titres réguliers, qu'il descend de Fatma-Zohra, fille du Prophète et épouse de Sidi Ali, fils d'Abou Taleb, oncle de ce dernier. Cette noblesse est très-considérée. Alger renfermait un grand nombre de ces nobles, et plusieurs fondations existaient au profit de ceux d'entr'eux qui se trouvaient dans le besoin. Un acte authentique de 1021 (soit 1612-1613), établit que déjà, à cette époque, les Chorfa vivaient en communauté et possédaient des immeubles en commun. En 1121, Mohammed ben Baktach, alors dey d'Alger, donna un centre d'action à ces efforts individuels de bienfaisance, en bâtissant une Zaouïat spécialement affectée aux Chorfa. Voici la traduction textuelle de l'acte constatant cette fondation.

« Au nom de Dieu clément et miséricordieux ! Que Dieu répande ses grâces sur notre Seigneur, prophète et maître Mohammed le noble, ainsi que sur sa famille et ses compagnons, et qu'il leur accorde le salut !

(Cachet du dey Mohammed Bakdache ben Ali)

Gloire à Celui qui a élevé le phare de l'Islamisme au-dessus de tout phare, .˙. et qui a accordé la supériorité à cette nation pour faire honneur au prophète élu, que Dieu répande ses grâces sur lui et lui accorde le salut, tant que se succèderont le jour et la nuit et que resplendiront les clartés du séjour de la quiétude éternelle ! .˙. Qu'il soit loué autant qu'il en est digne : je suis impuissant à égaler les louanges qu'il s'est décernées. Il nous a révélé le mérite de la famille de notre Prophète dans le sage Coran, et a proclamé son illustration lorsqu'il a dit, — lui, le plus éminent des interlocuteurs : « Dieu ne veut qu'éloigner de vous la souillure, « ô gens de la famille, et vous assurer une pureté parfaite (1). »

---

(1) Fin du verset 51 du chapitre XXXIII. Cette phrase est citée dans

Ensuite, l'honoré, le très-glorieux, l'éminent, le très-fortuné, le guerrier combattant pour la cause de Dieu, le victorieux par l'assistance de Dieu, le défenseur de la religion de Dieu, le prince des Croyants, à la date du présent, à Alger la gardée par Dieu, *Abou Abdallah*, l'illustration du gouvernement, qui est doué de la sagesse et de la force irrésistible, le Doulateli, le Seigneur Mohammed Dey, connu sous le nom de Bakdache Khodja, que Dieu lui soit propice et accorde le pardon à ses vertueux ancêtres, connaissant et sachant d'une manière certaine, les mérites de la famille du Prophète, regarda les Chorfa avec l'œil de la bienveillance et de la sollicitude, et leur édifia dans Alger, gardée par Dieu très-haut, une Zaouïat dont le rang est considérable et l'illustration éminente, au quartier de Souk-el-Djema'at, que Dieu lui octroie de chaque bien la part la meilleure et la plus efficace ! Après cela, il combla de sa faveur le beau, le magnifique, le chérif, le haçani, le savant, le théologien, l'instruit, l'intelligent, qui possède une immense partie de la *Sounna* (tradition) de l'envoyé de Dieu, Abou-Abdallah, le Sid Mohammed, fils du défunt, du sanctifié, de celui qui a été plongé dans la miséricorde du Vivant, du Subsistant, le Sid El-Hadj Mohammed, fils d'Ali, fils de Saïd le chérif, le Haçani, connu sous le nom d'El-Pounsi ; et le chérif, le Haçani (1), *Aboul Abbas*, le Sid Ahmed ben Akelil, et les institua administrateurs (oukils) agréables, gens de confiance considérés et directeurs loyaux de ladite Zaouïat, afin qu'ils en surveillent les intérêts, les affaires et les opérations ; voulant qu'ils soient entourés de considération, d'égards, de respect et d'honneurs, et que leur éminente personne soit l'objet de la protection, en sorte que leur considération ne souffrira aucune atteinte, que nul ne pourra leur porter préjudice ni commettre à leur encontre aucune avanie ni aucun acte vexatoire, et qu'ils ne seront pas traités comme le seraient tous autres.

Ensuite, il (que Dieu le rende heureux) a arrêté diverses dispositions au sujet de ladite Zaouïat. Il les a pesées mûrement, les a adoptées, et a ordonné qu'elles seraient mises à exécution.

Première disposition. Nul ne logera dans la Zaouïat que le chérif, — pieux, — qui n'aura pas d'épouse, lequel devra y coucher.

Seconde disposition. L'imam (officiant), le professeur, le mou-

---

toutes les généalogies de Chorfa. On la considère comme établissant la noblesse des descendants du Prophète.

(1) *Haçani*, descendant de Haçan, l'un des deux fils de Fatma-Zohra, fille du Prophète.

edden, le lecteur (hezzab) et le chaouch ne pourront être choisis que parmi les Chorfa. Si aucun chérif n'est capable d'occuper l'emploi de professeur, cet emploi sera confié à un savant pieux. Mais aussitôt qu'il se présentera un chérif instruit, les choses seront remises dans un état conforme à cette disposition fondamentale.

Troisième disposition. Les oukils (administrateurs) centraliseront les revenus de la dotation de la Zaouïat et les offrandes qui lui seront faites. Ils emploieront ces fonds aux constructions et réparations qui seraient nécessaires, aux nattes de la mosquée, à l'huile et aux frais d'éclairage, et accorderont une rétribution à l'imam, au professeur, au mouedden, au lecteur du Coran et au chaouch. Les sommes restant disponibles seront distribuées par eux aux Chorfa pauvres, nés à Alger, que Dieu la garde et la préserve des maux de l'adversité ! Les oukils ne pourront rien s'attribuer pour eux-mêmes sur ces sommes, à moins qu'ils ne soient dans un pressant besoin, car alors ils compteront au nombre des Chorfa indigents.

Quatrième disposition. Les hommes ne seront pas seuls admis à ces distributions, à l'exclusion des femmes et des enfants.

Cinquième disposition. Le Nakib (chef) des Chorfa n'aura pas à s'immiscer dans les affaires de la Zaouïat et sera seulement considéré comme l'un des Chorfa notables.

Sixième disposition. Les principaux de la communauté des Chorfa se réuniront dans leur Zaouïat, une fois par an, avec le concours des membres existants de la descendance du fondateur (que Dieu le rende heureux !), et ils procéderont à la vérification de la gestion des oukils, d'après les errements légaux, et avec un esprit loyal.

Septième disposition. Toutes destitutions et nominations ne pourront avoir lieu que par les soins de sa descendance, avec l'assentiment de l'assemblée des Chorfa notables. En sorte que ce droit ne pourra être enlevé à ses enfants ni aux enfants de ses enfants, ni à la descendance de leur descendance, tant qu'ils se perpétueront et se ramifieront dans l'Islamisme. De même, l'oukilat ne pourra être retiré des mains du chérif, du Haçani, de l'honorable, de l'illustre, du savant, du théologien, du béni, de celui qui attire les bénédictions, *Abou-Abdallah*, le Sid Mohammed-ben-el-Hadj Mohammed-ben-Ali-ben-Saïd-el-Pounsi, ni des mains de ses enfants et des enfants de ses enfants, et de la descendance de leur descendance, tant qu'ils se perpétueront et se ramifieront dans l'Islamisme.

*Huitième disposition.* Si l'un des membres de sa descendance (que Dieu le rende heureux!) vient à mourir et qu'on veuille l'inhumer dans la Zaouiat, nul ne pourra s'opposer à cette inhumation et y porter empêchement. Quant aux personnes étrangères à sa famille, elles ne pourront y être enterrées que si l'on attribue à la Zaouiat une partie de leur succession, quand bien même il s'agirait des oukils.

*Neuvième disposition.* Le troisième jour de la nativité du Prophète, que Dieu répande ses grâces sur lui, et lui accorde le salut! les oukils prépareront dans la Zaouiat un repas, dont la valeur sera proportionnée aux ressources qu'ils pourront y affecter sans que les intérêts des pauvres chéris en soient lésés, et auquel prendront part tous les membres présents de cette noble caste.

Ces neuf dispositions réjouiront celui qui en prendra connaissance, s'il les connaissait, et l'instruiront s'il les ignorait. Il (que Dieu le rende heureux!) les a fait consigner dans le registre heureux, béni, louable, afin d'assurer leur conservation. Que Dieu réalise ses vœux et son désir! Il espère que leur contenu sera mis à exécution par ceux qui viendront après lui.

Quiconque d'entre les gens vertueux, sensés, généreux, intelligents et instruits, et d'entre les dépositaires de l'autorité publique, du gouvernement, de la protection, de l'impulsion et de la direction, prendra connaissance de ce noble ordre, aux énonciations claires et imposantes, dont les prescriptions sont respectées et dont la puissance et le rang sont immenses, apprendra qu'il doit se conformer à ses dispositions, sans les enfreindre ni les contredire, et qu'il ne peut l'adultérer.

Le fondateur (que Dieu le rende heureux!) a eu en vue la face de Dieu, le noble, espérant de lui sa grâce immense et ses récompenses infinies. Quiconque changera ou altèrera ses intentions et ses désirs, y ajoutera ou en retranchera quelque chose, ou les transgressera, Dieu lui en demandera compte et se chargera de tirer vengeance de lui. Ceux qui ont été iniques apprendront quel châtiment leur est destiné. Au Dieu glorieux je demande la protection et la réalisation de mes intentions, espérant qu'il m'accordera son agrément et sa satisfaction, et, certes, il peut tout ce qu'il veut, et est à même d'exaucer les prières. Il nous suffit; il est un excellent protecteur. Il n'y a de force ni de puissance qu'en Dieu, l'élevé, le magnifique. Et le salut! Écrit par son ordre (que Dieu le rende heureux!), Ainsi soit-il par le mérite du Seigneur des hommes et des génies, le meilleur des prophètes et des envoyés, notre seigneur, notre prophète et notre maître Mohammed, pontife des hommes pieux et envoyé du Souverain de l'univers, que Dieu répande ses grâces sur lui ainsi que sur sa vertueuse famille, sur tous ses compagnons et partisans et sur la totalité des prophètes et des envoyés. La fin de nos prières sera la louange adressée à Dieu, le souverain de l'univers. A la date des premiers jours de Redjeb le Sourd de l'année 1121 (soit du 6 au 15 septembre 1709).

L'établissement créé par le dey Mohammed Baktache lui survécut et traversa les temps sans subir de modifications. L'intéressant acte de fondation qui précède, me dispense d'entrer dans de plus longs détails. En 1832, l'oukil de cette Zaouiat l'aliéna en faveur d'un Européen.

Cette Zaouiat a d'abord porté le n° 13 et plus tard le n° 9 de la rue Jénina. Le cimetière qui en dépendait reçut successivement le n° 23 de l'impasse Bruce et le n° 14 de la rue de même nom. Cet établissement fut exproprié en 1841 pour l'agrandissement des bureaux de la Direction de l'intérieur. Il se trouve partie dans l'Hôtel-de-Ville et partie dans la voie publique.

§ 2°. — ÉCOLE, PLACE JÉNINA.

Non loin de la Zaouiat Echoria, sur la petite place Jénina, se trouvait, au-dessus d'une fontaine, une petite école qui avait été fondée par Mohammed Khodja, Taftardar du palais, ben Mustapha, ainsi que cela résulte d'un acte authentique daté des derniers jours de chaban 1121 (Soit du 26 octobre au 3 novembre 1709).

## CHAPITRE LII.

MOSQUÉE DITE *Djama Ketchawa*, RUE DU DIVAN.

Plusieurs actes authentiques, dont le plus ancien est de 1021 (1612-1613), établissent l'existence de la mosquée du quartier de *Ketchawa* (كجاوة). En 1209 (1794-1795), le Pacha Hassan reconstruisit cet édifice en l'agrandissant considérablement. On prit pour modèle, dans cette reconstruction, la mosquée *Essida*, ainsi qu'on pourra s'en convaincre en lisant la description suivante que je fais d'après mes souvenirs (1). La nef, carrée et entourée de fortes

(1) Ceux de nos lecteurs qui voudront se faire une idée exacte de ce que fut cette charmante mosquée peuvent consulter les planches 14, 15

colonnes rondes en marbre, était bordée sur trois faces de bas-côtés coupés par de larges tribunes placées à mi-distance du sol aux arceaux ; une grande coupole à base octogonale la recouvrait. Des peintures et des inscriptions ornaient cet intérieur fort coquet et fort élégant. Le mihrab occupait la façade orientale, sur laquelle s'ouvrait une petite porte ; l'entrée principale se trouvait dans la façade méridionale. C'est sans doute au-dessus de cette dernière issue qu'était placée l'inscription arabe portée sous le n° 75 du catalogue du Musée public d'Alger. Cette inscription, remise au Musée le 29 juillet 1855, est gravée en caractères creux remplis de plomb sur une tablette de marbre qui offre 2 m. 37 c. de longueur sur 0 m. 33 c. de largeur et 0 m. 10 c. d'épaisseur ; elle est d'un beau type oriental et présente deux lignes divisées chacune en quatre cartouches formés par des arabesques. En voici le texte :

1<sup>re</sup> *Ligne* :   حبّذا جامع يرام بالبنا من مبلغ القصد ٭ وتبسّم ٭
بروق الختام من أفق العهد ٭ بناء سلطاننا الرضي عظيم القدر ٭
حسن باشا بالبهاء عديم المثل والند ٭

2<sup>e</sup> *Ligne* :   قد أفنى لتشييد أساسها (أساسها) على التقى ٭ ثقل
فخاره من مال تجلّ عن العد ٭ وحاز بهجة لدى الناظرين ورّخ ٭
لما كملت كالسعد وباليمن والمجد سنة ١٢٠٩

Je crois pouvoir traduire ainsi :

1<sup>re</sup> *ligne*. Quelle belle mosquée ! Elle est recherchée par les désirs avec un empressement extrême ∴ Les splendeurs de son achèvement ont souri sur l'horizon du siècle ∴ Elle a été construite par notre sultan agréable, à la puissance immense ∴ Hassan Pacha, avec une beauté sans égale et sans pareille. ∴

2<sup>e</sup> *ligne*. Il a employé pour élever ses fondations sur la piété ∴ tout le poids de son illustration, au moyen d'une somme qui dépasse l'énumération ∴ Elle est revêtue de la gaieté aux yeux de ceux qui la regardent. Elle est datée (par le nombre renfermé dans ces

---

et 16 de l'ouvrage de M. Ravoisié *(Exploration scientifique de l'Algérie)*, où l'on trouve une coupe, le plan et les principaux détails du monument.

mots) ∴. Lorsque j'ai été achevée comme le bonheur, dans la prospérité et dans la gloire. Année 1209.

Le chronogramme indiqué dans la dernière ligne, est exact. Il a été établi d'après l'abadjed barbaresque, qui diffère un peu du système oriental, plus particulièrement adopté pour les inscriptions turques. L'année hégirienne 1209 a commencé le 29 juillet 1794 et fini le 17 juillet 1795.

Je crois en outre, pouvoir attribuer à la mosquée de Ketchawa, l'inscription portant le n° 81 du catalogue du Musée public d'Alger, sur lequel elle est indiquée comme paraissant provenir de Djama Essida. Cette inscription figurait avec d'autres marbres, dans une cheminée du palais du Gouvernement et sa remise a été due aux instances de M. Berbrugger. Mais le savant conservateur n'ayant aucune donnée positive sur la provenance d'un document aussi fâcheusement utilisé, a dû se borner à enregistrer provisoirement et sous réserve d'un examen plus approfondi l'origine qu'on lui attribuait. Quant à moi, voici sur quelles considérations j'appuie la restitution que je propose. En premier lieu, il existe une grande similitude entre cette inscription et celle qui précède ; toutes les deux sont gravées, en caractères creux remplis de plomb, sur des plaques de marbre longues, étroites, épaisses et sans encadrement sculpté, qui paraissent, l'une et l'autre, avoir fait partie intégrante d'un gros mur où elles ne formaient pas saillie. Le type d'écriture est le même dans les deux inscriptions ; et on peut en dire autant du style. La conclusion qu'il serait possible de tirer de ces analogies est confirmée par une circonstance des plus significatives. Je trouve, en effet, sur le n° 81, le nom de Hassan Pacha, un peu altéré, mais cependant parfaitement lisible. Ceci semble lever tous les doutes, ce pacha n'ayant fait restaurer qu'une seule mosquée, ainsi que c'est de notoriété publique.

Cette inscription a beaucoup souffert entre les mains des maçons. Voici ce qu'il m'est possible d'y lire :

1re Ligne : * حبذا آثار جليل مشيدا * ونعم الخير قد (أبنى) مؤكدا

اميرنا صاحب الفضل حسن پاشا

2e Ligne : * اتقن بتصويب قبلته مسددا * لحديث قيل ان في

الجنة بيتا * نالها من لله تعالى بنى مسجدا

Je propose la traduction suivante :

1<sup>re</sup> ligne. Quel beau monument! Il est vaste, ayant été élevé à une grande hauteur. — (Note. Le second mot de ce cartouche paraît douteur. La lecture آثار semble cependant la seule possible. Ce mot, dont la signification première est *traces, vestiges*, s'applique aux monuments des temps passés, à ceux qui sont les traces des peuples qui nous ont précédés sur la terre. Pourquoi a-t-on adopté une pareille expression pour un édifice neuf? Avait-on en vue l'époque future où cet édifice serait devenu la trace du fondateur? Il est à remarquer, en outre, que آثار est un pluriel et que cependant tous les mots qui s'y rapportent sont au singulier). Il est le plus beau bienfait. Il a été bâti de manière à être solide. — (Note. Ce cartouche est très-fruste; le mot ابني notamment que j'ai placé entre parenthèses, car ce n'est qu'une restitution plus ou moins heureuse, fait défaut et on ne peut en apercevoir qu'un ا et un ى). Notre prince, doué de la supériorité, Hassan Pacha.

2<sup>e</sup> ligne. A construit habilement sa kibla, en l'orientant exactement, de manière à mériter les éloges (Note. *Kibla*, point de l'horizon vers lequel les musulmans doivent se tourner en faisant leurs prières; c'est la direction de la Mecque. Dans les mosquées le point est indiqué par le Mihrab, ou niche dans laquelle se place l'imam). Car, dans un récit traditionnel, il est rapporté qu'au paradis est une demeure ∴ qu'obtient celui qui à Dieu, qu'il soit exalté! a bâti une mosquée.

Pour en finir avec les renseignements relatifs à Djama Ketchawa, je vais rapporter l'acte constatant la fondation faite par Hassan Pacha, bien que ce document ne diffère pas beaucoup de ceux de même nature que j'ai déjà publiés.

« Ceux qui croient et qui pratiquent le bien auront pour demeure les jardins du Paradis (1).

(Cachets de Hassan Pacha, de Mustapha Pacha (2), portant la date de 1222, et du cadi Hanéfite).

« Au nom de Dieu, clément et miséricordieux. Que Dieu répande ses grâces sur notre Seigneur et notre maître Mohammed, ainsi

---

(1) Coran, chap. xviii, verset 107.

(2) Mustapha Pacha, successeur de Hassan Pacha, a apposé son cachet sur cet acte, pour témoigner qu'il n'avait pas l'intention d'invalider les dispositions prises par son prédécesseur relativement à la dotation de cette mosquée.

que sur sa famille et sur ses compagnons, et qu'il leur accorde le salut !

« Louange à Dieu, qui, dans sa bonté, nous dispense ses grâces ; ∴ qui nous comble de bienfaits dont nul ne saurait se rendre digne, malgré la grandeur de ses efforts ; qui donne, qui prend sans que nul puisse détourner ses dons ni faire faillir ses promesses ; ∴ « Ce que Dieu, dans sa miséricorde, accorde aux hommes (de « ses bienfaits) nul ne saurait le renfermer et nul ne saurait leur « envoyer ce que Dieu tient. » (1) Je le loue (qu'il soit glorifié), je lui adresse des actions de grâces et je l'exalte, tout en avouant mon impuissance à le remercier et à le glorifier ! ∴ J'implore de lui, du Dieu glorieux, l'abondance inépuisable de ses bienfaits et la perpétuité de ses faveurs ! J'*atteste* qu'il n'y a d'autre dieu que Dieu, qu'il est unique et qu'il n'a point d'associé, et cette attestation, sincère dans ses expressions, repose sur des bases solides ; puisse Dieu, immense et élevé, la purifier de toute controverse. ∴ J'atteste également que notre seigneur et maître Mohammed, son adorateur et son prophète (que Dieu répande ses grâces sur lui et lui accorde le salut !) est le plus noble de ceux qu'il a choisis pour être ses prophètes et ses adorateurs, ∴ et le plus grand de ceux qui ont guidé les créatures dans la vraie direction et vers la droiture. ∴ Que Dieu répande ses bénédictions sur lui ainsi que sur sa famille, sur ses nobles compagnons, sur ses partisans et sur son armée ! Grâces que nous implorerons, s'il plaît à Dieu, pour échapper aux angoisses et aux horreurs du jugement dernier, ∴ et par lesquelles nous solliciterons de la bonté de notre noble maître, de sa vaste miséricorde, qu'il nous assigne une place favorisée de la sécurité, dans laquelle nous n'aurons plus de malheurs à redouter ! Après avoir adressé des louanges à Dieu, le sublime, ∴ et avoir appelé les bénédictions divines et le salut sur notre seigneur Mohammed, le noble prophète, ∴ (nous constaterons que) lorsque l'honorable, ∴ célèbre, considérable, ∴ très-fortuné, éminent, ∴ droit, orthodoxe, ∴ très-puissant, pieux ; ∴ illustration de l'empire ottoman, ∴ et prunelle de l'œil du royaume des Khakan, ∴ favorisé de l'assistance divine et victorieux, ∴ le champion de la guerre sainte, combattant pour l'amour du souverain, du miséricordieux, ∴ notre maître le seigneur Hassan Pacha, fils de celui à qui a fait miséricorde le Vivant, le Subsistant, le seigneur

---

(1) Coran, chapitre xxxv, verset 2.

Hossaïn, eut cédé aux inspirations de son caractère, qui le portent à s'élever vers Dieu (qu'il soit glorifié et exalté!) par des œuvres pies, .·. et à se rapprocher de lui, que sa grandeur soit proclamée! par des actions charitables, .·. il constitua en habous au profit de la mosquée d'assemblée (المسجد الجامع) dont il a élevé les bâtisses, .·. et édifié les constructions, située à *Ketchawa* (كجاوة) près du tombeau du saint, du vertueux Sidi Ouali Dada (que Dieu nous soit propice par ses mérites, amen!) dans l'intérieur de la (ville) bien gardée d'Alger, la protégée par le Très Haut, divers immeubles situés dans l'intérieur de la dite ville et dont le détail sera donné plus bas, s'il plaît à Dieu Très-Haut, afin que leurs revenus soient affectés à l'entretien du personnel de la dite mosquée (suit la désignation de divers immeubles). Et ensuite, notre honorable, célèbre, considérable, fortuné et éminent maître, le seigneur Hassan Pacha susnommé (que Dieu le dirige dans l'exercice du pouvoir qu'il lui a conféré et le guide vers le bien en actions et en paroles!) a pris les deux signataires de cet acte en témoignage contre lui-même, déclarant par l'organe de son envoyé le Sid Mohammed Barbier, actuellement chaouch, qu'il allouait à chacun des agents commis au service de la dite mosquée, un traitement déterminé et payable tous les mois sur les revenus de la dotation sus-désignée, conformément à l'énumération qui suit : »

« Il alloue au khetib vingt rial drahm serar par mois, à l'imam de ladite mosquée, quinze rial (1). Il alloue à douze hommes qui s'adonneront à la lecture du Coran dans ladite mosquée et qui liront chaque jour un *hizeb* après la prière du matin et un *hizeb* après la prière d'*el-Asr*, suivant la coutume qui a cours dans toutes les mosquées sises dans l'intérieur de la (ville) bien gardée d'Alger (que Dieu la préserve de l'adversité), un quart de dinar en or par mois pour chacun d'eux. Il alloue au *Bache-Hezzab* trois rial draham serar par mois, à neuf *mouedden* de la *Sedda* (estrade), chargés de lire le Coran et d'entonner la prière, un rial par mois ; au *baché-mouedden* de l'estrade (sedda), six rial et six huitièmes de rial par mois ; à deux personnes chargées de lire le *tanbiâ-el-anam*, trois rial pour chacune d'elles par mois ; à celui qui fera la lecture

---

(1) 22 fr. 50 c. pour le premier traitement et 16 fr. 87 c. 1/2 pour l'autre, le rial draham serar, ou pataque chique, valant alors 1 livre 2 sols 6 deniers. La valeur du dinar était de 10 livres 2 sols 6 deniers.

dans la chaire, un rial et demi par mois ; à celui qui entonnera la prière aux heures d'*el-morereb* et d'*el-acha*, trois rial par mois ; à quatre personnes chargées d'étendre les tapis dans ladite mosquée, trois rial pour chacune d'elles par mois ; à l'allumeur, trois rial par mois ; à quatre mouedden du minaret, trois rial par mois pour chacun ; à quatre personnes chargées de balayer la mosquée, trois rial par mois pour chacune ; à celui qui remet la crosse au prédicateur (khetib), le vendredi, un quart de dinar en or par mois ; à celui qui sera chargé de frotter les portes de la mosquée et les latrines, quatre rial et demi par mois ; à deux professeurs, dix rial par mois pour chacun, et à celui qui sera chargé d'offrir de l'eau à la fontaine qu'il (le Pacha) a fait construire en face de ladite mosquée, trois rial et un quart par mois. Le surplus des revenus desdits immeubles sera affecté à l'entretien de la mosquée et de sa dotation, ainsi qu'à l'achat des nattes, des lampes, de l'huile et des autres choses nécessaires audit édifice. »

« Le Seigneur Hassan Pacha, sus-nommé, a commis à la gestion desdits immeubles, à l'exécution des dépenses fixées et à la perception de l'excédant pour le compte de qui de droit, le Hadj Khelil, Manzoul aga, oukil actuel du Sboulkheirat, ou ses successeurs. Celui-ci a accepté cette mission et s'est engagé à la remplir avec zèle. »

« Il a été témoigné, etc., à la date du milieu de Chaban le béni de l'année 1210 (du 21 au 29 février 1796 —). Suit la signature des deux assesseurs du cadi). »

Cette mosquée fut affectée au culte catholique quelques années après la conquête. Elle a été entièrement démolie, petit à petit et à la suite de modifications successives, pour la construction de la cathédrale. Les colonnes seules ont survécu à la destruction de ce charmant édifice, objet des regrets des amateurs d'architecture indigène.

Par exception, la mosquée qui m'occupe ne fut pas désignée sous le nom de son illustre restaurateur et continua à être appelée *Djama-Ketchawa*. Sa dotation était administrée par le Sboulkheirat, d'après le vœu du fondateur, et ainsi d'ailleurs, que cela avait lieu pour tous les établissements appartenant à la secte hanéfite, et son personnel avait à peu près la même composition que celui des autres mosquées de premier ordre. Elle reçut, en 1830, les numéros 70 et 100 de la rue du Divan.

## CHAPITRE LIII.

### CHAPELLE DE SIDI OUALI DADA, RUE DU DIVAN.

Le nom de ce marabout est invariablement orthographié de la manière suivante dans tous les documents que j'ai consultés : والي دادي. Il y a évidemment erreur, car notre personnage était un saint et non un *gouverneur* والي. La célébrité d'Ouali-Dada remonte à l'expédition dirigée contre Alger par l'empereur Charles-Quint, en 1541. Voici, en substance, la légende qui a cours chez les indigènes à ce sujet. Assiégée par une armée redoutable, la population concevait de sérieuses inquiétudes sur les suites de cette attaque. Un jour, Ouali-Dada, qui se désaltérait dans l'une des tavernes de la ville, se lève subitement comme saisi d'une inspiration divine, parcourt les rues en ranimant le courage des habitants, puis se portant rapidement vers la mer, entre dans l'eau jusqu'à la ceinture et l'excite par des mots magiques et par les coups redoublés d'une baguette que brandit sa main bénie. A l'appel du marabout, la tempête se déchaîne et fait périr la plus grande partie de la flotte ennemie. Alors, les Croyants, si visiblement protégés par Dieu, fondent avec impétuosité sur les Infidèles. Frappés d'épouvante, les Espagnols prennent la fuite et renoncent à leur impie entreprise.

Ouali-Dada ne jouit pas longtemps de la popularité que lui avait si légitimement valu son efficace intervention, car l'inscription arabe, placée dans sa chapelle, établit qu'il était décédé en 1554. Voici le texte de cette inscription :

ولي البرايا وقطب الخلايق * فلما نوى ارتحالا شكورا : *1re Ligne*

سمعنا نداء بتاريخ فوته * وقد قال سقى الله شرابا : *2e Ligne*

طهورا سنة ٩٦١

Je traduis ainsi :

1re *ligne.* (Il est) l'*ouali* des créatures, le *pôle* (1) des êtres

---

(1) L'*ouali* est l'ami, l'élu de Dieu, le *saint.* Suivant l'explication donnée par Djami, Dieu a voulu rendre permanente la preuve de la mission donnée au prophète Mahomet et a destiné les *ouali* à servir

créés ; ∴ lorsqu'il s'apprêta à partir, adressant à Dieu des actions de grâces avec ferveur et résignation,

2ᵉ *ligne*. Nous entendîmes une voix annonçant la date de sa mort, ∴ et cela en disant : que Dieu l'abreuve d'une boisson pure. Année 961 (1554).

Je ferai une remarque au sujet de la date. J'avais cru d'abord devoir lire 951, attendu qu'au Xᵉ siècle de l'hégire, il existait une série de chiffres dans laquelle le signe ٦, qui représente le 6 dans la série qui est seule connue aujourd'hui, correspondait au 5. Mais l'addition des lettres composant les mots سقى الله شرابا طهورا qui renferment le chronogramme, me donne le nombre 961. Dès lors le doute semble d'autant moins permis que j'ai pu constater à plusieurs reprises, que les deux systèmes de numération ont été employés concurremment aux mêmes époques.

Ouali Dada était Turc ; sa réputation a traversé les siècles et il est encore en odeur de sainteté. Son établissement, géré par un oukil osmanli comprenait, en outre de la chapelle renfermant le tombeau du marabout, une mosquée et une salle de refuge pour les mendiants et les infirmes. En 1864, cet édifice, qui avait succes-

---

d'instruments à la manifestation de cette preuve. Il a mis aux mains des *ouali* le véritable gouvernement du monde, parce qu'ils se sont consacrés exclusivement à l'observation des traditions laissées par le Prophète, et qu'ils ont renoncé entièrement à suivre leur propre inclination. *C'est par la bénédiction de leurs pieds que la pluie tombe du ciel* et c'est par un effet de la pureté de leur état extatique que les plantes germent au sein de la terre. *C'est enfin par leur intervention que les musulmans remportent la victoire sur les infidèles*. Ils sont au nombre de quatre mille, tous cachés et ne se connaissent ni les uns ni les autres. Ils ne connaissent pas davantage l'excellence de leur état ; ils sont cachés pour eux-mêmes. Il y a des traditions sûres qui établissent ces faits, que confirment d'ailleurs les assertions des *ouali*. Parmi eux, ceux qui jouissent du plus grand pouvoir et qui sont comme les *premiers officiers de la cour de Dieu*, sont au nombre de trois cents, appelés *akhiyar*, ce sont les *ouali* de choix, les élus de premier ordre *(Les inscriptions arabes de Tlemcen*, par M. Ch. Brosselard, aujourd'hui préfet d'Oran. Voir *Revue Africaine*, tome IV, nº 19, octobre 1859, page 14).

Le *Kolb* signifie littéralement le *pôle*. Dans le langage mystique du soufisme, l'être privilégié auquel ce titre est décerné est *le saint par excellence*; celui qui occupe le sommet de l'axe autour duquel le genre humain avec toutes ses créatures, toutes ses grandeurs, toutes ses vertus, toutes ses sciences, et aussi tous ses vices, toutes ses petitesses, accomplit son éternelle et immuable évolution. C'est le *pôle* qui répand l'esprit de vie sur la nature supérieure et inférieure. Dans ses mains est la *balance de l'émanation générale* (Même article).

sivement reçu les n°° 108 et 3 de la rue du Divan, a été annexé aux bâtiments du couvent de la Miséricorde. Le corps du saint, exhumé avec toutes les formalités nécessaires, a été transporté dans un local qui lui avait été préparé près de la chapelle de Sidi-Abderrahman Ettalbi, au-dessus du jardin Marengo. Quant au refuge, il se trouve installé dans la maison domaniale portant le n° 3 de la rue du Palmier (impasse).

La dotation de cette Zaouiat avait une certaine importance et ses revenus se trouvaient considérablement augmentés au moyen des nombreuses offrandes apportées journellement par les fidèles, à la grande jubilation de l'oukil.

## CHAPITRE LIV.

### MOSQUÉE DITE DJAMA EL CAID ALI, RUE DU DIVAN.

Les plus anciens documents donnent à cette mosquée le nom de mesdjed el Caïd Ali, qui s'est perpétué jusqu'à nos jours. L'oukfia, entr'autres, la désigne ainsi : « Mosquée dite mesdjed el Caïd Ali, contiguë à la Zaouiat du cheikh Sidi Ouali Dada...

Cette petite mosquée sans minaret, qui reçut le n° 58 de la rue du Soudan, fut annexée, en 1842, au couvent des sœurs de St-Joseph, aujourd'hui couvent de la Miséricorde.

## CHAPITRE LV.

### ZAOUIAT MOULA HASSAN, RUE DU DIVAN.

Voici les renseignements que j'ai recueillis à son sujet. Cette zaouiat n'était autre chose qu'une maison ordinaire, affectée au logement des indigents célibataires.

I... Contiguë à la zaouiat du défunt Hassan Pacha (Acte de 1051, soit 1641-1642).

II.... Près de la medersa du défunt Hassan Pacha (Acte de 1084, soit 1673-1674).

III... Près de zaouiat Moulaï Hassan (Actes de 1164, soit 1750-1751, et de 1219, soit 1804-1806).

Cet établissement (n° 39 de la rue Boutin) aliéné en 1840, existe encore et porte le n° 3 d'une impas..

## CHAPITRE LVI.

### MOSQUÉE, RUE DU DIVAN.

Cette petite mosquée ne semble pas avoir eu un nom particulier, du moins les indigènes ne savent que répondre à ce sujet. Quelques-uns, cependant, prétendent qu'elle s'appelait, du nom du quartier, mesdjed Ketchawa, ce qui l'aurait exposée à être confondue avec la mosquée qu'a rebâtie Hassan Pacha. Une pièce française dressée en 1837 désigne cet édifice sous la dénomination de mesdjed Abderrahman, mais je n'ai pu trouver nulle part la confirmation de cette attribution.

Je n'ai rencontré dans les documents qu'une seule indication relative à cette mosquée, et elle mentionne un nom inconnu à la génération actuelle. Voici ce renseignement, puisé dans l'oukfia :

« Mosquée (mesdjed) sise à Ketchawa, vis-à-vis d'une fontaine, et connue sous le nom de djama el Bekouche البكوش »

Cet édifice (n° 1 de la rue Boutin) a été occupé par les Ponts-et-Chaussées jusqu'en 1834, où il fut démoli et tomba dans la voie publique.

## CHAPITRE LVII.

### ZAOUIAT DES ANDALOUS, RUE AU BEURRE.

En abordant sur le rivage africain, les maures d'Espagne, expulsés par leurs vainqueurs, formèrent une population distincte de celle qui leur donnait l'hospitalité, une sorte de colonie. Séparés de leurs nouveaux concitoyens par d'autres mœurs et d'autres traditions, liés entr'eux par une solidarité nationale, par la communauté de leur origine, ils éprouvèrent la nécessité de se soutenir mutuellement dans cette nouvelle contrée, qui, quoique musulmane, était la terre de l'exil. Ils s'empressèrent donc de créer des fondations pieuses au profit de leurs pauvres. En 1033 (1623) ils s'associèrent pour faire construire, à leur usage exclusif, une mosquée et une zaouiat. C'est ce qu'établit un acte authentique dont voici la traduction textuelle :

« (Cachet du cadi Hanéfite)

« Louange à Dieu. Après que l'association (djema'at) composée des honorables, vertueux et bons individus, qui sont : Mohammed ben Mohammed el Abeli; Ibrahim ben Mohammed Abou Sahel; le ma'llem (maître) Moussa, maître fontainier ; Ahmed, surnommé Khelassa, Mohammed el Andjedoun, Youssef, surnommé Eddound, Mohammed Essimeh ben Ahmed; Ali ben Omar, le marchand de savon ; Mohammed ben Mohammed el 'Adel et Yahya, le tailleur, tous andalous, est devenu propriétaire de la totalité d'une maison sise au quartier de l'école de la vigne (houmet mecid eddalia), dans l'intérieur d'Alger la protégée par Dieu très-haut, mentionnée dans l'acte ci-dessus, par suite d'une acquisition faite, moyennant un prix qui a été soldé ;

Les membres de ladite association déclarèrent qu'ils avaient payé la plus grande partie dudit prix de leurs deniers privés, que le surplus de ce prix avait été fourni par leurs amis, faisant partie de la communauté des Andalous; et qu'ils avaient acheté ladite maison dans l'intention de la démolir et de construire sur son emplacement une medersa (école supérieure) pour la lecture de la science et l'enseignement du Koran, et une mosquée dans laquelle se feront les prières.

Ensuite, ils démolirent ladite maison et bâtirent à sa place une medersa, comme il a été dit.

Et cela étant ainsi, lesdits membres de l'association prémentionnée déclarent actuellement constituer en habous ladite maison aujourd'hui convertie en medersa, au profit de la communauté des Andalous, avec toutes ses dépendances, appartenances et accessoires intérieurs et extérieurs, anciens et nouveaux. Ce habous est perpétuel, complet, éternel et légal ; il ne pourra être l'objet d'une vente, ni d'une donation, ni d'un héritage, ni d'un échange ; toutes ces dispositions seront conservées et nul changement ne sera apporté à ses bases. Il ne sera altéré ni modifié jusqu'à ce que Dieu hérite de la terre et de ceux qu'elle porte, et il est le meilleur des héritiers. Quiconque tentera de l'altérer ou de le changer sera interrogé par Dieu, qui lui demandera compte de son entreprise et en tirera vengeance. Ceux qui ont pratiqué l'arbitraire apprendront de quel châtiment ils seront atteints.

Les fondateurs susdits connaissent toute la portée de leur fondation; ils ont agi ainsi pour l'amour du Dieu sublime et dans l'espérance d'obtenir ses larges rémunérations. Lesdits fondateurs ont délégué l'honorable Mohammed el 'Abdi, susnommé, pour prendre possession du habous, au nom et pour le compte de qui a été dit, en surveiller les intérêts, faire exécuter les choses nécessaires, recevoir ce qui sera utile pour les besoins de la dite medersa en fait de mets et autres choses, toucher les revenus et dépenser ce qu'il jugera opportun. Il a accepté cela d'eux et il a pris possession dudit habous pour le compte de qui a été dit, etc. A la date des derniers jours du mois de Dieu moharrem le sacré, premier des mois de l'année mil trente-trois (1033) (Soit du 14 au 23 novembre 1623) de l'émigration du prophète Mohammed, sur qui soit la plus abondante des bénédictions, etc. »

L'œuvre collective des Andalous a traversé deux siècles sans éprouver de modifications. Sa dotation, assez considérable, était régie par un oukil ayant sous ses ordres un chaouch, et descendant l'un et l'autre des morisques. Elle accordait des secours permanents à des indigents dont l'origine andalouse était légalement établie.

Abandonnée pour cause de vétusté en 1843, cette zaouiat, qui avait reçu le n° 21 de la rue au Beurre, fut aliénée peu de temps après. L'administration française continue à allouer des secours à certaines familles d'origine andalouse.

## CHAPITRE LVIII.

### § 1er. — MOSQUÉE DITE DJAMA SOUK ESSEMEN, RUE DU LÉZARD.

Je n'ai trouvé aucun renseignement écrit sur cette petite mosquée, qui, du nom du quartier, s'appelait mesdjed Souk Essemen (de la rue au beurre fondu).

Abandonné par les musulmans, cet édifice, qui avait reçu le n° 9 de la rue du Lézard, fut aliéné en 1837. Son emplacement a été englobé dans la construction située entre les rues Porte-Neuve et du Lézard, et connue sous le nom de bazar Salomon.

### § 2. — MOSQUÉE DITE MESDJED MECID EDDALIA, RUE DU LÉZARD.

Les documents que j'ai consultés, et dont le plus ancien est de 964 (1556-1557), donnent, invariablement à cette petite mosquée et à l'école qui l'avoisine le nom de *Eddalia* (الدالية, de la vigne), qui était encore employée en 1830. Je n'ai pu, d'ailleurs, recueillir aucun renseignement sur la date de la fondation et le nom du constructeur de cet édifice, dont une vigne est le seul patron connu par la notoriété.

Abandonnée pour cause de vétusté, cette mosquée qui avait reçu successivement les n°s 27 et 55 de la rue du Lézard, fut aliénée en 1839.

## CHAPITRE LIX.

### ZAOUIAT CHEBARLIA, APPELÉE ÉGALEMENT ZAOUIAT CHEIKH ELBLED ET AUSSI ZAOUIAT KETCHAWA, RUE DE LA COURONNE.

Cet édifice était de construction récente. Il a été bâti en 1201 (1786-87), par El-Hadj Mohammed Khodja Makata'dji (secrétaire du palais) dont il n'a pas gardé le nom. Les dénominations de *Chebarlia* et de *Ketchawa* étaient dûes à la situation de la zaouiat; la 3ᵉ avait pour cause le voisinage des bureaux du fonctionnaire ayant le titre de *cheik helbled*.

Cet établissement se composait: d'un mesdjed ayant un petit minaret); d'une zaouiat renfermant des chambres destinées aux tolbas turcs); de latrines avec fontaines et d'une salle de bains froids. Voici les documents et renseignements que j'ai recueillis en ce qui le concerne :

*1. Traduction entière d'un acte dressé par le caci hanafite.*

(Nota. — Cet acte est revêtu : 1° du cachet du cadi hanafite; 2° du cachet du pacha Mohammed ben Otsman (1179) qui surmonte cette annotation : Ce que renferme cet acte en fait de jugement et d'homologation au sujet de la constitution de Habous et des dispositions arrêtées (par le fondateur) à son gré et à sa guise, a eu lieu avec l'autorisation de celui à qui appartient le droit d'ordonner, notre maître Mohammed pacha, gouverneur (Ouali) de la (ville) bien-gardée d'Alger, que celui à qui aucune des choses apparentes ou secrètes n'est cachée (Dieu) la préserve des maux de l'adversité et la conserve jusqu'au jour de la résurrection, alors que chaque homme, les premiers comme les derniers, présentera le livre où sont inscrites ses actions !)

Louange à Dieu. Après que l'honorable, etc., l'écrivain, l'éloquent Sid Mohammed, khodja actuel du palais du Gouvernement élevé (que Dieu le récompense par le bien, réalise ses souhaits et ses espérances, etc.), fut devenu propriétaire du Fondouk et de l'Aloui, mentionnés avec lui dans l'acte ci-dessus, auquel celui-ci fait suite, et situés au quartier de *Ketchawa* (كجاوة), ainsi que cela résulte de la teneur de cet acte ;

En cet état de choses, le sid Mohammed khodja, taftar dar, propriétaire susnommé, a pris les deux signataires du présent en témoignage contre sa noble personne, déclarant constituer habous et wakf, et immobiliser entre les mains du Dieu très-haut, dans une intention sublime, bâtie sur les fondations de la piété, la totalité de l'emplacement du Fondouk et de l'Alqui susdits, pour qu'il y soit construit une *Medersa* renfermant cinq chambres dont jouiront les étudiants et les gens qui s'occupent de science, et une mosquée, dans laquelle seront faites les cinq prières pour lesdits savants (tolba) et tous autres d'entre les musulmans. La mosquée et les chambres seront dans la partie supérieure du Fondouk susdit, élevées au-dessus d'autres chambres sises au rez-de-chaussée du Fondouk et, qui seront destinées à être louées à ceux qui voudront les habiter ou s'y livrer au commerce. Les dites chambres inférieures seront bâties sur le terrain qui restera disponible après la construction d'une ou deux *matehara* (1) destinées aux ablutions de tolba et des musulmans. A cet effet, il a constitué habous l'eau du puits qui se trouve dans cet endroit. Si Dieu lui facilite les moyens d'acquérir par voie d'échange un filet de l'eau provenant du Hamma, cette eau sera ajoutée à celle dont il a été parlé et on s'en servira soit pour boire soit pour faire des ablutions. Le produit des chambres inférieures susdites appartiendra à ladite mosquée et sera ajouté à ses *habous*, dont le détail sera donné plus bas, s'il plaît au Dieu très-haut. — Le fondateur susnommé a affecté mille pièces d'or royales (soltania) à la construction de la mosquée et de la medersa susdites, de la manière qui a été expliquée ; il a séparé cette somme de ses deniers, a renoncé à sa jouissance et n'a conservé sur elle qu'un droit d'usufruit, afin qu'elle serve à la construction de ce qui a été dit. Si son existence est longue et si Dieu lui accorde la prolongation de la vie, cette somme sera dépensée par ses soins et il restera chargé de mettre à exécution les projets de son esprit droit. Après lui, ce soin reviendra à celui de ses enfants qui en sera digne, et, à défaut, il sera remplacé par la personne qui sera choisie à cet effet sous le contrôle des gens dont la vertu et le bon ordre sont l'apanage et que sa probité recommandera, ou par la personne qui sera désignée par le fondateur lui-même. — Le fondateur susnommé a stipulé qu'à la dite mosquée sera attaché un *imam*, qui y fera les appels à la prière (idzan) (c. a. d. qui fera l'office de Mouedden, N. du t.) et y remplira les fonctions d'imam, ainsi que cela se pratique et est d'usage dans toutes les mosquées d'Al-

---

(1) Lieu de purification, local renfermant des latrines et des fontaines pour les ablutions.

ges semblables à celle-ci, dans laquelle seront faites les cinq prières ; qu'il y sera également attaché un professeur appartenant à la secte hanéfite ou non, lequel y enseignera les sciences théoriques et pratiques, dérivées et originaires, les belles-lettres et la controverse, s'il est trouvé quelqu'un qui connaisse tout cela ; à défaut, il sera fait choix d'une personne qui ne possède qu'une partie de ces connaissances ; qu'il y sera attaché également cinq *tolba*, qui liront le hizeb à l'heure d'*el-dohor* et d'*el-asr*; qu'il y sera lu le *tenbih el-anam*, à l'endroit de la prière pour le prophète (sur lui soient la bénédiction et le salut!), chaque jour avant le coucher du soleil, par qui en sera capable, que ce soit l'imam ou tout autre ; qu'il y sera également attaché pour les besoins de la Medersa et de la mosquée une personne qui balaiera, qui étendra les nattes et qui nettoiera la *matehara* (lieux d'ablutions) et autres endroits. — Le fondateur susnommé a arrêté que les allocations suivantes seraient faites sur le produit des *habous* de la mosquée, dont le détail sera donné plus bas : au professeur, un mahboub tous les mois ; à l'imam un sultani tous les mois ; à chacun de ceux qui liront le hizeb, un rial draham tous les mois ; au lecteur du *tenbih el-anam*, de même : à la personne chargée du nettoiement, un rial chaque mois ; aux tolba logés dans les chambres de la Medersa, un demi-rial chaque mois. Il a également arrêté que tous les mois il serait acheté un quart de cruche d'huile pour ladite mosquée, et chaque mois de Ramdan l'huile nécessaire pour qu'on puisse faire les prières (de nuit appelées) *etterawih*; qu'il sera acheté également chaque mois de Ramdan, pour les gens de la mosquée et de la *Medersa*, un demi quintal de *zelabyat* (1), ainsi que c'est l'usage dans les autres établissements de même nature. — Les immeubles que le Sid Mohammed Khodja, susnommé (que Dieu embellisse sa situation et réalise ses souhaits dans les deux mondes!) a constitués habous au profit de la *Medersa* et de la mosquée susmentionnées, sont, etc. Toutes les dépenses dont le détail a été donné plus haut seront acquittées sur les produits desdits immeubles, après le prélèvement de ce qui est nécessaire à leur entretien et à leur conservation etc. L'excédant des recettes sera cumulé et amassé ; s'il est réuni une somme assez forte pour qu'on puisse l'affecter à l'achat d'un autre emplacement, qui sera immobilisé au profit de ce qui a été dit, cette acquisition sera ajoutée

---

(1) Sorte de beignets au miel.

aux autres habous déjà mentionnés. Tout ce qui excédera les prélèvements indiqués sera dépensé en bonnes œuvres au profit de la généralité des musulmans, par les soins du surveillant de la mosquée et de la Médersa, choisi parmi les descendants du fondateur, s'il s'en trouve ; à défaut de ces descendants, cette surveillance appartiendra au Sboulkheirat de ladite ville. Cette constitution de habous est complète, éternelle, etc. A la date du milieu du mois de chaban le béni de l'année 1201 (du 28 mai au 7 juin 1787).

(Suivent les signatures des deux assesseurs du Cadi)

2. *Traduction d'un acte dressé par le Cadi hanéfite.*

Louange à Dieu ! En présence des deux signataires de cet acte, a comparu le noble Sid Mohammed Khodja, makata'dji actuel du palais du Gouvernement élevé, nommé dans l'acte que celui-ci entoure, lequel les a pris en témoignage contre lui-même, déclarant ajouter ce qui suit aux habous de la Zaouiat précitée, savoir ; la totalité de l'aloui situé, etc. — Les produits desdits immeubles seront dépensés au profit des tolba de ladite Zaouiat, ainsi que cela est établi et détaillé dans une liste des dépenses imposées à la Zaouiat susdite, qui se trouve entre les mains de l'administrateur de cette Zaouiat, etc. — Le fondateur susnommé a disposé, en posant les bases du habous, que le surveillant de la Zaouiat donnera une demi-cruche d'huile par mois à la mosquée pour l'éclairage de cette mosquée, des latrines de la Zaouiat susdite et du passage qui conduit à ladite mosquée. — Il a également disposé que le surveillant de ladite Zaouiat, achètera à la fin de chaque Ramdan, sur les produits desdits habous et à perpétuité, un quart de quintal de *Zelabyat*, qui seront distribuées aux employés de ladite mosquée et aux tolba qui se trouveront dans les chambres de ladite Zaouiat. De même, il sera prélevé à perpétuité un *rial draham serar*, par mois, qui sera alloué au *douwal* (1) du professeur chargé de l'enseignement dans la mosquée de ladite Zaouiat. Les stipulations renfermées dans l'acte que celui-ci entoure, au sujet de l'allocation d'un quart de cruche d'huile et d'un demi-quintal de Zelabyat, sont rapportées et supprimées, et il n'en sera point tenu compte ; il n'y a d'exécutoire à ce sujet que ce que renferme le présent acte. Il a été témoigné, etc. — A la date du mi-

---

(1) Personne qui lit l'ouvrage que le professeur commente ou dont il lit un commentaire.

lieu de chaban le béni de l'année 1204 (du 26 avril au 5 mai 1790).

(Suit la signature des deux assesseurs du Cadi).

III. *Traduction d'un acte dressé par le Cadi hanéfite.*

Louange à Dieu ! Le Sid Mohammed Khodja susnommé a également pris les deux signataires du présent en témoignage contre lui-même, déclarant par l'organe de l'honorable Sid Bakir, le janissaire, maréchal-ferrant, fils de Mohammed, qu'il annexait toutes les chambres inférieures de ladite Zaouiat au habous des chambres supérieures de cette Zaouiat, en sorte que la disposition relative à leur mise en location est abolie et supprimée ; de même que les chambres supérieures, elles serviront de logement à des tolbas, mais elles n'auront droit à aucune des allocations accordées aux chambres supérieures et ne participeront en rien aux avantages qui sont faits à ces dernières. Il a eu en vue, en agissant ainsi, la face de Dieu l'Incommensurable et a espéré ses immenses rémunérations, car Dieu récompense ceux qui font le bien et ne laisse point faillir le salaire des bonnes œuvres. Il a été témoigné, etc. A la date des derniers jours de chaban le béni de l'année 1204 (du 6 au 25 mai 1790).

IV. *Traduction d'un acte dressé par le cadi Malekite.*

Louange à Dieu ! Après la passation de ce qui a été dit dans l'acte constitutif du habous de la dite Zaouiat, relativement aux dispositions arrêtées par le sid Mohammed Khodja, fondateur susnommé, en ce qui concerne la création d'un imam et d'un professeur dans la dite Zaouiat, et du personnel qu'il leur a adjoint, ainsi que tout cela est mentionné et établi d'une manière entière dans ledit acte ;

Il fut reconnu et constaté que la stipulation, renfermée dans ledit acte, que le professeur devra appartenir à la secte hanéfite est le résultat d'une erreur de l'écrivain et que cette disposition concernait, au contraire, l'imam, d'une manière exclusive. Celui-ci ne pourra être, en effet, qu'un hanéfite, mais le professeur pourra appartenir à n'importe quelle secte, à la secte hanéfite ou à toute autre. Il est seulement exigé qu'il soit capable de professer, mais peu importe qu'il soit hanéfite, malékite ou de toute autre secte. Telle est la disposition arrêtée et formulée par le fondateur au moment où il a rétabli ledit habous ; l'erreur commise dans ledit acte, lors de sa rédaction, y a été rectifiée par l'adjonction des mots *ou non* après les mots *appartenant à la secte hanéfite*, mais cette rectification n'a pas contenté le fondateur et il a désiré que sa volonté fût régulièrement et explicitement constatée. En conséquence sa déclaration a été recueillie par les deux signataires du présent et consignée ici comme corroboration, après l'autorisation qui en a été donnée par le cheikh, le théologien, l'imam, le savant, le docte, le modèle, l'intelligent, lequel est Mohammed (signature), que Dieu, etc. A la date des premiers jours de Chaban le béni, de l'année 1206 (du 25 mars au 3 avril 1792).

V. *Un acte passé devant le cadi hanéfite, dans les derniers jours de Safar de l'année 1206 (du 20 au 28 octobre 1791), porte ce qui suit :*

Le sid Mohammed Khodja, étant devenu propriétaire d'une boutique, déclaré par l'organe de l'honorable Mohammed, chaouch actuel au palais du Gouvernement élevé, fils de Dada, faire donation de cet immeuble à l'aqueduc amenant les eaux à Alger, en compensation et comme paiement de l'eau qui est introduite dans la Zaouïat que le dit donateur a rebâtie de ses deniers privés.

VI. Mohammed Khodja Makata'dji fonde un habous au profit de la medersa et de la Mosquée qu'il s'occupe à faire bâtir sur un emplacement dont il a constitué le sol habous à cet effet, sis à Ketchawa vis à vis de *dar eddebar* (atelier de tanneur). (Acte de milieu Chaban 1201, soit du 28 mai au 6 juin 1789).

VII. Mohammed Khodja fait un habous au profit d'une Zaouiat qu'il a fait construire dans un fondouk, près de la boutique du cheikh el-bled actuel (acte de 1204, soit 1789-1790).

VIII. Hanifa, épouse de Mohammed Khodja Makata'dji, fait un habous au profit de la Mosquée qui est dans la Zouiat qu'a fait construire son mari (acte de 1210, soit 1795-1796).

IX. Hanifa bent Mustapha Khodja, veuve de Mohammed Khodja ex Daftardar, fonde un habous au profit de la Zaouiat qu'a construite son défunt mari, sise près du local du cheikh el-bled, au quartier de Chebarlia (acte de 1221, soit 1806-1807).

Cet établissement appartenait à la secte hanéfite, et par suite sa dotation était administrée par le Sboulkheirat. Il reçut le n° 38 de la rue de la Couronne, en 1830, et ne tarda pas à être détourné de sa destination. En 1835, il fut évacué par la Gendarmerie, et en juin 1836 on l'affecta aux bureaux du Beit el-Mal. Compris dans une aliénation en date du 30 janvier 1840, il se trouva englobé dans la construction du bazar d'Orléans, portant les n° 9 de la rue du Lézard, et qui a été remplacé lui-même par les maisons récemment bâties entre les rues Napoléon et de Chartres.

## CHAPITRE LX.

### MOSQUÉE DE SOUK EL-LOUH, RUE JUBA.

Voici les renseignements que j'ai recueillis sur cette petite Mosquée, qui portait le nom de son quartier.

I. Mosquée el-Khiatin (des Tailleurs) Acte de 1070, soit 1659-1660).

II. Mosquée sise à Souk el-Louh (le marché aux Planches) (Acte de 1171, soit 1757-1758).

III. Mosquée sise à Souk el-Khiatin (la rue des Tailleurs), près de Souk el-Louh, au dessus de lieux d'ablutions, et qui a été rebâtie par ben Khodja Biri... Son oukil est Mohammed ben Ali ben Djadoun (Acte de 1207, soit 1792-1793).

A ces extraits, j'ajouterai la traduction textuelle d'une nomination d'oukil. Cette pièce fixe un point sur lequel j'ai promis des éclaircissements et devait nécessairement figurer dans la collection des documents que j'ai réunis pour mon étude sur les établissements religieux.

« (En marge, se trouve un cachet de Pacha, dans lequel on lit : Mohammed ben Otsman, 1179.)

« Que la louange soit adressée à Dieu, autant qu'il en est digne ! Que Dieu répande ses grâces sur notre Seigneur et maître Mohammed, ainsi que sur sa famille et ses compagnons, et qu'il leur accorde le salut !

Celui d'entre les ulémas et d'entre les dépositaires de l'autorité publique à un titre quelconque dans notre ville d'Alger la préservée par Dieu (qu'il soit exalté !) des maux de l'adversité, que Dieu les dirige tous et les guide vers le bien en paroles et en actions ! qui prendra lecture de ce noble ordre, aux énonciations claires et imposantes, dont les prescriptions sont exécutées et dont la puissance et le rang sont immenses, apprendra que le porteur du présent, l'honorable et très-glorieux sid Mohammed ben Djadoun, a été l'objet de notre faveur et que nous l'avons nommé Imam, — qui sera accepté comme satisfaisant et estimé comme homme de confiance — à la mosquée (Mesdjed) sise à Souk el-Louh, où il fera les prières ordinaires suivant l'usage adopté. La gestion des fondations pieuses faites au profit de cette mosquée lui sera confiée. Il en emploira les revenus aux besoins de la mosquée, tels qu'achat d'huile, éclairage, achat de nattes, constructions, réparations et autres nécessités. Quant à ce qui restera disponible après les dépenses, il en jouira pour son usage personnel, ainsi que cela était la coutume des imams précédents, ses semblables. Nous ordonnons qu'il soit honoré, estimé, considéré, respecté et protégé; en sorte que sa considération ne subira aucune atteinte, que nul ne pourra lui causer de préjudice et que personne ne commettra à son encontre ni avanie ni acte vexatoire. Cette faveur est complète, entière et sans restriction. La considération qu'elle confère est entière et la déférence à laquelle elle donne droit, est générale. En conséquence, le lecteur du présent aura à se conformer à ses prescriptions et à ne l'enfreindre en rien. Tout transgresseur encourra un châtiment. Et le salut! Écrit par ordre de notre honorable et très-glorieux maître le Doulateli, le Seigneur Mohammed Pacha, que Dieu l'assiste par sa bonté et le favorise de son secours. A la date du milieu de ramdam l'excellent de l'année 1201 (soit du 27 juin au 6 juillet 1787). »

Cet édifice, ancien n° 21 de la rue Juba, fut affecté aux bureaux du Beit el-Mal jusqu'en 1836, époque où il fut démoli et tomba dans la voie publique.

## CHAPITRE LXI.

### MOSQUÉE EL-KABAIL, RUE BOZA.

Les renseignements que j'ai recueillis dans des documents ne nous apprennent ni le nom du fondateur de cette mosquée, ni la date de sa construction. Mais ils constatent du moins qu'elle a été rebâtie vers 1620 par le fameux Ali Bitchenin (1), qui a laissé son nom à la mosquée sise à l'angle des rues de la Casbah et Bab-el-Oued (aujourd'hui église de N.-D. des Victoires).

Cet édifice n'a pris ni le nom de son restaurateur ni celui de l'un de ses oukils. Les Algériens l'appelaient la mosquée des Kabiles, mais il résulte d'anciens documents que le nom d' *el-Kabail* appartenait primitivement au quartier et non à la mosquée. On aurait

---

(1) La qualité de *négociant*, appliquée un peu plus loin à cet Ali Bitchenin, autorise à douter que celui-ci soit le célèbre corsaire de ce nom, le grand amiral algérien.

dû donc dire : *la mosquée de la rue des Kabiles*. Cependant, la désignation de Mosquée des Kabiles a prévalu, soit dans les écrits, soit dans la tradition.

Voici les renseignements recueillis sur ce mesdjed.

I. Boutique située à Souk el-Kebaïl (rue des Kabiles) et attenant au minaret d'une mosquée sise sur ce point et dont est imam Mohammed el Bekirani (Acte de 971, soit 1563-1564).

II. Aloui sis à Souk el-Kabaïl et voisin de la mosquée qui a été reconstruite par l'honorable négociant Ali Bitchenin (Acte de 1029, soit 1619-1620).

III. Mosquée sise à Souk el-Kabaïl et dont est imam Mohammed ben Ba'ich (Acte de 1053, soit 1643-1644).

IV. Mosquée sise en [face du fondouk à l'huile (fondok ezzit) (Oukfia).

V. Mosquée sise   à la rue des commerçants (Souk ettoudjar) et contiguë à la fontaine de la Bouza (Aïn el-Bouza), près du fondouk d'Ali Bitchnin (Acte de 1152, soit 1739-1740).

VI. Mosquée (mesdjed) de Souk el-Kebir (la grande rue), connue sous le nom de djama el-Kobaïl (Acte de 1168, soit 1754-1755).

VII. Boutique sise dans la rue de la Bouza (zenket el-Bouza), du côté de Souk el-Kebir, et contiguë à une mosquée située dans cet endroit (Acte de 1183, soit 1769-1770).

VIII. Mosquée sise à Souk el-Kebir et dont est imam el-Hadj-Djeloul (Acte de 1186, soit 1772-1773).

IX. Mosquée sise à Souk el-Kebir et connue sous le nom de *mesdjed el-Kobaïl*, près du fondouk à l'huile (fondok ezzit) (Acte de 1222, soit 1807-1808).

X. Mosquée du défunt Essyied el-Hadj Djeloul, en face du fondouk à l'huile (Acte de 1128, soit 1813-1815).

XI. Ahmed ben Mahmoud, imam de djama el-Kobaïl (Acte de 1245, soit 1829-1830).

Le personnel de cette mosquée ne se composait que d'un oukil, remplissant aussi les fonctions d'imam et de mouedden. Le dernier oukil a été Ahmed ben Mohammed, nommé en 1825.

La principale porte de cet édifice reçut le n° 2 de la rue Boza, et une autre issue qu'il avait sur la rue Bab-Azoun porta le n° 19. Il conserva d'abord son affectation, mais il fut vendu le 28 mai 1836. Son emplacement se trouve aujourd'hui partie dans la voie publique et partie dans la construction connue sous le nom de maison Duchassaing, à l'angle des rues Bab-Azoun et Boza.

## SECTION IV°. — SUD.

### § 1er. — QUARTIER BAB-AZOUN INTÉRIEUR.

### CHAPITRE LXII.

#### MOSQUÉE EL-MA'DJAZIN, RUE BAB-AZOUN.

Cette petite mosquée était appelée indifféremment *djama Souk el-Kebir*, du nom du quartier, *djama Ben-Turkia*, du nom de l'oukil, et *djama el-Ma'jazin*. Quant à cette dernière dénomination, quelques indigènes l'expliquent en disant que dans la mosquée dont il s'agit, on faisait la prière d'ed-Dehour (1 heure de relevée) beaucoup plus tard que dans toutes les autres, ce qui donnait aux retardataires la facilité d'y faire leurs dévotions, et que de là vient le nom de *djama el Ma'jazin*, c'est-à-dire la mosquée des paresseux. Je ne présente cette version que sous réserve. Voici, d'ailleurs, les renseignements que j'ai glanés dans des documents authentiques.

I. Aloui sis à Souk el-Mellahin (الملاحين), des marchands de sel) et contigu à une mosquée qui se trouve là et qui est connue sous le nom de *djema el-Mechatin* (المشاطين) (Acte de 959, soit 1551-1552).

NOTA. Le même Aloui est ainsi désigné en 1089 (1678-1679) : sis à Souk el-Kebir et contigu à une mosquée dont est oukil Sid Redjeb.

II. Mosquée sise à Souk el-Khiatin (des tailleurs). (Acte de 1056, soit 1646-1647).

III Mosquée des tailleurs (el-Khiatin) (Acte de 1070, soit 1659-1660).

IV. Maison sise à el-Mellahin, quartier qui est actuellement connu sous le nom de Souk el-Kebaïl (marché des Kabyles), et contiguë à une mosquée qui est en face de la rue des Juifs, connue sous le nom de Seba loniat (les sept coudes). (Acte de 1124, soit 1712-1713) (1).

V. Mosquée (mesdjed) d'el-Fekharin (des potiers), vis-à-vis de

---

(1) C'est aujourd'hui la rue Sainte.

Suba loujat (les sept coudés), dans la rue des tailleurs (Souk el-Kbiatin) (Oukila).

VI. Mosquée sise à Souk el-Kebir (la grande rue), vis-à-vis d'une rue qui est là, et dont est imam Mohammed el-Mesteranemi (de Mostaganem), dit Ben Yamena (Acte de 1140, soit 1727-1728).

VII. Mosquée sise à Souk el-Kebir, près de la boutique du peseur public (Acte de 1148, soit 1735-1736).

VIII. Mosquée sise à Souk Eddellala (la rue des encans), et dont est imam Ahmed El-Merrassi ben Yamena (Acte de 1152, soit 1739-1740).

IX. Mosquée sise à Souk el-Kebir, et dont est imam Mohammed ben Turkia (Acte de 1167, soit 1753-1754).

X. Mosquée située à Souk Eddellala et dont est imam Mohammed Echerif, dit Ben Turkia (Acte de 1182, soit 1768-1769).

XI. Mosquée sise à Souk el-Kebir, connue sous le nom de mesdjed el-Madjazin (المجازين); et dont est imam Mohammed ben Turkia (Acte de 1222, soit 1807-1808).

XII. Mosquée sise à Souk el-Kebir et vis-à-vis d'une rue, dont est imam Mohammed ben Turkia, également oukil de la chapelle de Sidi Abderrahman Ettalbi (Acte de 1228, soit 1813-1814).

Ces renseignements, tout en présentant une certaine importance, au point de vue de la topographie de l'ancien Alger, ne font connaître ni la date de la construction, ni le nom du fondateur de la mosquée dont je m'occupe. Cet édifice, qui avait reçu le n° 175 de la rue Bab-Azoun, fut aliéné en 1836. Son emplacement se trouve partie dans la voie publique et partie dans la maison Duchassaing, à l'angle des rues Bose et Bab-Azoun.

## CHAPITRE LXIII.

### § 1er. — Mosquée de Khedeur Pacha, à l'angle des rues Scipion et Bab-Azoun.

La mosquée de Khedeur Pacha appartenait à l'ancien type arabe caractérisé à l'extérieur par une couverture en tuiles, et à l'intérieur par des travées étroites que formaient des piliers en maçonnerie. Elle fut construite en 1005 (1596-1597), sur l'emplacement d'une plus petite mosquée. Voici, du reste, les renseignements que j'ai recueillis sur cet édifice.

I... boutique sise dans le quartier appelé anciennement Houmet

Essekadjin (السكاكجين) et aujourd'hui Hommet el-Kherrâtîn (des tourneurs), près de la mosquée du saint et vertueux *Abou Daoud,* Seliman el-Keballi. (Acte de 975, soit 1567-1568).

II. boutique sise à Souk Essekkadjin, dans l'intérieur de la ville, près de la mosquée connue sous le nom de Sidi Seliman el-Keballi. (Acte de 984, soit 1576-1577).

III. Traduction d'un acte portant l'empreinte du cachet du cadi hanéfite et de celui du Pacha Khedeur (1).

Louange à Dieu, qui dans sa bonté nous dispense ses grâces, qui nous comble de bienfaits dont nul ne saurait se rendre digne, malgré la grandeur de ses efforts; qui donne et qui prend, sans que nul puisse détourner ses dons ni faire faillir ses promesses; « ce « que Dieu, dans sa miséricorde, ouvre aux hommes (de ses bien- « faits), nul ne saurait le renfermer et nul ne saurait leur envoyer « ce que Dieu tient. » (Coran, chap. XXXV, verset 2. *Note du Trad.*) Je le loue (qu'il soit glorifié!); je lui adresse des actions de grâces pour ses faveurs et je le vénère, tout en proclamant mon impuissance à le remercier et à le glorifier. J'implore de lui, du Dieu glorieux, l'abondance inépuisable de ses bienfaits, et la perpétuité de ses faveurs! J'atteste qu'il n'y a d'autre dieu que Dieu, qu'il est unique et qu'il n'a point d'associé. Cette attestation, sincère dans ses expressions, repose sur des bases solides, puisse Dieu, grand et élevé, la purifier de toute controverse. J'atteste également que notre seigneur et maître Mohammed, son adorateur et son envoyé (que Dieu répande ses grâces sur lui et lui accorde le salut! est le plus noble de ceux qu'il a choisis pour être ses adorateurs et ses prophètes, et le plus grand de ceux qui ont guidé les créatures dans la vraie direction et vers la droiture. Que Dieu répande ses grâces et le salut sur lui, sur sa famille, sur ses nobles compagnons, sur ses partisans et sur son armée! Grâces que nous implorons, s'il plaît à Dieu, pour être sauvés des angoisses et des anxiétés du jugement dernier, et par lesquelles nous solliciterons une place favorisée de la sécurité, dans laquelle nous n'aurons aucun malheur à redouter. Après avoir adressé des louanges à Dieu le très-haut et avoir appelé les bénédictions divines sur notre seigneur Mohammed, le noble prophète (nous constaterons

---

(1) Khedeur fut trois fois pacha d'Alger : 1° d'août 1589 au mois d'août 1592; 2° de 1595 à 1596; 3° de 1601 à 1603. La première et la troisième fois, il accomplit entièrement la période triennale de gouvernement assignée à ces représentants de la Porte ottomane.

que), lorsque le pacha grand, célèbre, considérable, très-fortuné, éminent, droit, orthodoxe, très-puissant, pieux, dont la puissance est l'apanage, Khedeur, eut conçu le désir de faire des actes pies et de se rapprocher du Maître par de bonnes œuvres, il constitua babous, au profit de ses enfants et de leurs enfants tant qu'ils se perpétueront et se ramifieront, et au profit de la mosquée dont il a élevé les constructions et édifié les bâtisses, laquelle est la mosquée d'assemblée (mesdjed el-djama), située au quartier des tourneurs Souk el-Kherratin), dans l'intérieur d'Alger la protégée par le Dieu très-haut et dans le voisinage d'une caserne de l'armée victorieuse (savoir) :

» La moitié indivise d'une étuve connue sous son nom, située à Eddiassin et contiguë au jardin (riad) portant son nom et bien connu dans le quartier, etc. (Suit la désignation de divers immeubles).

« Sur les revenus de ces biens, il sera prélevé ce qui suit : pour le khetib de ladite mosquée, cinquante dinars par mois ; deux dinars par mois pour la *mohammadiya* (prière pour le prophète), laquelle sera lue, tous les lundis et tous les jeudis, à perpétuité ; pour celui qui lira *et-ta'rif* chaque vendredi, deux dinars par mois ; pour trois mouedden hanéfites, deux dinars, soit six dinars par mois ; pour quatre personnes qui liront..... chaque vendredi, quatre dinars par mois, soit un dinar à chacune d'elles ; à celui qui sortira les livres le vendredi et qui donnera la crosse au khetib, deux dinars par mois , pour neuf hezzabin qui liront chacun deux *hizb* tous les jours après la prière d'*el-Asr*, neuf dinars par mois, soit un dinar pour chacun ; pour celui qui sera chargé de nettoyer les latrines, deux dinars par mois ; pour le mouedden qui sera chargé de faire l'appel à la prière, d'allumer les lampes et de balayer, trois dinars par mois ; pour les nattes, vingt dinars par an ; pour l'huile, quatre-vingts dinars par an ; au professeur malékite et au professeur qui lira (les ouvrages appelés) le Boukhari, Ibn abi-Hamza et *Erressa*, soixante dinars par an, soit trente dinars pour chacun d'eux ; pour l'administrateur desdits habous, lequel est le caïd, l'honorable, le parfait, dont l'illustration est l'apanage, Soliman, affranchi du pacha susnommé, cinq dinars par mois ; à un autre mouedden, deux dinars par mois, etc...... Ce habous est perpétuel, stable et éternel. Il ne sera modifié en rien, aucune de ses dispositions ne sera altérée, etc.

— Il (le pacha) a commis, pour jouir dudit habous, le surveiller et le gérer, son affranchi, le caïd Soliman sus-nommé, et, après lui, celui, d'entre ses vertueux affranchis qui en sera capable ; il l'a autorisé à prendre possession du habous pour le compte de la mosquée, etc. Les dinars, dont il est question dans cet acte, sont des dinars algériens cinquantenaires. A la date de la fin de moharrem le sacré, ouverture de l'année mille cinq (soit du 14 au 23 septembre 1596) (1).

IV. La dame libre, vertueuse et noble, Kamir, fille de l'honorable sage, respecté, etc., Caïd Mohammed Bey, fonde un habous au profit de la mosquée qu'a fait construire son frère germain, le pacha magnanime, considérable, sage, respectable, très-fortuné, vertueux, pieux et puissant Khedeur, que Dieu le rende heureux ! sise dans le souk des tailleurs et près d'une caserne de l'armée victorieuse (Acte en date de la fin de safar 1006, soit du 5 au 11 octobre 1597).

V. Un acte, portant la date du commencement de rebi deuxième de l'année 1096 (du 7 au 16 mars 1685), constate qu'il existait une école établie par El-Hadj Mustapha Beloukbachi ben Mohammed Etturki pour être affectée à l'enseignement du Koran, et dont la porte était contiguë à la porte de la mosquée connue sous le nom de mosquée du défunt Khedeur, vis-à-vis d'une caserne de janissaires ; et que cette école a été agrandie par le prince magnanime, etc., Ibrahim Khodja, dey (2).

Le nom de Khedeur Pacha resta attaché à sa fondation. En 1830, cet édifice reçut les numéros 3 de la rue Scipion et 222 de la rue Bab-Azoun. Après avoir été converti pendant six années en annexe de l'hôpital Kharratine, installé dans l'ancienne caserne des Kherratin, il fut démoli partiellement en 1836. Il se trouve actuellement compris, partie dans la maison n° 2 de la rue Scipion et partie dans la synagogue portant le n° 4 de la même rue.

---

(1) Le deuxième gouvernement de Khedeur dura depuis octobre 1595 jusqu'au mois de septembre 1596. Une intrigue de sérail l'avait fait revenir ici ; une autre intrigue de même genre le fit rappeler prématurément à Constantinople.

(2) Dès l'année 1683, cet Ibrahim apparaît ici sur la scène politique comme créature du fameux raïs Mezzomorto (Hadj Hossaïn), qui s'en sert pour assassiner Baba Hassan, puis le nomme, en récompense, son khodja et ensuite bey du camp. D'après les chroniques indigènes et d'autres documents, Mezzomorto, institué pacha d'Alger par le Grand-Seigneur en 1686, fait nommer dey son complice Ibrahim. D'après le document cité ci-dessus, ce dernier l'était déjà depuis l'année précédente.

En 1688, Ibrahim, ayant échoué dans ses tentatives contre Oran et menacé par ses soldats, se sauve en Tunisie, à Sousa.

## § 2. — LATRINES, RUE BAB-AZOUN.

Dans la rue Bab-Azoun, non loin de la mosquée de Khedeur Pacha, se trouvaient des latrines publiques, que l'oukfia des édifices religieux mentionne ainsi : « Lieu d'ablutions sis à Souk el-Berad'ya (la rue des fabricants de bâts), et anciennement dans une impasse. Sa dotation se compose d'une maison et d'une boutique. » Cet établissement porta, après 1830, le n° 290 de la rue Bab-Azoun et formait, en août 1836, une dépendance de la caserne du Parc. Son emplacement fut aliéné en 1839.

## CHAPITRE LXIV.

### ZAOUIAT TCHEKHTOUN, RUE DE L'AIGLE.

Un fait généralement ignoré aujourd'hui, c'est que l'établissement connu en dernier lieu sous le nom de Zaouiat-Tchekhtoun, avait eu pour fondateur, — ou pour patron, car je ne puis donner la préférence à l'une des deux versions, faute de renseignements suffisants; — le marabout Sidi Abou'tteka, — ou Betka, d'après la prononciation usuelle, — dont la chapelle se trouvait en dehors de Bab-Azoun. Voici, d'ailleurs, les renseignements que j'ai recueillis dans les documents au sujet de cet édifice :

I. Maison sise dans le quartier de la porte d'Azzoun (Bab-Azoun), l'une des portes d'Alger, dans l'intérieur de ladite ville et dans le voisinage du saint et vertueux Sidi Abou'tteka, près du fondouk des fabricants de bâts (fondok el-Berad'ya) (acte de 1038, soit 1629).

II. Maison sise dans le fondouk au riz, près de la mosquée du cheikh béni Sidi Abou tteka, au-dessous du fondouk el-Azara, quartier de la porte d'Azzoun, dans l'intérieur de la ville d'Alger (acte de 1084, soit 1673-1674, relatif à une maison sise, en dernier lieu, rue de l'Aigle, n° 8).

III. Maison sise près de la zaouiat du cheikh Sidi Abou'tteka (acte de 1118, soit 1706-1707).

IV. Mosquée du cheikh Sidi Abbou'tteka, sise à Ka'essour, du côté de la porte d'Azzoun (oukfia).

V. Petite maison sise dans le fondouk qui est proche de zaouiet-Tsekhtoup ( زاوية طختون ), au-dessous du fondouk el-Azara, vers la porte d'Azzoun (acte de 1178, soit 1764-1765).

VI. Maison sise à Ka Essour, au-dessous du fondouk el-Azara près de la zaouiat du saint et vertueux Sidi Abou'tteka, que Dieu nous soit en aide par les bénédictions dont il est l'objet (acte de 4184, soit 1770-1771).

Ce ne fut qu'à la fin du xII° siècle de l'hégire, que cet établissement cessa de porter le nom de Sidi Abou'tteka pour prendre celui de *Tsckhętoun*, et ce dernier a toujours prévalu depuis cette époque, mais avec une légère altération, puisque le vulgaire le prononce *Tchekhtoun*. Suivant les probabilités, — car j'en suis réduit aux conjectures, — ce Tchekhtoun, ou Tskhtoun, était un administrateur dont la célébrité a absorbé celle du saint, fait des plus communs dans l'histoire des petites mosquées.

D'après une version indigène, sidi Betka était contemporain de l'expédition de Charles-Quint (1541), et je le rappelle dans le chapitre relatif à la chapelle de ce marabout. Mais rien n'établit à quelle époque et par qui la zaouiat a été bâtie. Tout ce que j'ai pu faire, c'est de constater que cet édifice existait déjà en 1629, c'est-à-dire environ 88 ans après le désastre éprouvé par l'illustre empereur (1).

Dès les premiers jours de la conquête, cette zaouiat, qui avait reçu le n° 29 de la rue de l'Aigle, fut réunie à la caserne turque d'el-Kherratin, — appelée par nous *Caratine*, — à laquelle elle était contiguë, caserne affectée d'abord au casernement militaire et un peu plus tard convertie en hôpital militaire. Délaissée par le génie militaire le 1ᵉʳ octobre 1838, la zaouiat Tchekhtoun fut successivement annexée à l'hôpital civil et à l'hôtel du Trésor et des Postes. Les travaux exécutés par les entrepreneurs du boulevard, auxquels elle a été concédée, ont fait disparaître les derniers vestiges qui avaient survécu à plusieurs modifications successives de l'état des lieux.

## CHAPITRE LXV.

### MOSQUÉE ROKEROUK, OU EL-KONDAKDJIA, RUE DU CAFTAN.

D'après les renseignements que j'ai recueillis dans des documents cette petite mosquée, pourvue d'un minaret et servant aussi d'école,

---

(1) Cette petite mosquée avait une existence plus ancienne, puisqu'elle est déjà citée sous le nom de *Butico* et *Butica*, dans la *Topographie d'Alger*, (p. 16 et 22) par Haedo, dont les renseignements ne dépassent point le XVI° siècle, comme on le voit par son histoire des pachas, qui s'arrête en 1596. Cet auteur, qui écrit d'après des informations fournies par des esclaves chrétiens rachetés, fait mourir Sidi Betka, en 1540 (p. 22), c'est-à-dire un an avant l'expédition de Charles-Quint.

avait pour patron, en 1588, le marabout Sidi Aïssa ben el-Abbas, qui y était vraisemblablement inhumé et dont la mémoire n'a pas traversé les siècles. Bientôt après, le nom d'un simple administrateur prévaut sur celui du saint et se conserve plus de deux cents ans. En dernier lieu, les Algériens oubliant à leur tour l'oukil jadis célèbre, ne désignaient plus cet édifice que sous le nom du quartier: *El-Kondakdjia* (les fabricants de crosses). Au surplus, voici ces indications, qui ne font connaître ni le nom du fondateur ni la date de la fondation.

I. Mosquée connue sous le nom du cheikh, du saint Sidi Aïssa ben el-Abbas (عيسى بن العباس) et sise près du quartier des forgerons (el-Haddadin) (Acte de 997, soit 1588-1589).

II. Mosquée dont est imam Er-Rokerouk (الركرك) (Acte de 1002, soit 1593-1594).

III. Boutique sise du côté de la porte d'Azzoun, vis-à-vis de la mosquée d'Er-Rokerouk (Acte de 1061, soit 1650-1651).

IV. Mosquée d'Er-Rokerouk, sise à el-Kondakdjia, du côté de la porte d'Azzoun (Acte de 1085, soit de 1674-1675).

V. Mosquée du cheikh vertueux Sidi Aïssa, connue actuellement sous le nom de djama Er-Rokerouk, sise vers la porte d'Azzoun (Oukfia).

VI. Mosquée près de la porte d'Azzoun, laquelle est la mosquée d'Abou Mehdi Sidi Aïssa, connue sous le nom d'Er-Rokerouk (Acte de 1141, soit 1728-1729).

VII. Mosquée connue sous le nom de mesdjed Er-Rokerouk et située à Souk el-Kondakdjia, dont est imam Abderrahman ben el-Badaoui, descendant du saint Sidi Mohammed ben Abderrahman (Acte de 1229, soit 1813-1814).

Cette mosquée reçut le n° 17 de la rue du Caftan et conserva sa destination pendant les premières années de la conquête française. Condamnée à être démolie, suivant procès-verbal du 12 janvier 1839, comme menaçant la sûreté publique, elle fut aliénée le 9 juin de la même année. Son emplacement se trouve compris dans la maison sise à l'angle des rues Bab-Azoun et du Caftan, et portant le n° 2 de cette dernière.

## CHAPITRE LXVI.

MOSQUÉE MIZOU-MOURTOU (MEZZO-MORTO), RUE DE CHARTRES.

Cette grande mosquée à minaret et à khoïba, qui se distinguait par une grande coupole excessivement surbaissée, a été bâtie vers 1097 (1685-1686) par le pacha el-Hadj Hossaïn, renégat italien, surnommé Mezzo-Morto. Elle était construite sur des boutiques et une étuve et traversait au moyen d'une belle voûte la ruelle qui est devenue la rue de Chartres. Elle renfermait un établissement de latrines publiques avec fontaines et une salle de bains froids, c'est-à-dire une pièce où les pauvres venaient se laver des pieds à la tête avec de l'eau froide qu'on leur apportait dans des cruches en métal.

Cet édifice a été construit en partie sur l'emplacement d'un mesdjed, sur lequel je n'ai trouvé aucun renseignement de nature à faire connaître le nom de son fondateur, ni la date de sa construction.

Voici les documents et renseignements que je me suis procurés, soit sur ce mesdjed, soit sur la mosquée Mezzo-Morto ou *Mizou-Mourtou*, d'après la prononciation arabe.

I. Mosquée (mesdjed) sise en face de la halle aux grains (rabbet ezzera'), dont est imam Ahmed Aga ben Saber Allah, le Turc (Acte de 1075, soit 1664-1665).

II. Mosquée (mesdjed) située près de la porte d'Azzoun (Bab-Azoun) et en face de la halle aux grains, dont est imam Ahmed Khodja ben Abd-Allah (Acte de 1077, soit 1666-1667).

III. El-Hadj Hossaïn Pacha (ce pacha était susnommé Mizou-mourtou, probablement de l'italien *mezzo-morto*, demi-mort) fait un habous au profit de la mosquée (djama) qu'il a fait construire dans la rue de la porte d'Azzoun (chara Bab-Azzoun), près de la halle aux grains (Acte du mois de rebi 2° 1098, soit du 14 février au 14 mars 1687).

IV. Mosquée (djama) neuve, qu'à fait construire l'honorable, agréable, pieux, brave, glorieux, orthodoxe, pur, victorieux et conquérant, notre maître le seigneur el-Hadj Hossaïn Pacha (que Dieu lui facilite les bienfaits qu'il projette!), dans la rue de la porte d'Azzoun, près de la halle aux grains. (Acte de 1099, soit 1687-1688).

V. *Traduction entière d'un acte en marge duquel se trouve le cachet du pacha el-Hadj Hossaïn.*

Louange à Dieu, qui dans sa bonté nous dispense ses grâces; qui nous comble de bienfaits que nul ne saurait mériter, quelle que soit la grandeur de ses efforts; qui prend et donne sans que nul puisse détourner ses dons ni faire faillir ses promesses. « Ce que Dieu, « dans sa miséricorde, ouvre aux hommes (de ses bienfaits), nul ne « saurait le renfermer et nul ne saurait leur envoyer ce que Dieu « tient. (Coran, ch. XXV, v. 2. *N. du Trad*). » Je le loue (qu'il soit glorifié), je lui adresse des actions de grâces pour cela, et je l'exalte, en avouant mon impuissance à le remercier et à le glorifier! J'implore de lui, du Dieu glorieux, l'abondance inépuisable de ses bienfaits et la perpétuité de ses faveurs! J'atteste qu'il n'y a de dieu que Dieu, qu'il est unique et qu'il n'a point d'associé, et cette attestation, sincère dans son expression, repose sur des bases solides. J'atteste que notre seigneur et maître Mohammed, son adorateur et son envoyé (que Dieu répande ses grâces sur lui et lui accorde le salut!), est le plus noble de ceux qu'il a choisis pour être ses adorateurs et ses prophètes, et le plus grand de ceux qui ont guidé les créatures dans la vraie direction et vers la droiture. Que Dieu répande ses grâces et le salut sur lui, sur sa famille, sur ses nobles compagnons, sur ses partisans et sur son armée! Grâces que nous implorons, s'il plaît à Dieu, pour être sauvés des anxiétés et des horreurs du jugement dernier, et par lesquelles nous solliciterons de la bonté de notre noble maître, et de sa vaste miséricorde, qu'il nous accorde une place favorisée de la sécurité, dans laquelle nous serons à l'abri de tout malheur! Après avoir adressé des louanges au Dieu sublime, et avoir invoqué les bénédictions divines et le salut sur notre seigneur Mohammed, le noble prophète, (nous constaterons que) lorsque le Pacha grand, célèbre, considérable, très-fortuné, éminent, droit, orthodoxe, très-puissant et pieux, illustration de l'empire ottoman et prunelle de l'œil du royaume des *Khakan* (1), favorisé de l'assistance divine et glorieux champion de la guerre sainte, combattant pour l'amour du souverain, du miséricordieux, qui a les victoires pour apanage, notre maître el-Hadj Hossaïn Pacha, eut cédé aux inspirations de son caractère qui le portent à s'élever vers Dieu (qu'il soit glorifié et exalté!) par des actes de dévotion et à se rapprocher de lui (que sa grandeur soit proclamée!) par de bonnes œuvres, *il constitua habous*, au profit de la mosquée d'assemblée (el-mesdjed el-Djami'), dont il a renouvelé les bâtisses, assis les fondations et exhaussé les murs, sise près de la porte d'Azzoun (Bab-Azoun) et faisant face à la caserne des troupes victorieuses, qui est contiguë à la halle aux grains

---

(1) *Khakan* est la désignation nationale des souverains de Turquie; il figure sur leurs monnaies.

rabbet ezzera), dans l'intérieur de la (ville) bien-gardée d'Alger, que Dieu la préserve des maux de l'adversité ! savoir :

La totalité de l'étuve qu'il a fait bâtir au-dessous de la dite mosquée.

La totalité du fondouk qui est au-dessous de la dite mosquée, à l'exception de la chambre qui est à son extrémité, à gauche en entrant, laquelle ne peut être comprise dans cette fondation, attendu qu'elle est déjà constituée habous au profit des propriétaires de la maison sous laquelle elle se trouve et de leur descendance, pour faire retour en dernier lieu aux pauvres des deux (villes) nobles et saintes, la Mecque et Médine (que Dieu accroisse leur noblesse!);

La totalité de l'aloui attenant à la dite mosquée du côté de l'ouest;

La totalité des quatre boutiques sises sous la dite mosquée : l'une est sous la porte occidentale de la mosquée et est actuellement occupée par un marchand de savon; une autre, contiguë à la porte du fourneau de l'étuve sus-désignée, est actuellement occupée par un droguiste; une autre, sise auprès de la précédente, est occupée par un barbier; la quatrième, contiguë à la porte méridionale de la mosquée, est occupée par un négociant;

Et la totalité de la moitié d'une étuve sise auprès de la porte du ruisseau (Bab-el-Oued),

Avec toutes leurs limites, contenances, appartenances et dépendances intérieures et extérieures.

Ce habous est perpétuel et complet, stable et éternel; il ne sera modifié ni altéré en aucune de ses stipulations et dispositions.

Le seigneur Pacha sus-nommé (que le Dieu très-haut l'assiste!) a autorisé les administrateurs des deux (villes) nobles et saintes, la Mecque et Médine (que Dieu accroisse leur noblesse et leurs honneurs!), lesquels sont : El-Hadj Mohammed Aga ben Ouali, le Turc; l'honorable el-Hadj Hossaïn aga ben Mostafa, le Turc; le pieux et pur El-Hadj Mohammed, le droguiste; ben Ibrahim, l'Andalou; et l'honorable El-Hadj Mohammed el-Harrar (tisserand en soie), ben Fadil, l'Andalou, à prendre possession de cela à son exclusion. En conséquence, ils ont procédé à cette prise de possession d'une manière entière et conforme au vœu de la loi. Les loyers de ces immeubles seront ajoutés aux loyers de ce qui a été fait habous au profit de la dite mosquée par d'autres que le seigneur Pacha, savoir : Un aloui à cheval sur l'entrée de la halle aux grains, la moitié d'une maison sise à *El-Kondakdjia* (quartier des armuriers) et connue sous le nom de son fondateur, le défunt El-Hadj Youcef, le menuisier, et un four affecté à la cuisson des pains des janissaires, sis près du fondok El-'Azara, et connu sous le nom de son fondateur l'honorable Mohammed le Raïs, dit Kordor'li, parent par alliance du seigneur Pacha sus-nommé.

Les prélèvements suivants seront faits chaque mois sur le produit de tous ces immeubles : pour le khetib de ladite mosquée, soixante dinars ; pour l'imam, quarante dinars ; pour le professeur malékite et le *mouhaddit* (professeur de traditions), trente-cinq dinars ; pour celui qui lira la *mouhammadyat* (prière pour le prophète), après la prière d'*ed-dohour*, quatre dinars ; pour le *raoui* qui lira les traditions au professeur, huit dinars, pour quatre *mouedden* hanéfites, quatorze dinars, et pour un cinquième, vingt dinars ; à dix hezzabin qui se livreront à la lecture après la prière du matin et celle d'*el-asr*, et qui liront après le *zoual*, deux cents fois : « Dis : « Dieu est un » (verset 1 du chapitre CXII du Koran), trois dinars à chacun d'eux ; à l'allumeur des lampes, huit dinars ; aux deux personnes chargées de balayer ladite mosquée et de sortir les tapis le vendredi, trois dinars chacune, au porte-crosse du khetib, quatre dinars, à ceux qui liront le livre intitulé *Tenbih el-Anam* (1) chaque jour avant la prière d'*el-dohour* et après la prière d'*el-asr*, sept dinars à chacun d'eux ; au balayeur des latrines, sept dinars ; à l'administration des habous, trente-cinq dinars.

Le surplus des produits desdits immeubles sera affecté à l'entretien de la mosquée et de sa dotation et à des achats de nattes, d'huile, de lampes et autres objets. S'il y a un excédant, il appartiendra aux pauvres des deux villes nobles et saintes (que Dieu augmente leur noblesse et leurs honneurs !) ; il sera ajouté au produit de leurs propriétés et envoyé chaque année pour qu'il leur soit distribué, suivant l'usage qui a cours. Le Seigneur Pacha (que Dieu l'assiste !) a confié la gestion desdits biens, les prélèvements à effectuer sur leurs revenus et la perception de l'excédant pour le compte des ayants-droit aux administrateurs des deux villes nobles et saintes, susnommées, ou leurs successeurs, lesquels ont accepté cette mission, et se sont engagés à la remplir avec zèle. Il a été témoigné, etc. Les dinars dont il est question dans cet acte, sont des dinars algériens, cinquantenaires ; à la date des premiers jours de moharrem le sacré de l'année mil cent (1100) (du 26 octobre au 4 novembre 1688). (Suit la signature des deux assesseurs du cadi.)

(1) Livre de litanies dont la Bibliothèque d'Alger possède un exemplaire complet.

VI. Mosquée (mesdjed) sise dans la rue de la porte d'Azzoun, qu'a construite l'honorable El-Hadj Hossaïn Pacha (Acte de 1104, soit 1692-1693.)

VII. Mosquée sise dans la rue de la porte d'Azzoun, en face de la caserne de janissaires (Acte de 1112, soit 1700-1701.)

VIII. Mosquée du défunt Hossaïn Pacha, sise à la porte d'Azzoun (Acte de 1115, soit 1703-1704.)

IX. La mosquée neuve qu'a construite le Sid el-Hadj Hossaïn Mizou-Mertou (ميزو مرطوا) (1), près de la porte d'Azzoun (Acte de 1123, soit 1711-1712).

X. École sise dans la mosquée Mezmourtou (مزمرطوا), affectée à l'enseignement hanéfite, en face de la caserne de janissaires, en dedans de la porte d'Azzoun (Acte de 1162, soit 1749).

Il me paraît sans utilité de multiplier ces citations. Le surnom du renégat, survivant à son nom d'El-Hadj Hossaïn, resta définitivement attaché à cette fondation, et la dénomination de *Djama Mizou-Mourtou* ne subit aucune modification. Je dois ajouter, cependant, que cet édifice était également appelé *Djama el-Arsa* (la mosquée du pilier), à cause d'un gros pilier qui soutenait la voûte jetée sur la rue de Chartres. Le minaret, de forme octogonale, était surmonté de deux boules en cuivre superposées, dont la plus basse, qui était la plus grosse, avait son centre à 47 m. 16 c. au-dessus du niveau de la mer.

J'ai dit, dans le chapitre XLIX, que je pensais devoir appliquer à la mosquée Mezzo-Morto l'inscription turque n° 1 du musée public d'Alger, que le catalogue de cet établissement attribue, mais en termes dubitatifs, à la mosquée dite *Djama-Essiida*. Un nouvel examen m'a donné, au contraire, la conviction que cette inscription, — dont l'origine est inconnue, — provient, non d'une mosquée quelconque, mais bien d'un fort. On pourra juger du mérite de cette opinion par la traduction ci-après, que j'ai faite sur une reproduction de turc en arabe due à M. Mohammed ben Otsman Khodja.

---

(1) El-Hadj Hossaïn Mezzo Morto a gouverné Alger de 1683 à 1689 comme pacha, puis comme pacha-dey. Il avait d'abord été corsaire et ne fut pas toujours heureux dans sa carrière maritime; car, selon Laugier de Tassy (*Histoire d'Alger*, p. 263), il avait reçu cinq cents coups de bâton dans une certaine circonstance pour n'avoir pas fait son devoir. L'état dans lequel il dût se trouver, après une pareille correction, a peut-être motivé son sobriquet de Mezzo Morto (demi-mort). Sous Moustafa, qui régna de 1695 à 1703, il fut grand amiral de Turquie.

« Que la volonté de Dieu s'accomplisse ! que la grandeur de Dieu soit proclamée ! (ce lieu) victorieux et solide sera ∴ pour les sectateurs de l'Islam une force par laquelle se réjouira la surface de la terre ;

» Et l'Islam, dans la stabilité, sera vainqueur des ennemis de la religion, ∴ assisté par les Trois, les Sept et les Quarante (1), en personne.

Que le Créateur de l'univers exauce les vœux de son constructeur ∴ Il a été bâti par Hossaïn Pacha, que le conserve Dieu le digne de confiance !

» Dieu est au-dessus de toute supputation. La pluralité de son existence serait donc bien étrange ! (2) ∴ sa date (est) : une assistance émanant de Dieu et une victoire prochaine ! (3). »

Ce style n'est nullement celui qu'on employait d'ordinaire pour les mosquées. Rien ne rappelle un lieu de prières et de dévotion, un édifice consacré à Dieu. Bien que la destination du local ne soit pas explicitement indiquée, il me semble qu'un lieu *solide et victorieux*, qui contribue à la puissance de l'islamisme, et qui doit servir à des victoires remportées sur les ennemis de la religion, ne saurait être autre chose qu'un fort. Les formules employées dans cette inscription ne doivent, ce me semble, laisser aucun doute sur son origine. Si j'ai pensé un moment que ce document épigraphique pouvait bien provenir de Djama-Mezzo-Morto, à cause des réparations que le Pacha Hossaïn aurait fait exécuter dans cette mosquée, d'après la notoriété, je n'hésite donc pas à abandonner cette opinion.

Les portes de cet édifice, donnant sur la rue Bab-Azoun, reçurent les numéros 414 et 406, et celles qui s'ouvraient sur la rue de Chartres, les numéros 2 et 4. Dès 1830, cette mosquée fut affectée à un hôpital militaire, et, en 1836, le génie militaire en fit la remise à l'administration civile. Sa démolition, commencée aussitôt après cette remise, dura dix-huit mois. La partie centrale de cet édifice est tombée dans la voie publique, et ses extrémités ont été englobées, d'une part, dans la maison dite bazar Vialar, dont l'entrée

---

(1) Il s'agit des êtres surnaturels du mysticisme musulman.

(2) Ceci est une attestation de l'unité de Dieu. Elle est à l'adresse des chrétiens, que les mahométans accusent de polythéisme.

(3) Indication d'un chronogramme. Il y a évidemment une erreur, car, en additionnant les lettres de cette phrase, je trouve 1802, ce qui est un résultat inadmissible.

est sur la place Napoléon ou du théâtre, et, d'autre part, dans la maison portant le n° 34 de la rue de Chartres (1).

## CHAPITRE LXVII.

### CHAPELLE DE SIDI MANSOUR, PORTE BAB-AZOUN.

Entre les deux portes Bab-Azoun s'adossait au rempart la chapelle d'un saint appelé Sidi Mansour et dont le nom complet serait Mansour ben Mohammed ben Selim, d'après un acte authentique de la fin de Chaban 1137 (du 5 au 13 mai 1724), qu'il me paraît intéressant de traduire sommairement.

« Louange à Dieu. Après que des contestations et des différends eurent eu lieu entre les deux honorables qui sont : le Sid Mohammed, administrateur du tombeau du Saint, du vertueux, de l'étoile brillante le Sid Mansour (que Dieu nous soit propice par ses mérites, amen !) situé entre les deux portes de la porte d'Azzoun (Bab-Azoun), l'une des portes de la (ville) bien gardée d'Alger, (lequel administrateur est) fils du Sid Ettayeb dit Ben El-Idam, et l'honorable El-Hadj Salem ben Ezzouaris ben Omar, au sujet de la surveillance et de l'oukilat de la chapelle du cheikk susdit ; le second prétendant à l'encontre du premier qu'il est de la descendance du Sid Mansour susdit, et que dès lors il est plus digne que lui d'être son agent et qu'il doit avoir la préférence sur lui pour la gestion de la coupole et de la dotation ; le premier lui opposait à ce sujet les dénégations les plus formelles, alléguant que lui et ses ancêtres avaient toujours été investis de cette gestion et de cette surveillance ; qu'il appartient à la famille du Saint Sidi Mansour susdit ; que personne n'a jamais troublé cette longue jouissance de ses ancêtres, qui s'est perpétuée pendant de longues années et jusqu'au moment

---

(1) Voyez dans l'*Algérie pittoresque, historique et monumentale*, de M. Berbrugger, t. I<sup>er</sup>, p. 58, la planche qui représente la mosquée de Mezzo-Morto. Cette construction était surtout remarquable, au point de vue architectural, par son minaret gracieux et original qui, d'une extrémité de l'édifice, à l'angle des rues Bab-Azoun et de Chartres, en face de l'ancien lycée, s'élançait au-dessus d'un entablement supporté par quatre colonnes, dont deux de chaque côté de la porte. La partie de cet entablement, qui régnait au-dessus de l'entrée, était un arceau trilobé d'un joli effet. Le minaret comprenait trois étages, en retraite l'un sur l'autre, séparés par des balustrades à jour et revêtus en carreaux de faïence. C'est assurément un des monuments arabes de cette ville dont la destruction est le plus regrettable.

où elle parvenue entre ses mains ; et, enfin, qu'il n'est nullement à sa connaissance qu'il existe le moindre lien de parenté entre lui et le dit demandeur. »

« Leur discussion se prolongea et ils la soumirent plusieurs fois à des assemblées de juges, jusqu'au moment où ils s'adressèrent d'un commun accord au Medjelès scientifique siégeant dans la grande Mosquée d'Alger, et où furent présents etc. (suit la mention des deux Muphtis et des deux cadis. »

« En leur présence (que Dieu les assiste !) chacun d'eux développa ses prétentions conformes à l'exposé ci-dessus. Le Sid El-Hadj Salem, susnommé, exhiba un arbre généalogique de Chérif (descendant du prophète) mentionnant, après plusieurs générations, un nommé Mansour ben Idir ben Ibrahim et il prétendit que c'était là le personnage sur lequel roulait le procès. »

« Ensuite, son adversaire, le Sid Mohammed, oukil susnommé, produisit des rescrits délivrés à ses ancêtres, etc. Il fournit également la copie d'un acte du Medjelès en date des derniers jours de Chaban 1137 (du 5 au 13 mai 1724), établissant que des contestations ayant eu lieu entre un de ses ancêtres, lequel est le Sid Hamza ben Abd Esselam, alors oukil du tombeau du cheikh susdit, et le Sid Kassem ben El-Marabot, celui-ci ne put justifier ses prétentions; il résulte, en outre, d cet acte, que l'ancêtre sur lequel portait le litige s'appelait Mansour ben Mohammed ben Selim.»

« De ce rapprochement, il ressort que le nom du personnage est le même, mais que les noms du père et de l'aïeul diffèrent essentiellement et que dès lors, il s'agit de deux *Mansour* différents et non d'un seul, et que le premier n'est pas le même que le second. »

« Ils demandèrent alors (que Dieu très-haut les conserve !) au Hadj Salem susdit, s'il avait une preuve évidente ou un acte authentique établissant d'une manière certaine en sa faveur que Mansour ben Idir, mentionné dans la pièce qu'il produit, est bien le Sid Mansour dont il s'agit. »

« Il se trouva dans l'impossibilité absolue de donner aucune preuve à ce sujet. Ensuite, ils lui demandèrent si lui ou avant lui, un de ses ancêtres avait été l'administrateur de Sidi Mansour en question; ou bien, si l'un des siens avait jamais participé, concurremment avec son adversaire à la jouissance des habous, etc. »

« Il confessa entre leurs mains qu'il n'avait jamais joui de l'usufruit ni de l'oukilat et qu'il ne savait si l'un de ses ancêtres, avait jamais eu cette jouissance ; il déclara qu'il ne convoitait ni ces revenus ni cet oukilat, que sa *djema'a* et les gens de son pays l'avaient poussé et excité à faire des investigations à ce sujet, et à réclamer, mais qu'il savait fort bien qu'il n'avait aucun droit à revendiquer, et qu'il était, d'ailleurs, assez riche pour se passer de ces biens. »

« En conséquence, le Medjelès, considérant le défaut de justifications et les aveux d'El-Hadj Salem, déboute celui-ci de sa demande et maintient le Sid Mohammed dans ses fonctions d'oukil du tombeau de Sidi Mansour, etc. A la date du milieu de Kada 1208 (du 10 au 19 juin 1794). »

D'après un manuscrit arabe, Sidi Mansour serait mort en 1054 (1644-1645). Je ne devais pas négliger de donner ce renseignement, bien qu'il ne présente pas toutes les garanties désirables d'authenticité.

La chapelle dont il s'agit, qui avait reçu le n° 31 de la place Massinissa fut démolie en 1846, avec les remparts auxquels elle était contiguë, et je crois devoir, à ce sujet, emprunter au journal l'*Akhbar* du 30 décembre 1845 l'article suivant qui figure, sans signature dans les *Faits divers*.

« Les démolitions que l'on exécute en ce moment à la porte Bab-Azoun ont atteint la chapelle de Sidi Mansour, qui va disparaître. L'autorité a pris des mesures pour la translation des restes de ce marabout et de ceux des membres de sa famille qui étaient enterrés dans le même lieu ; et samedi dernier ils ont été transportés sous l'escorte d'un détachement de zouaves. Le convoi était précédé par les étendards du Saint et derrière suivaient une quarantaine d'indigènes. Il a traversé toute la ville et s'est rendu hors Bab el-Oued, au marabout de Sidi Abd Errahman Ettaalbi, au-dessus de la promenade d'Orléans. C'est là que Sidi Mansour a été provisoirement déposé...... Selon la tradition locale, Sidi Mansour était un pieux personnage qui habitait, il y a environ trois siècles, une petite boutique, la même où plus tard, il a été enterré. Une pauvre veuve, dont le fils était captif en Espagne, vint l'implorer un jour, afin que par son intercession, ce fils pût recouvrer la liberté. Sidi Mansour se tourna vers un petit chien qui ne le quittait pas et lui dit : tu as entendu ce que veut cette femme, pars à l'instant. Ce jour-là, le jeune captif dont il s'agit venait de se baigner dans la mer, sur le littoral d'Andalousie et regardait avec amertume le côté de l'horizon où se trouvait sa chère ville d'Alger. Il était absorbé dans cette contemplation, quand il vit avec surprise un petit chien arriver du large, sauter après lui d'un air caressant et chercher à l'attirer dans les flots. Il s'amusait des cabrioles de cet animal, lorsqu'il s'aperçut que le petit chien avait saisi sa chachia et l'emportait dans la mer. Il sauta à l'eau pour la rattraper, mais le chien l'entraîna au fond de l'abîme et lorsqu'il revint à lui, il se trouva sur la plage de Bab-Azoun. Telle est la légende passablement miraculeuse du Saint Roch algérien dont la translation vient d'avoir lieu. »

D'après une autre tradition, Mansour aurait été condamné à mort et pendu, selon l'usage, sur les fortifications Bab-Azoun, de manière à ce que le corps se trouvât en dehors du rempart. Mais la suite des évènements prouva que cette sentence était injuste puisque Dieu admit immédiatement le défunt au nombre de ses élus. En effet, le soir de l'exécution, le crieur public ayant averti, comme d'habitude, que la porte Bab-Azoun allait être fermée, le cadavre du supplicié prit la parole, au grand ébahissement des auditeurs, et s'écria d'un ton dolent : « Il ne restera dehors que Mansour, qui est pendu au rempart. » Le peuple ne pouvant douter du miracle, plaça Mansour au rang des Saints.

Ce marabout jouissait d'une assez grande célébrité et la dotation de sa chapelle avait une certaine importance.

## CHAPITRE LXVIII.
### § 1ᵉʳ. — MOSQUÉE SOUIKET AMOUR, RUE DE CHARTRES.

Cette petite mosquée ne portait d'autre nom que celui du quartier où elle se trouvait située, *Souiket Amour* (la petite rue d'Amour), et le plus ancien renseignement que j'aie pu recueillir à son sujet ne remonte qu'à l'année 1031 (1621-1622). Elle reçut successivement les nᵒˢ 150 et 116 de la rue de Chartres, et fut démolie pour cause de sûreté publique en 1869. Son emplacement est tombé dans la voie publique.

### § 2. — MOSQUÉE EL-KEBABTIYA, RUE DE CHARTRES.

Cette mosquée a été appelée *Mesdjed El-Halfaouia* ou *El-Halfaouiyn* (des ouvriers en sparte) antérieurement à la moitié du XVᵉ siècle de l'hégire et *Mesdjed* du quartier des Kebabtiya (marchands de cabans, de vêtements à capuchon) postérieurement à cette époque. Ce dernier nom pourrait faire supposer que Haedo a entendu désigner l'édifice qui nous occupe, dans ce passage de son énumération des sept principales mosquées d'Alger : « la cinquième dans le Soůk (Soco) des chrétiens qui vendent de l'herbage et qui font des manteaux derrière le bagne du roi (1). »

Toutefois, la synonymie ne me paraît pas assez certaine pour que je la présente autrement que comme une simple hypothèse. Cette mosquée qui avait reçu le n° 207 de la rue de Chartres, fut démolie en 1839. Son emplacement est compris, partie dans la voie publique, partie dans le temple protestant et partie dans la maison faisant l'angle de la place de Chartres et de la rue Palma, dont elle porte le n° 1.

### § 3e. — MOSQUÉE SOUK ESSEMEN, RUE DE CHARTRES.

D'après l'oukfia des établissements religieux, cette petite mosquée était sise au quartier des *Reka'in* (الرقاعين raccommodeurs, rapiéceurs), au-dessus de Souk Essemen (la rue au beurre fondu). Les autres documents s'accordent à l'appeler la mosquée de Souk Essemen, nom que la notoriété employait concurremment avec celui de *Mesdjed Seba'louyat* (*des sept coudes*), dénomination d'une ruelle tortueuse qui a été remplacée en partie par la rue Sainte. Elle reçut le n° 257 de la rue de la Chartres et fut démolie pour cause de sûreté publique en 1839. Son emplacement est tombé en grande partie dans la voie publique.

### § 2e. — QUARTIER BAB-AZOUN EXTÉRIEUR.

## CHAPITRE LXIX.
#### CHAPELLE DE SIDI BETEKA.

De même qu'aujourd'hui, les principales communications d'Alger avec l'intérieur s'effectuaient, avant 1830, par la porte méridionale de la ville. Par suite de cette circonstance, commandée par les dispositions topographiques, le faubourg Bab-Azoun renfermait plus de fondouks et d'établissements divers et moins de cimetières et d'édifices religieux que le faubourg Bab el-Oued. Nous avons donc à faire ici une moins ample moisson que dans la partie septentrionale de la ville.

(1) La quinta en el-Soco de los herbageros, etc.

En sortant de la porte d'Azzoun, on trouvait à gauche, sur le bord de la mer, la chapelle de Sidi Abou'tteka, saint dont le nom se prononce usuellement Sidi Beteka. Cet établissement se composait : 1° d'une mosquée sans minaret, 2° de la Kobba ou chapelle du marabout, 3° d'une zaouiat renfermant des chambres à l'usage des pauvres, des infirmiers et des malades ; cet hospice était dirigé par le Beit El-Mal, 4° de latrines avec fontaines, 5° de bains froids, 6° d'un cimetière.

Dans cet établissement était le poste des fossoyeurs chargés des inhumations au quartier de Bab-Azoun. Ils y séjournaient toute la journée munis de leurs outils. C'était là aussi, qu'on déposait les corps des membres de la milice turque qui avaient subi le supplice de la strangulation.

Les renseignements que j'ai pu recueillir ne font connaître ni le nom du fondateur ni la date de la construction de cet édifice, qui a pris le nom du Saint dont il renferme les restes mortels. J'ai déjà constaté, à propos de la Zaouiat Tchekhtoun, que ce marabout était contemporain de l'expédition entreprise contre Alger, par Charles-Quint, en 1541. Sidi Beteka a pris à la catastrophe éprouvée par l'illustre Empereur une part qui n'est pas connue de la génération algérienne d'aujourd'hui. D'anciens ouvrages disent qu'après la retraite des Espagnols, le peuple d'Alger attribuait hautement sa délivrance au nègre Youssef, et que les ulémas et marabouts d'alors, humiliés de se voir associer un vil esclave noir, allèrent trouver Hassan aga, qui gouvernait Alger en l'absence de Kheir-Eddin, et lui exposèrent qu'il était ridicule et scandaleux d'attribuer les succès des Musulmans à un homme qui faisait métier de sortilèges ; qu'ils savaient qu'on en avait l'obligation à Sidi Beteka, qui avait été en retraite, en prière et en jeûne depuis l'arrivée des chrétiens et qui avait excité l'orage en frappant la mer avec un bâton.

Le divan se rangea du côté de l'aristocratie des dévots et il fut déclaré officiellement que le vrai libérateur était Sidi Beteka. Malgré cette déclaration solennelle, les marabouts Sidi Ouali Dada et Bouguedour jouissent seuls aujourd'hui de l'honneur que les deux autres se sont jadis disputé, et eux seuls sont considérés par la génération actuelle comme les pieux vainqueurs des Espagnols.

C'est sans doute en mémoire des services rendus par Sidi Beteka, que tout navire algérien devait, en sortant du port, saluer sa kobba, qui dominait la rade du haut de la falaise. L'équipage, tourné vers cette chapelle, disait à haute voix : *Bismillah* (au nom de Dieu ! ), formule par laquelle débute le Koran et que tout musulman prononce au moment d'entreprendre un acte quelconque.

Dès les premiers jours de la conquête cet établissement fut enlevé à sa destination et occupé alternativement par le génie militaire et par les Ponts-et-Chaussées. De 1842 à 1854, il fut successivement affecté au marché aux huiles et à la halle aux blés. Il est destiné à tomber en entier dans les constructions qui doivent former l'angle de la place Napoléon et de la rue de Constantine.

## CHAPITRE LXX.

### § 1er. — MOSQUÉE SIDI ABD-EL-AZIZ.

A environ 100 mètres de la porte d'Azzoun s'élevait la chapelle du marabout Sidi Abd-el-Aziz, dont la légende est inconnue, et une petite mosquée en dépendant. L'oukfia désigne ainsi cet édifice : « Mosquée située hors la porte d'Azzoun, à el-Merkad (المركاض)(1) et « connue sous le nom de Sidi Abd-el-Aziz. » Cet établissement, qui reçut le n° 52 du faubourg Bab-Azoun, conserva son affectation pendant quelques années. Il fut ensuite aliéné, et son emplacement est aujourd'hui englobé dans la maison qui fait l'angle des rues de Constantine et Rovigo et portant le n° 2 de cette dernière.

### § 2°. — SIDI BOU HAMMA.

Contre la façade de Dar Essaboun (la maison du savon), était adossée la tombe d'un saint anonyme qui avait pour spécialité de guérir les fièvres intermittentes et qu'on appelait, par cette raison, *Sidi Bou Hamma* (mon seigneur à la fièvre). On dit que les pigeons et les tourterelles constituaient l'offrande la plus agréable à ce marabout fébrifuge, ou plutôt à son oukil. Ce tombeau, compris dans la voie publique, se trouvait à l'angle des rues Rovigo et de Constantine, en avant de la maison portant le n° 12 de la rue du Hamma.

### § 3°. — SAINTE LALLA TS'ADITE.

Je dois aussi mentionner, mais sans aucun détail, le tombeau de

---

(1) Marché aux chevaux et aux bestiaux.

la Sainte Lalla Ts'adite, dont l'emplacement est englobé dans la maison que je viens de mentionner à la fin du paragraphe précédent.

## CHAPITRE LXXI.

### § 1er. — SIDI ABD-EL-HAK.

L'oukfla mentionne ainsi cet établissement, qui se composait d'une petite mosquée, d'une chapelle et d'un cimetière : « Tombe « du cheikh Sidi Abd-el-Hak (عبد الحق), hors la porte d'Azzoun. » Cet édifice, qui n'avait pas de dotation et qui est tombé dans la voie publique, se trouvait dans la portion de la rue de Constantine comprise entre la rue Rovigo et la rue de l'Abreuvoir.

### § 2e. — SIDI AÏSSA.

La plus ancienne mention de la chapelle de Sidi Aïssa est, à ma connaissance, de 1093 (1682). Cet édifice est situé près d'un fondouk mentionné pour la première fois dans un acte de 1113 (1701-1702) sous le nom de fondok Eddebeb, appelé plus tard fondok el medebah (de l'abattoir), et connu après la conquête, sous la dénomination de caserne Didon. Il existe encore et est occupé militairement.

### § 3e. — SIDI ALI EZZOUAWI.

Le seul renseignement écrit que j'aie pu trouver au sujet de ce marabout, est l'article suivant de l'oukfla : « Mosquée du cheikh « Sidi Ali Ezzouawi, sise hors la porte d'Azzoun, du côté du mar- « ché aux moutons. » Cet établissement, administré en dernier lieu par la famille Bou Khedmi, se composait de la chapelle du Saint, d'une petite mosquée et d'un cimetière. Il renfermait une source abondante dont les eaux jouissaient, à en croire la superstition musulmane, de vertus particulières fort appréciables, telles que la guérison de la fièvre périodique, la conservation de la fidélité conjugale, la fécondité des femmes stériles, en sorte qu'elles étaient beaucoup employées par les crédules, non sans grands bénéfices pour l'oukil. L'administration française a démoli l'édifice et aménagé les eaux, en attendant la réalisation de son projet de construire en cette endroit une fontaine, et un réservoir. Mais la renommée de cette source miraculeuse a survévu aux entreprises profanes des chrétiens et tous les lundis des sacrifices et autres pratiques superstitieuses sont effectués devant la fontaine. Cet établissement était situé entre les maisons portant actuellement le n° 1 de la rue d'Isly et le n° 20 de la rue Rovigo.

## CHAPITRE LXXII.

### § 1er. — SIDI ABD-EL-KADER.

Sidi Abd-el-Kader el Djilani, descendant du prophète et saint illustre, naquit à Djilan, ou Guilan, en Perse, en 471 (1078 de J.-C.) et mourut en 561, à l'âge de 91 ans, à Bagdad, où il fut inhumé. La mémoire de ce saint célèbre a traversé les siècles, entourée de vénération et de respect, et ses descendants jouissent dans les pays musulmans d'une grande considération. Les mendiants invoquent son nom dans leurs lamentables sollicitations. Dans tous les pays de l'Islam, des chapelles sont élevées à sa mémoire, et Alger ne faisait pas exception.

L'édifice consacré à Sidi Abd-el-Kader s'élevait à environ 600 mètres de la porte Bab-Azoun, adossé à la côte et s'appuyant sur une petite plage, non loin d'un palmier célèbre, qui a été renversé par un coup de vent en 1865, après avoir donné son nom à cette partie du faubourg Bab-Azoun. Il a été démoli vers la fin de 1866, pour les travaux de raccordement du Boulevard, à l'excessive affliction des femmes musulmanes, qui l'avaient en grande dévotion et le fréquentaient assidument. Bien que Sidi Abd-el-Kader ne fut pas inhumé dans la chapelle, — puisqu'il est enterré à Bagdad, — cet édifice renfermait un cénotaphe surmonté d'une châsse et de drapeaux de toutes couleurs, autour duquel les fidèles venaient s'agenouiller et faire leurs dévotions. Un puits, créé par le Saint lui-même, dit-on, lors du voyage qu'il aurait effectué à Alger, fournissait une eau miraculeuse qui avait le don de guérir les maladies, de chasser le mauvais esprit, de rendre les femmes fécondes et d'opérer bien d'autres merveilles sur lesquelles il serait trop long de nous étendre.

On ignore à quelle époque fut construit cet établissement, qu'Ahmed Pacha restaura en 1223 (1808), comme nous l'apprend une inscription arabe qui était placée sur l'édifice et dont voici le texte :

1re *ligne.* قد امر ببناء تحف الروضة * المشيدة والخلوة

2e *ligne.* الباهية ضريح * سيدي عبد القادر

3e *ligne.* قصد بذلك لوجه الله * عبده احمد باشا

4e *ligne.* والي الجزاير بالله * المحمية اواخر صفر ١٢٢٣

« A ordonné la construction des embellissements de la sépulture élevée et de la belle retraite, du tombeau de Sidi Abd-el-Kader ; dans l'intention d'être agréable à Dieu, son adorateur Ahmed Pacha, gouverneur d'Alger, gardée par Dieu. Derniers jours de Safar 1223. » (Du 17 au 26 avril 1808).

### § 2°. — SIDI EMBAREK EL-BAHRI.

Sur les rochers de la côte, entre l'abattoir actuel et la chapelle de Sidi Abd-el-Kader, se trouvait le tombeau de Sidi Embarek el-Bahri, que ne fréquentaient que de rares visiteurs et qui n'avait ni dotation ni oukil.

## 2e PARTIE. — QUARTIERS MOYENS.

### SECTION Ire. — NORD.

### CHAPITRE LXXIII.

#### § 1er. — MOSQUÉE FOUK ALI BITCHNIN, RUE DE LA CASBAH.

Cette petite mosquée tirait son nom de sa situation. On l'appelait simplement *Djama fouk Ali Bitchnin*, la mosquée qui est au-dessus d'Ali Bitchnin, c'est-à-dire au-dessus de la mosquée de ce nom. Cette dernière, sise à l'angle des rues de la Casbah et Bab-el-Oued n'est autre, on se le rappelle, que l'église actuelle de N.-D.-des-Victoires. Quelques titres de propriétés, antérieurs au XIIe siècle de l'hégire, indiquent la petite mosquée dont il s'agit comme étant sise à *el-Djebila*, la petite colline.

Cet édifice conserva son affectation pendant les premières années de la conquête et reçut le n° 68 de la rue de la Casbah. Son emplacement est compris dans la maison qui porte actuellement le n° 7 de cette rue.

### § 2º. — MOSQUÉE EL-AKHDEUR, RUE DU LOCDOR.

Le nom d'El-Akhedeur (الأخضر) porté par cette petite mosquée, avait été, probablement, celui d'un oukil, mais ni la tradition ni les documents n'offrent de renseignements précis sur ce sujet. Je dois ajouter que l'édifice dont je m'occupe n'est point consigné sur l'oukfia des établissements religieux et que je ne l'ai vu mentionné que dans un seul titre de propriété portant la date de 1231 (1815-1816).

Cet édifice reçut le n° 25 de la rue du Locdor, — à laquelle il a donné son nom, — et fut démoli en 1844, son emplacement est compris dans la maison ayant une entrée rue du Chat n° 1 et une autre porte rue du Locdor, n° 12, à l'un des angles de laquelle est établie une fontaine.

## CHAPITRE LXXIV.

### MOSQUÉE AKHERMIMOUN, RUE AKERMIMOUT.

Voici les renseignements que j'ai pu glaner au sujet de cette petite mosquée, qui portait simplement le nom de son quartier.

I. Mosquée (mesdjed) située au-dessus du four de Ben Zeurman, à 'okbet echerchali (la montée du Cherchellien). (Oukfia).

II. Mosquée situé à 'okbet echerchali, près des ruines de Ben Mimoun (Akherab ben Mimoun), au-dessous de la vieille Casbah, et dont est imam Mustapha ben — , dit Ben Kroumba (acte de 1171, soit 1757-1758).

III. Mosquée sise à 'okbet echerchali et dont est imam le sid Mohammed fils du défunt Sid Mustapha connu sous le nom de Ben Kroumba (acte de 1216, soit 1801-1802).

Il résulte d'un acte de 1169 (1755-1756), qu'à cette époque le nommé Mohammed fils d'Abd-Allah fils de Mimoun, était propriétaire d'immeubles en ruines sis à 'okbet echerchali (la montée du cherchellien), au-dessus du four du fils de Zeurman et au-dessous de la vieille Casbah. Cette circonstance fit changer le nom du quartier et l'habitude de le désigner en rappelant l'existence des ruines appartenant au fils de Mimoun a prévalu et s'est perpétuée jusqu'à nos jours. Seulement, la domination un peu longue de Akherab Ibn Mimoun s'est contractée dans la bouche des indigènes en Akhermimoun mot que nous avons rendu encore plus incompréhensible en le transformant en *Akermimout*.

Cet édifice reçut le n° 4 de la rue Akermimout et le n° 14 de la rue du Chat. Abandonné par les musulmans, il fut aliéné en 1840, et son emplacement est compris dans la maison portant le n° 9 de la rue Akermimout.

## SECTION IIe — CENTRE.

### CHAPITRE LXXV.

#### § 1er. — SIDI SAHAB ETTERIK.

Sous la voûte de la maison occupée par l'Intendance militaire, et contre la maison actuellement affectée au tribunal de 1re instance, — rue de l'Etat-major, n° 9, — existait un tombeau voûté renfermant les restes d'un marabout anonyme, connu sous la désignation de *Sidi Sahab etterik*, ce qui équivaut à : *monseigneur qui est dans le chemin*. J'ai retrouvé dans plusieurs actes de propriété, dont le plus ancien est de 1101 (1689-1690), la mention de ce saint sans domicile, qui a donné son nom au quartier, et dont la tombe a été enlevée dès les premiers jours de la conquête française.

#### § 2. — MOSQUÉE MUSTAPHA-PACHA, RUE DE L'INTENDANCE.

L'oukfia des établissements religieux désigne ainsi cette mosquée : « Mosquée du cheikh sidi Ahmed ben Abd-Allah, sise au-dessous de la Fontaine rouge (el-aïn el-hamra), et connue sous le nom d'Ibn Mo'rnine (ابن مغنين). » Plus tard, cet édifice a été successivement appelé la mosquée de Bab-Essouk, du nom du quartier, la mosquée de Mustapha-Pacha, du nom de son restaurateur, et la mosquée d'el-Manguelati, ou plus habituellement de Belguellati, du nom de son imam. Il porta le n° 1 de la rue de l'Intendance et fut démoli en août 1837. La partie de son emplacement respectée par l'alignement fut aliénée en juin 1838 et comprise dans la construction de la salle de spectacle, aujourd'hui occupée par l'école communale que dirigent les frères de la doctrine chrétienne.

#### § 3. — MOSQUÉE CHEIKH DAOUD, RUE DE L'ÉTAT-MAJOR.

La mosquée du cheikh sidi Daoud figure sous ce nom dans

l'oukfla des établissements religieux. Elle reçut le n° 25 de la rue de l'État-Major, et fut démolie en 1833 pour l'agrandissement de la place du Soudan.

## CHAPITRE LXXVI.

### ZAOUIAT SIDI AHMED BEN ABD ALLAH, RUE SOGGEMAH.

Cette zaouiat est mentionnée dans plusieurs titres de propriété, dont le plus ancien est de 1030 (1620-1621) et dans l'oukfla des établissements religieux. Le saint célèbre, sidi Ahmed ben Abd Allah, — dont elle renfermait les restes mortels, est, en général, qualifié d'*el Djeziri*, l'algérien ; cependant, d'après l'oukfla il serait *zouawi*. Cette divergence de renseignements relativement à l'origine du personnage reste inexpliquée.

Cet établissement, que la notoriété appelait en dernier lieu, d'après sa situation, la zaouiat de Souk el-Djema'at, se composait d'une mosquée, de logements à l'usage des savants et d'un cimetière. Il reçut le n° 24 de la rue Socgemah, et est affecté, en grande partie, à l'école d'enseignement mutuel.

D'après un manuscrit arabe, sidi Ahmed ben Abdallah mourut en 874 (1469-1470), soit environ 46 ans avant le commencement de la domination turque. Sa chapelle renfermait entr'autres tombes remarquables, celles de trois des premiers muphtis d'Alger, dont l'un était le célèbre sidi Saïd bou Gueddonra, qui a été mis au nombre des saints. C'est ce qui résulte des passages ci-après d'un manuscrit arabe rédigé vers 1153 (1740-1741) par le fils du muphti hanéfite Hossaïn ben Redjeb et dont j'ai donné des extraits dans le chapitre de la Grande mosquée et dans celui de Djama el-Djedid.

« On trouve le tombeau du muphti sidi Mohammed ben Belkassem ben Ismaïl el-Matmati au sud du saint et vertueux sidi Ahmed ben Abdallah, auteur de (l'ouvrage intitulé) la Djezairiya..... Sidi Ahmed Zerrouk ben Ammar alternait avec sidi Saïd dans la charge de muphti... Cela se passa ainsi jusqu'à ce que mourut sidi Ahmed ; son tombeau n'est connu que de quelques personnes ; je sais d'une manière certaine qu'il se trouve près de la tombe du saint et vertueux sidi Ahmed ben Abdallah l'algérien, au milieu des marches, proche de Sidi Ali Echothi et auprès de la tombe du saint et vertueux fils de sidi Abderrahman Ettalbi, que Dieu nous soit propice par leurs mérites !.... Sidi Saïd mourut en 1066 (1655-1656), que Dieu lui fasse miséricorde et nous soit propice par ses mérites ! Il fut inhumé dans la chapelle du saint et vertueux sidi Ahmed ben Abdallah el-Djeziri (l'algérien), aux pieds de son professeur sidi Mohammed ben Ismaël el-Matmati, que Dieu soit satisfait d'eux ! »

### § 2. — MOSQUÉE RUE SOCGÉMAH.

L'article suivant de l'oukfia des établissements religieux, est le seul renseignement écrit que j'aie trouvé sur cette petite mosquée, qui n'avait pas de nom particulier et que la notoriété appelait simplement : *le mesdjed de Souk el-djema'at.* « Mosquée sise à Okbet « (la montée de) Ben Chakour. » Cet édifice, qui avait reçu le n° 82 de la rue Socgémah et qui était abandonné par les musulmans depuis la conquête, fut aliéné en 1841. La maison portant le n° 23 de la même rue, renferme son emplacement.

### § 3. — MOSQUÉE DE KOUCHET BOULABAH.

On lit dans l'oukfia des établissements religieux, la désignation suivante de cet édifice :

« Mosquée (mesdjed) du cheikh sidi Seliman le cherif, sise au-dessus de la fontaine rouge (el-aïn el-hamra), près de Kouchet (le four de) Boula'ba. »

Le nom du marabout indiqué par l'oukfia est aujourd'hui complètement oublié et cette mosquée était simplement désignée, en dernier lieu, sous la dénomination de *Mesdjed Kouchet Boula'ba.*

Cet édifice reçut les n° 12 de la rue Boulabah et 20 de la rue du Croissant. Condamné à être démoli, pour cause de vétusté, il fut aliéné le 21 juin 1841. Son emplacement est compris dans la maison sise à l'angle des rues Boulabah et du Croissant et portant le n° 10 de cette dernière.

### § 4. — ÉCOLE DE KOUCHET BOULA'BA.

La boutique sise rue Boulabah, n° 14, et dépendant de la maison rue du Croissant, n° 18, était autrefois une école désignée par le nom de ce quartier. Elle a été aliénée le 30 août 1841, avec la maison dont elle formait une dépendance.

## CHAPITRE LXXVII.

### 1ᵉʳ. — MOSQUÉE DE FEURN BEN CHEKOUR, RUE DE TOULON.

L'oukfia désigne comme il suit cette mosquée que la notoriété appelait *Mesdjed feurn ben Chekour*, de sa situation au-dessus du moulin ainsi dénommé :

« Mosquée (Mesdjed) du cheikh sidi Ahmed ben Abd-Allah, sise près de la montée d'Ibn Chekour ( عقبة ابن شكور ), et de la fontaine rouge, »

Cet édifice reçut le n° 14 de la rue de Toulon et fut longtemps affecté au casernement de la gendarmerie. Il dépend actuellement de l'immeuble affecté à l'école des jeunes filles musulmanes.

### § 2. — CHAPELLE DE SIDI ESSID.

Au-dessus de la mosquée qui fait l'objet du paragraphe précédent, un long et étroit passage donne accès dans une cour intérieure servant de cimetière et renfermant une chapelle. D'après la tradition, cette chapelle serait la sépulture de sidi Essid, mais je n'ai trouvé aucune trace de ce marabout dans les documents.

Cet édifice, qui avait reçu le n° 16 de la rue de Toulon, a subi le même sort que la mosquée de feurn ben Chekour. Ces deux établissements portent le n° 7 de la série de 1854.

### § 3. — MOSQUÉE DE SIDI BOU CHAKOUR, OU DE BEN ECHAHED.

L'oukfia désigne ainsi cette mosquée, que la notoriété appelait mesdjed de bou Chakour ( أبو شكور ) du nom d'un marabout voisin dont je m'occupe au paragraphe suivant, ou mesdjed de Ben Echahed, du nom d'un administrateur :

« Mosquée (mesdjed connue sous le nom d'Essoubri ( السوبري ), attenant à la maison du cheikh sidi Ahmed ben Abdallah, près de Bab-Essouk. »

Cet édifice, qui reçut le n° 52 de la rue de l'État-Major, était construit sur une voûte, à cheval sur la rue. Il a été démoli dans les premières années de la conquête et est tombé en entier dans la voie publique.

### § 4. — CHAPELLE DE SIDI BOU CHAKOUR RUE DE L'ÉTAT-MAJOR.

L'oukfia ne fait pas mention de cette chapelle, que quelques titres de propriété, dont le plus ancien ne remonte qu'au commencement du XIII° siècle de l'hégire, désignent ainsi : « Tombeau du saint et vertueux sidi Bou Chakour (سيدي بو شقور), que Dieu nous soit propice par ses mérites, amen ! »

Cette chapelle, des plus exiguës et des plus pauvres, comprenait une partie du rez-de-chaussée de la maison portant le n° 59 de la rue de l'État-Major, qui fut aliénée le 14 décembre 1844, et qui a reçu le n° 14 de la même rue en 1854. Elle forme l'un des magasins de cet immeuble et a été conservée dans son état primitif, quant à la disposition des lieux seulement, car la châsse, le tombeau et les drapeaux du saint ont disparu depuis longtemps.

## CHAPITRE LXXVIII.

### § 1er. — MOSQUÉE EL-MECHDELI, RUE SALLUSTE.

Cette petite mosquée, appelée en dernier lieu Mesdjed el-Mechdeli, — du nom d'un de ses oukils, — avait été bâtie par le pacha Ramdan. Ce fait ignoré de la génération actuelle, nous est révélé par l'oukfia, dont voici la mention :

« Mosquée (djama) du défunt Ramdan Pacha, sise au-dessous d'el-Djama el-Mallok et dont est imam actuellement le Sid Ahmed el-Mesdali (المسدالي). »

Cet édifice, qui avait reçu le n° 13 de la rue Salluste, fut aliéné en 1844, pour cause de vétusté. Son emplacement est compris dans la maison portant le même numéro de la même rue.

### § 2. — MOSQUÉE BEN FARÈS, RUE CATON.

Il résulte des recherches que j'ai effectuées dans des titres de propriété : 1° Que cette mosquée, que la génération de 1830 ne connaissait que sous la désignation de *djama Ben Farès*, était autrefois appelée mosquée de Sidi el-Harbi (الحربي), du nom d'un marabout assez célèbre qui y était inhumé ; 2° que le nom de Ben Farès (ابن فارس) appartenait en réalité au quartier et non à la mosquée, 3° que ce nom commença à être employé vers 1089 (1678-1679), par suite de cette circonstance qu'un andalou appelé el-Hadj Ali Ben Farès devint propriétaire d'une maison sise dans cette partie de la ville alors désignée sous la dénomination de *quartier sis au-dessus de Ben Gaour Ali*, nom sur lequel je reviendrai dans le chapitre LXXX.

Cette mosquée, qui avait reçu le n° 18 de la rue Caton, fut aliénée pour cause de vétusté et d'abandon, le 30 décembre 1842. La maison à la française qui avait absorbé une partie de son emplacement, a été démolie elle-même pour la construction de la synagogue et l'établissement de la place Randon.

## CHAPITRE LXXIX.

### § 1<sup>er</sup>. — MOSQUÉE DITE DJAMA EL-MA'LLOK, RUE BLEUE.

Les renseignements écrits que j'ai recueillis sur cette petite mosquée constatent seulement qu'elle existait déjà en 1036 (1626-1627), et ne font connaître ni le nom de son fondateur ni la date de sa fondation. Ces renseignements sont uniformes : pendant 210 ans, la mosquée est invariablement désignée de la même manière. C'est par suite d'une contraction dont les exemples sont fréquents, que les Indigènes prononcent et même écrivent quelquefois, *djama' el-ma'llok* (la mosquée du pendu) pour *el-djama' el-ma'llok* (la mosquée pendue, suspendue). La tradition explique ce nom en disant que par suite de la disposition topographique de ce quartier, l'édifice ainsi appelé, semblait suspendu au-dessus d'une partie de la ville.

Cette mosquée reçut le n° 1 de la rue Bleue et fut aliénée en 1844. Elle se trouve comprise dans la maison portant le même numéro de la même rue.

### § 2. — MOSQUÉE DE HOUANET SIDI ABD-ALLAH, RUE ABD-ALLAH.

Voici l'article de l'oukfla des établissements religieux relatif à cette petite mosquée, que la génération actuelle ne connaît que sous le nom du quartier : *Houanet Sidi Abd-Allah*, les boutiques de monseigneur Abd-Allah :

« Mosquée (mesdjed) sise aux boutiques (houanet) du Sid Abd-Allah, et connue anciennement sous le nom du cheikh Sidi Cha'ib (شعيب). »

En parlant d'un marabout on emploie toujours l'expression de *Sidi*, monseigneur. Puisque l'oukfla n'accorde à cet Abd-Allah qui a laissé son nom au quartier, que l'épithète de *Sid* (seigneur, sieur), je suis porté à croire qu'il n'était qu'un simple propriétaire et non un saint, comme le rapporte la tradition, qui serait encore une fois en défaut. Le vrai patron de cette mosquée serait donc

Sidi Cha'ib, marabout dont on ne connaît plus, aujourd'hui, que la *Kheloua* (retraite, ermitage), sise rue Tombouctou.

Cet édifice est encore affecté au culte musulman. Il a reçu successivement les n°˚ 32 et 17 de la rue Abd-Allah.

### § 3°. — MOSQUÉE D'AIN EL-ATOCH RUE ABD-ALLAH.

En dernier lieu, la notoriété appelait cette petite mosquée *mesdjed Aïn el-Atoch*, la mosquée de la fontaine de la soif. Ce nom, conservé par la tradition, n'est pas entièrement conforme aux indications fournies par les titres de propriété, car d'après ces derniers renseignements, la qualification d'*el Atoch* (de la soif) s'appliquerait non à la fontaine, mais bien au quartier. Le véritable nom de l'édifice qui nous occupe aurait donc dû être : *mesdjed Zenket el Atoch* (de la rue de la soif). Voici, d'ailleurs, les renseignements écrits que j'ai pu recueillir :

I. Mosquée (mesdjed) située au-dessus du quartier de Ben Gaour Ali, près d'un moulin (oukfia).

II. Maison sise dans la rue de la soif (Zenket el-atoch), au-dessus du quartier de Ben Gaour Ali. (Acte de 1105, soit septembre 1693).

III. Maison sise dans le quartier de la soif (houmet el-atoch) et contiguë à une mosquée qui est là. (Acte de 1114, soit 1702).

IV. Maison sise à Zenket el-atoch et contiguë à une fontaine. (Acte de 1138, soit 1725-1726).

V. Maison sise à Zenket el-atoch, près d'une mosquée. (Acte de 1215, soit 1800-1801).

Cette mosquée, qui avait reçu le n° 3 de la rue Abd-Allah, fut aliénée, pour cause de vétusté, en février 1853.

### CHAPITRE LXXX.

### § 1er. — MOSQUÉE DE BEN GAOUR ALI, RUE STAOUELI

L'oukfia mentionne ainsi cette petite mosquée :

« Mosquée sise près de la maison de Ben Gaour Ali (ابن جاور علي)

et connue sous le nom d'El-Hadj Abd-el-Aziz (الحاج عبد العزيز). »

Cette dernière désignation était inconnue de la génération de 1830, qui employait exclusivement la dénomination de *mesdjed Ben Gaour Ali*, tirée simplement de la situation de l'édifice. Au sujet du nom de ce quartier, il m'a paru utile dans l'intérêt de la topographie de l'ancien Alger, de donner place ici à un renseignement intéressant que j'ai recueilli dans un document authentique.

L'origine du nom de *Houmet Ben Gaour Ali*, — le quartier du fils du mécréant Ali, — excitait ma curiosité. On ne comprendrait guère, en effet, que l'épithète de mécréant fut infligée à un chrétien converti à l'islamisme. Jamais on ne procédait de la sorte, et la simple politesse, les égards dûs à un nouveau frère, auraient suffi, à défaut de considérations politiques, pour empêcher une pareille inconvenance. S'agissait-il donc d'un musulman ayant abjuré la foi de ses pères ? Etait-ce le souvenir néfaste d'une apostasie que la tradition flétrissait ainsi et poursuivait impitoyablement à travers les siècles? Mais le fait était-il certain ? Cet Ali avait-il réellement commis le crime qu'on lui reprochait ? Quelles étaient, d'ailleurs, les circonstances de cette abjuration clouée à un quartier de la ville comme à un poteau d'infamie? C'est en vain que j'ai plusieurs fois consulté la notoriété : nul indigène n'a pu me renseigner sur le sujet de mes investigations.

Le papier, fort heureusement, conserve mieux que la mémoire humaine la trace des évènements. Un rouleau de titres, fort convenablement rongé par le temps et par les vers, et dans lequel je cherchais toute autre chose, est venu me donner la solution de l'énigme qui me préoccupait. Ce document offre toutes les garanties désirables d'authenticité et de véracité. Il se compose d'une série d'actes de propriété collés à la suite les uns des autres et dressés à différentes époques, par les cadis d'Alger. Ces divers actes s'appliquent bien tous à un seul et même immeuble ; tout le prouve, la filiation des propriétaires, la nature des mutations et transactions, et les énonciations des textes. Le moindre doute ne saurait s'élever sur ce point capital. Or, le premier acte de ce rouleau de titres, passé devant le cadi hanéfite dans les premiers jour du mois de safar 1099, — soit du 7 au 16 décembre 1687, — désigne ainsi l'immeuble auquel il s'applique :

« …..La maison sise au-dessus de la maison du défunt auquel « Dieu fasse miséricorde, Sid Ali Raïs, surnommé *Kour Ali* (أكور علي). »

Le second acte du rouleau, portant la date de fin chaban 1114, — soit du 10 au 18 janvier 1703, — indique comme il suit le même immeuble :

« …..La maison sise à Zenket el-atoch (la fontaine de la soif) au dessus de Ben Gaour Ali (ابن جاور علي). »

L'altération est patente, évidente, prise sur le fait ; quinze années avaient suffi pour qu'un mot turc, mal compris et mal prononcé par les indigènes, se corrompît et fût confondu avec un autre mot turc qui a un tout autre sens. Le mot *Kur* où *Kour*, signifie, en effet, borgne, tandis que l'expression de *gaïr*, ou *gaour*, d'après la prononciation arabe, — désigne un mécréant, un infidèle.

Je puis donc, aujourd'hui, affirmer, pièces en mains, que la tradition est dans l'erreur et que le prétendu mécréant (gaour) n'est autre que le raïs (capitaine de navire) Kour (le borgne) Ali. La corruption qui s'est opérée de 1687 à 1703, comme l'établissent péremptoirement les deux simples extraits que je viens de donner, a eu pour effet de dénaturer, dans le court espace de quinze ans, un nom encore célèbre à la première de ces deux dates et de créer une dénomination de quartier fort obscure et complètement inexacte.

J'ai trouvé des traces de ce corsaire borgne dans des matériaux recueillis par moi et restés inédits. Des mentions de prises maritimes consignées sur les registres du beylik, dans le courant des années hégiriennes 1085, 1086 et 1087 (de 1674 à 1677), citent fréquemment notre personnage, auquel elles donnent quelquefois tous ses titres, noms et surnoms, à savoir : « le raïs Kour Ali, sur-
« nommé Boffoun (le bouffon) »; mais qu'elles désignent souvent d'une manière moins complète : « Kour Ali raïs », ou « raïs Boffoun », ou, enfin « Ali raïs Boffoun. »

D'après mes calculs, les prises effectuées pendant les trois années précitées, par ce corsaire, à la fois borgne et bouffon, que l'ingrate postérité devait transformer en mécréant, forment un total de 26. Les restes mortels de notre raïs étaient inhumés dans un cimetière particulier, sis tout près de la porte Bab-el-Oued, vis-à-vis le sentier qui conduisait à la chapelle du marabout Sidi Abderrahman Ett'albi et que les travaux du nouveau lycée ont fait disparaître. Ce fait ressort d'un acte passé devant le cadi en 1102 (1689), et dans lequel on lit le passage suivant :

« .....La boutique sise à *El-Haddjarin* (quartier des ouvriers en
« pierres), contiguë au cimetière connu sous le nom d'Ali raïs sur-
« nommé el-Boffoun, près du tombeau du saint, vertueux et béni
« Sidi Abderrahman ben Salem, hors la porte du Ruisseau, l'une
« des portes d'Alger la protégée. »

La mosquée de Ben Gaour Ali, reçut, en 1830, le n° 1 de la rue Staouéli, et fut démolie en 1848. Son emplacement est tombé dans la place Randon.

## § 2°. — MOSQUÉE DE SIDI MOSBAH, IMPASSE DES GÉTULES.

Plusieurs titres de propriété, dont le plus ancien est de 973 (1565-1566), désignent invariablement cette petite mosquée comme portant le nom du saint Sidi Mosbah (مصباح), qui y était inhumé.

Cet édifice, qui avait reçu les n°° 1 et 3 de l'impasse des Gétules, fut aliéné en 1841, pour cause de vétusté. Son emplacement a été englobé dans la maison portant le n° 10 de la rue appelée actuellement rue de Saint-Vincent de Paul et précédemment rue du Vinaigre.

## SECTION III°. SUD.

## CHAPITRE LXXXI.

### § 1er. — MOSQUÉE SOUK EL-KETTAN, RUE DE LA PORTE-NEUVE.

D'après une version que je ne puis donner que sous toutes réserves, cette petite mosquée aurait été restaurée, vers 1820, par Moustapha Saïdji. Elle n'avait aucun nom particulier ; on l'appelait simplement, à cause de sa situation, *Mesdjed Souk el-Kettan*, la mosquée du marché au lin.

Cet édifice, qui avait reçu le n° 121 de la rue Porte-Neuve, fut aliéné en 1843, après avoir été longtemps affecté au logement des tambours de la milice. La portion de son emplacement qu'a respectée le nouvel alignement se trouve comprise dans la maison portant le n° 16 de la même rue.

### § 2°. — MOSQUÉE SIDI HEDDI, RUE NAPOLÉON.

L'inscription arabe portant le n° 86 du catalogue du Musée public d'Alger, provient de cet édifice. En voici le texte :

الحمد لله وحده

هذا الجامع الاعظم

من امر ببنيانه مام رايس

حين قدم وفاته قصد به وجه

الله العظيم عام ١اح وماية

Elle est gravée en caractères creux, peints en rouge, sur une plaque de marbre de 0ᵐ325 sur 0ᵐ23. L'écriture se rapproche un peu du type andalou, mais elle est assez grossière. On remarque entre la 2ᵉ et la 3ᵉ lignes, et entre la 3ᵉ et la 4ᵉ lignes, des enjambements tout-à-fait inusités en épigraphie arabe. Quand l'espace leur manquait, les lapicides indigènes rejetaient au-dessus de la ligne d'écriture les lettres qui se prêtaient à cette combinaison. Mais le chevauchement insolite que je viens de signaler n'est pas la seule singularité que présente cette inscription, et sa date va nous fournir un nouveau sujet d'étonnement.

Je traduis ainsi :

> Louange à Dieu, unique.
> Cette mosquée très-gran-
> de, celui qui a ordonné sa construc-
> tion, est Mami (1) raïs (2), lorsque
> arriva sa mort. Il a eu en vue
> en cela la face de Dieu l'Immense.
> Année. . . . . . .

La date de cette inscription n'a pu être déchiffrée. C'est en vain que j'ai fait un appel à tous les Indigènes versés dans la science des chronogrammes ; aucun d'eux n'a pu me donner le mot de l'énigme. A défaut de solution satisfaisante, je vais présenter, sous toutes réserves, et à titre de simple hypothèse, une version que m'a suggéré l'examen attentif du mystérieux texte.

La manière la plus habituelle d'employer pour la rédaction des chronogrammes, les caractères de l'alphabet arabe, d'après la valeur numérale qui leur est attribuée, consiste à former un ou plusieurs mots plus ou moins en harmonie avec la circonstance, et dont les lettres étant additionnées donnent un total égal à la date qu'on veut déguiser. Mais ici cette méthode n'a pas été suivie. En allant de droite à gauche, nous trouvons d'abord un zéro, c'est-à-dire un chiffre, puis un ا dont la valeur numérale est 1, ensuite un ح valant 8, et, enfin, un adjectif numéral précédé d'une conjonction : et cent. Trois systèmes ont donc été combinés et employés concurremment pour rendre plus obscure la date de l'inscription,

---

(1) Ce mot est écrit fautivement مأم. Il faudrait مامى.
(2) Capitaine de navire.

bien que ce fut, à coup sûr, le renseignement qui méritât le plus de clarté. La combinaison a été si heureuse qu'aujourd'hui les plus expérimentés se déclarent impuissants à deviner l'intention de l'auteur.

Il me semble que dans le cas qui nous occupe, les lettres numérales sont placées dans l'ordre indiqué par l'arithmétique pour la formation des nombres. Le zéro tiendrait donc la place des unités simples; le ا ou 1, serait placé dans la colonne des dizaines, et le ح ou 8, occuperait le rang des centaines. La date proposée devrait donc être lue comme il suit :

ح (8) ا (1) • (0) et cent. Soit : 810 et cent.

On pourrait en conclure, à mon avis, que l'année cherchée est 810 plus 100, c'est-à-dire 910, ce qui nous reporterait à l'année 1505 de l'ère chrétienne, et à une époque antérieure de 11 ans à l'établissement de la domination ottomane en Algérie. La présence à Alger, antérieurement à l'arrivée des Barberousse, d'un corsaire turc, — ou rénégat, car le nom de Mami était choisi volontiers par les apostats, — n'aurait rien d'étonnant, attendu que cette ville était alors le refuge de forbans de toute origine, dont les déprédations forcèrent les Espagnols à bâtir, sur un îlot sis à 200 mètres de la ville, la fameuse forteresse connue sous le nom d'*El-Penon*. Telle est l'explication que je crois pouvoir donner d'une date formulée d'après un mode inconnu et qui est resté sans imitation, comme il était sans doute sans précédent.

Voici les renseignements que j'ai recueillis au sujet de cette mosquée, dans des actes authentiques. Ils ne font pas mention de Mami Rais, mais il faut remarquer que 150 ans s'étaient écoulés, et que ce laps de temps suffisait, et au-delà, pour effacer le souvenir d'un fondateur qui n'avait peut-être pas été très-célèbre à Alger.

1. Maison sise dans le quartier de la mosquée du Sid Hizb-Allah (حزب الله). près de Souiket Amour (acte de 1058, soit 1648-1649).

2. Maison sise au quartier de Tiber Routin (تيبر غوتين) près de Souk el-Kettan (la rue au lin) et contiguë à la mosquée connue sous le nom de Sid Salem ben Hizb-Allah (titre de 1072, soit 1661-1662).

3. ....... Au quartier de Tiber Routin, près de la mosquée de Sid Hizb-Allah (titre de 1089, soit 1678-1679).

4. Mosquée du Sid Hizb-Allah, sise au quartier de Tiber Routin (Oukfia).

5....... La mosquée du cheikh savant et très-docte le défunt Sidi Heddi (هدي), sise au quartier de Tiber Routin (titre de 1150, soit 1737-1738).

6......... Au quartier de Tiber Routin, près de la mosquée connue sous le nom du théologien Sid Mohammed ben Hiz-Allah (acte de 1159, soit 1746-1747).

7....... Au quartier de Tiber Routin et dans le voisinage de la mosquée de Sidi Heddi (titre de 1173, soit 1760.)

Le nom de Sidi Heddi resta définitivement attaché à l'édifice dont ce savant avait été l'administrateur. La mosquée dont il s'agit reçut en 1830 le n° 7 de la rue de la Lyre. Elle fût affectée successivement aux besoins de l'administration militaire et à une école mutuelle arabe-française. La mise à exécution des nouveaux alignements amena sa démolition en 1855, et son emplacement est tombé dans la rue Napoléon.

§ 3°. — MOSQUÉE DE HOUMET ESSELAOUI, RUE DU CENTAURE.

Cette petite mosquée portait simplement le nom du quartier lequel s'appelait *haret* (la rue), ou *houmet* (le quartier) *Esselaoui* (السلاوي) Les renseignements que j'ai recueillis à son sujet ne remontent pas au-delà de 1128 (1715-1716) et n'indiquent ni la date de sa construction ni le nom de son fondateur. Elle a conservé son affectation primitive et a reçu le n° 10 de la rue du Centaure dont elle portait antérieurement à 1854, le n° 11.

## CHAPITRE LXXXII.

§ 1". — MOSQUÉE DE DAR EL-ANGUECHARIYA EL-DJEDIDA, RUE MÉDÉE.

Il existe dans la rue Médée, qui offre une forte pente, deux anciennes casernes de janissaires (دار الانجشارية dar el-Anguechaïriya), contiguës dans leur partie postérieure, qu'on distinguait autrefois par les dénominations, tirées de leur situation respective, d'*El-Foukaniya*, la Supérieure, et *Ettahtaniya* ou *Essefelaniya*, l'Inférieure; cette dernière — aussi appelée *El-Djedida*, la Neuve — renfermait une petite mosquée, que l'oukfia désigne ainsi : « Mesdjed du défunt Ramdan pacha. »

## § 2°. — MOSQUÉE D'ALI PACHA, RUE MÉDÉE.

Cette mosquée de premier ordre, destinée à la Khotba et munie d'un minaret, a été bâtie vers 1164 (1750-1751) par le Pacha Ali, sur l'emplacement de la Zaouia de Sidi Lakehal, autrefois connue sous le nom de Zaouiet Akeroun. C'est ce qui résulte des divers renseignements ci-après :

1..... Le théologien Sid Mohammed el-Akehal (الاكحل ; *Lakehal*, d'après la prononciation usuelle), fils d'El-Arbi, imam de la mosquée sise dans la Zaouiet Akeroun (زاوية أقرون) et contiguë à la vieille caserne de janissaires. (titre du commencement de Rebi 2° 1080 ; soit du 29 août au 7 septembre 1669).

2. Mosquée de Sid el-Akehal, contiguë à la vieille caserne de janissaires (titre de 1140, soit 1727-1728).

3.......... Au profit de la Zaouia de Sidi el-Akehal, attenant à la vieille caserne de janissaires (titre de 1162, soit 1748-1749).

4. Ali pacha fonde un habous au profit de la mosquée qu'il a fait construire sur l'emplacement de la mosquée connue sous le nom de Zaouiet Sidi el-Akehal, au-dessus de la vieille caserne de janissaires (titre du commencement de Rebi 2° 1164, soit du 27 février au 8 mars 1751).

Cette reconstruction qui est constatée dans de nombreux titres de propriété qu'il me paraît sans utilité de reproduire, se trouve, en outre, rappelée dans l'inscription ci-après :

جدد هذا الجامع الشريف علي باشا

يسّر الله مراده ما يشاء

سنة اثنان وسبعون وماية والف

Je traduis ainsi :

A reconstruit cette noble mosquée Ali Pacha.

Que Dieu facilite (l'accomplissement de) ses désirs, autant qu'il le voudra !

Année mil-cent-soixante-douze.

Le nom de Sidi Lakehal survécut quelque temps, mais bientôt il ut définitivement remplacé par celui d'Ali Pacha. Cette mosquée, qui avait reçu le n° 85 de la rue Médée, subsiste encore. Elle forme une annexe de la caserne contiguë, occupée par le Génie.

## CHAPITRE LXXXIII.

### § 1<sup>er</sup>. — MOSQUÉE DITE DJAMA EL-BLAT, RUE DE NEMOURS.

On ne connaît pas la date de la construction de ce mesdjed sans minaret dont le nom signifie la *Mosquée des Ardoises*, ce qui n'a pu m'être expliqué. La circonstance dont je vais parler me porterait à croire que cette construction a été effectuée peu de temps avant l'année 999 de l'hégire (1590-1591). Un des actes d'un rouleau de titres que j'ai eu entre les mains, désigne en 999, la maison qu'il concerne comme étant située à Haret esselaoui, *près de Djama el-Blat*, tandis qu'un autre acte de ce rouleau, énonce simplement en 992 (1584-1585), que cette même maison est sise à Haret esselaoui. La proximité d'une mosquée était un fait important quand il s'agissait de déterminer la situation d'un immeuble et il me paraît assez probable que si djama el-Blat n'a pas été cité en 992, c'est que cet édifice n'existait pas encore.

Le nom de *djama el-Blat* ( جامع البلاط ) n'a subi aucune variante depuis 999. Cette mosquée, qui reçut, après 1830, le n° 56 de la rue de Nemours, fut démolie pour cause de sûreté publique en 1850. Son emplacement est tombé dans la rue Napoléon.

### § 2. — MOSQUÉE DJAMA 'EULI MEDFA, RUE DE LA GIRAFE.

Voici le seul renseignement que j'aie trouvé au sujet de cette petite mosquée qui, en dernier lieu, n'était connue que sous le nom du quartier :

« Mosquée (mesdjed) sise au-dessous de Kouchet Skender (le four d'Alexandre), connue sous le nom de Mesdjed du cheikh Sidi Abd-el-R'ofar (1). (D'une autre écriture) Elle est actuellement connue sous le nom d'Euli medfa ( علي مدفع ) (Oukfia).

Cette mosquée qui avait reçu le n° 40 de la rue de la Girafe, et qui était construite sur un grand réservoir d'eau appartenant à la corporation des fontaines, fut démolie en 1838, pour cause de sûreté publique. Son emplacement se trouve englobé en partie dans la maison portant le n° 23 de la même rue.

---

(1) عبد الغبار Ce marabout est totalement inconnu de nos jours.

§ 3. — MOSQUÉE BEN CHELMOUN, RUE PORTE-NEUVE.

En 1057 (1647-1648) le théologien sid Ramdan ben Chelmoun (ابن شلمون) était propriétaire d'une maison sise au-dessous de la fontaine de Chah Hossaïn. Trente-trois ans plus tard, en 1090 (1679-1680), il remplissait les fonctions d'imam d'une petite mosquée sise dans le même quartier, au-dessus de Souk el-Kettan (le marché au lin), à laquelle son nom est encore attaché aujourd'hui.

Cette mosquée, qui n'a pas cessé d'être affectée au culte musulman, a porté successivement les n°ˢ 166, 194 et 17 de la rue Porte-Neuve.

## 3ᵉ PARTIE. — HAUTS QUARTIERS.

### SECTION Iʳᵉ. — NORD.

### CHAPITRE LXXXIV.

#### MOSQUÉE DE SIDI RAMDAN, RUE SIDI-RAMDAN.

Par sa position et son ancienneté, la mosquée de Sidi Ramdan (سيدى رمضان) est des plus curieuses à étudier. Elle est située près du lieu où s'élevait, avant la domination ottomane, la citadelle de la ville berbère, *El-Kosba el-kedîma* (القصبة القديمة la vieille Casba) et sa construction a précédé de beaucoup l'agrandissement d'Alger, opéré par les Turcs dès leur arrivée. Malheureusement, elle ne présente aucune inscription. La plus ancienne mention que j'aie trouvée dans les titres de propriété, ne remonte qu'à l'année 959 (1551-1552). Ce résultat est insignifiant puisque nous savons que l'édifice est antérieur à la révolution due aux Barberousse.

Comme les mosquées de l'époque berbère, celle-ci est recouverte en tuiles rouges. Cette particularité se retrouve, comme je l'ai fait remarquer, dans la Grande mosquée et dans la mosquée El-

Kochach. Ici, les tuiles sont posées sur neuf toits à doubles versants placés transversalement. Le plan général de l'édifice est, dans la plus grande partie, un parallélogramme orienté du sud au nord, mais à son extrémité septentrionale ce tracé s'infléchit dans l'ouest par un angle obtus, de manière à représenter deux trapèzes réunis par un point commun mais ayant deux axes différents. Ces lignes brisées ne sont pas rares dans l'architecture des indigènes, peu soucieux de la symétrie et de la régularité. Tout est informe, grossier, primitif dans la mosquée Sidi Ramdan, à l'intérieur comme à l'extérieur. C'est nu, froid, pauvre. On reconnaît l'œuvre d'une population barbare, étrangère aux beaux-arts et dépourvue de ressources pécuniaires et artistiques. L'irrégularité de la nef n'est rachetée par aucune ornementation. Tout y est plus que simple. Dix-huit colonnes en pierre, fort laides, dessinent trois allées longitudinales de trois mètres de largeur environ, et neuf travées latitudinales qui correspondent aux neuf toits couverts de tuiles. C'est bien là l'agencement des temples appartenant à l'époque arabe, dont la célèbre mosquée de Cordoue offre un type si brillant, reproduit si pauvrement dans la grande mosquée d'Alger. Des tribunes d'un travail aussi imparfait que celui des plafonds et du surplus de la menuiserie, entourent sur trois faces cet intérieur disgracieux, d'une indigence excessive. Le minaret, en harmonie avec cet ensemble, est très-étroit, peu élevé, carré, lourd et crénelé ; on y compte 45 marches basses et 5 marches très-hautes.

Sur la façade nous remarquons : 1° la porte d'une *bouita*, ou cabinet, dans laquelle se tient le khetib ; 2° une fontaine ; 3° un local servant de latrines ; 4° un petit local obscur, sans communication avec l'intérieur, et percé de deux petites fenêtres grillées, dans lequel est inhumé le vénérable sidi Ramdan, marabout fort célèbre autrefois, auquel on est étonné de voir une chapelle aussi misérable.

Cet édifice, qui n'a pas cessé d'être affecté au culte, est percé de deux portes. La principale de ces issues a reçu le n° 5 de la rue Ramdan (ancien n° 8), et l'autre le n° 2 de la rue du Tigre (ancien n° 1). Un meqolla (مصلى) ou local dans lequel on apporte les morts pour dire sur eux les dernières prières, s'ouvre sur la rue des Zouayes, dont il porte le n° 4 depuis 1854, et dont il avait précédemment le n° 6.

Le personnel se composait d'un oukil, d'un imam remplissant les fonctions de khetib ou prédicateur, de deux mouedden ordinaires, de trois mouedden pour le vendredi, de six hezzabin ou lecteurs du Koran, de cinq lecteurs du *tanbih el-anam* ( تنبيه الأنام), d'un lecteur du *boukhari* ( البخاري ), d'un lecteur du *tawhid* ( التوحيد ), de plusieurs lecteurs supplémentaires du Coran pendant le mois de Ramdan, d'un lecteur du livre du seigneur Abd-Errahman, d'un chef du personnel, d'un balayeur, d'un allumeur et d'un homme de peine chargé de nettoyer les latrines.

Les dépenses ordinaires de l'établissement étaient celles-ci : acheter pendant le mois de ramdan deux cierges de cinq livres chacun, neuf mesures d'huile et des sucreries ; acheter des nattes et l'huile nécessaire à l'éclairage habituel, blanchir deux fois par an et faire les réparations nécessaires, etc. La dotation comprenait une cinquantaine d'immeubles.

Un titre de propriété de 959 (1551-1552) appelle cet édifice la mosquée de la Casba. Un acte de 980 (1572-1553) le désigne ainsi : *Mosquée de l'ancienne Casba connue sous le nom du saint, du vertueux sidi Ramdan, que Dieu nous soit propice par ses mérites et par ceux de ses parents, amen!* A partir du XII° siècle de l'hégire la qualification de *mosquée de la vieille Casba* disparaît et le nom de sídi Ramdan reste seul attaché à ce curieux édifice.

## CHAPITRE LXXXV.

### MOSQUÉE DE KETA REDJEL, RUE KATAROUGIL.

L'oukfia des établissements religieux, d'accord avec d'anciens titres de propriété, désigne ainsi cet édifice : « mosquée « sise aux tombeaux des enfants du roi ( المسجد الكائن بقبور أولاد « السلطان ) près de Sidi Ramdan, que Dieu nous soit propice par « ses mérites ! »

A partir de la seconde moitié du XII° siècle de l'hégire, le nom significatif de *tombeaux des enfants du roi* qui indiquait, évidemment, l'existence sur ce point d'une résidence royale remontant à l'époque berbère, est remplacé par celui de *keta erredjel* ( قطع ou قطع الرجل ) dont nous avons fait le barbarisme katarougil, donné à ce quartier parce qu'on y jouait chaque soir un air de clarinette qui annonçait que les *jambes étaient coupées*, c'est-à-dire que la circulation devait immédiatement cesser et que chacun était tenu de rentrer au logis pour n'en sortir que le lendemain matin.

Cette mosquée, de laquelle dépendait un cimetière, — sans doute le cimetière des enfants du roi, — était tombée en ruine bien avant la conquête française et son emplacement se trouvait couvert de décombres comme les terrains environnants, cette partie de la ville ayant été fort délaissée du temps des Turcs. Elle a été aliénée le 24 octobre 1842. On doit regretter amèrement qu'aucun archéologue, que nul ami des temps écoulés n'ait entrepris d'interroger patiemment les ruines accumulées dans ce quartier, et que de nouvelles constructions ont fait disparaître. Quelque épitaphe importante de l'époque berbère, aujourd'hui précipitée dans des fondations dont elle ne sortira jamais, ou brisée impitoyablement par la main de l'ignorant maçon, l'eût peut-être richement récompensé de son dévouement.

SECTION II°. — CENTRE.

## CHAPITRE LXXXVI.

§ 1ᵉʳ. — MOSQUÉE DE BIR ERREMANA RUE DE LA CASBAH.

Au quartier de Bir Erremana, — usuellement Bir Remana — بير الرمانة le puits du grenadier), en face de l'étuve appelée Hammam el Homiyer et contre la fontaine connue sous le nom d'aïn Abd Allah el Oldj ( العلج l'esclave chrétien converti à l'islamisme), s'élevait autrefois une petite mosquée sans minaret, qui n'avait pas habituellement de dénomination particulière bien que quelques documents du commencement du XXIIᵉ siècle l'appellent *mesdjeb echatbi* ( مسجد الشاطبي ) du nom probablement d'un administrateur, et qui était tombée complètement en ruines bien antérieurement à la conquête française. La génération actuelle a généralement oublié cet édifice, dont l'emplacement se trouve aujourd'hui compris dans la maison de construction française portant le n° 27 de la rue de la Casbah.

§ 2e. — MOSQUÉE DE BEN CHEBANA, RUE DE LA CASBAH.

Au commencement du xiie siècle de l'hégire, cette petite mosquée sans minaret n'avait aucune dénomination particulière. Lorsque les documents de cette époque ont à la désigner, ils expliquent qu'il s'agit de la *mosquée*, bâtie sur une voûte, qui se trouve au-dessus de la fontaine d'*Abd-Allah el-Oldj* et au-dessous des *boutiques de Tchalabi*, dans la haute ville. Le nom de Ben Chebana ( ابن شبانة ) qui était évidemment celui d'un administrateur, n'apparut que dans les premières années du xiiie siècle. Il est resté attaché au quartier.

Après avoir reçu successivement les n°° 147 et 155 de la rue de la Casbah, cette mosquée, qui avait jusqu'alors conservé son affectation religieuse, fut atteinte, en 1843, par le marteau des démolisseurs. Une partie de son emplacement est tombée dans la voie publique ; le surplus a été affecté à la construction de la fontaine établie à l'angle des rues de la Casbah et Desaix.

§ 3e. — MOSQUÉE SIDI ABD-EL-AZIZ BOU NAHLA, RUE DU CHAMEAU.

Le saint et vertueux Sidi Abd-el-Aziz Bou Nahla ( بو نحلة l'homme à l'abeille), dont la légende n'a pas traversé les siècles, avait donné son nom à cette petite mosquée, dans laquelle il était inhumé et dont j'ai trouvé la mention dans des documents du commencement du xiie siècle, lesquels la désignent, ainsi que toutes les pièces postérieures, comme étant sise au-dessus de *Bir el-Djebah* ( بير الجباح )

La maison construite à l'angle des rues Annibal et du Chameau et portant le n° 1 de cette dernière, a absorbé l'emplacement de cet édifice, qui avait reçu le n° 2 de la rue du Chameau et qui était tombé complètement en ruines en 1839.

## CHAPITRE LXXXVII.

§ 1er. — MOSQUÉE SABAT EL-ARS, RUE DU DELTA.

Dès l'année 1042 (1632-1633) elle était désignée sous la dénomination de *mesdjed Sabat el-Ars* ( ساباط العرص ) par la raison qu'elle se trouvait bâtie au-dessus d'une voûte soutenue par des piliers. Son nom n'a pas varié.

Cette mosquée reçut le n° 2 de la rue du Delta et conserva son affectation jusqu'en 1848, date de sa démolition pour cause de vétusté. Son emplacement, sis à l'angle des rues de l'Empereur et du Delta, et d'une extrême exiguité, est encore disponible, sauf une portion tombée dans la voie publique.

### § 2°. — ÉCOLE, RUE BLEUE.

Un acte passé devant le cadi bénéfite en 1162 (1748-1749), est relatif à un habous fondé par un particulier « au profit de celui qui « instruira les enfants dans l'école dépendant de sa maison, la- « quelle, sise au quartier de *Kouchet Ali*, dans la haute ville, est « connue sous le nom de Cheikh el-Bled. »

Cette école formait une dépendance de la maison rue Bleue, n° 34, démolie en 1848.

### § 3°. — CHAPELLE DE SIDI ABD EL-MOULA, RUE DE L'EMPEREUR.

Le plus ancien des renseignements écrits que j'ai trouvés sur la chapelle de Sidi Abd el-Moula (سيدي عبد المولى), marabout sans légende, remonte à l'année 1023 (1614-1615). La chapelle de ce saint, qui avait reçu le n° 33 de la rue de l'Empereur et dont dépendait un cimetière, était abandonnée, en 1840, à cause de son état de délabrement. Son emplacement est compris dans la maison portant le n° 21 de la même rue.

### § 4°. — MOSQUÉE SIDI BEN ALI, RUE DE L'EMPEREUR.

Le saint Sidi Ahmed ben Ali, dont cette petite mosquée renferme les restes mortels, est un marabout très-vénéré et très-ancien ; les indigènes n'ont, toutefois, aucune légende à raconter sur ce personnage dont ils ne connaissent plus le nom personnel (Ahmed), le désignant exclusivement sous la dénomination de *Fils d'Ali*.

Cet édifice, qui a reçu successivement les n°° 76 et 42 de la rue de l'Empereur, est encore affecté au culte. Un cimetière en dépend.

## CHAPITRE LXXXVIII.

### § 1°. — MOSQUÉE DE HOUANET EL-R'ERIBA, RUE GARIBA.

L'oukfia des établissements religieux désigne ainsi cette petite mosquée :

« Mosquée (Mesdjed) sise au-dessus de Bir el-Djebah (بير الجباح), près de Kouchet (le four de) el-Oukid (الوقيد), et connue sous le nom de son ancien imam le Siyed Ahmed ben Daoud. »

En dernier lieu, cette mosquée était appelée *Mesdjed Houanet el-Rériba* (حوانيت الغريبة), du nom du quartier où elle était située. Elle avait reçue, en 1830, le n° 7 de la rue Gariba, et fut démolie pour cause de sûreté publique, en mars 1853. Son emplacement, — vendu par la voie des enchères publiques, à un musulman, — se trouve aujourd'hui compris dans la maison portant le n° 14 de la rue Gariba.

### § 2e. — MOSQUÉE BERREKISSA RUE DES SARRAZINS

D'après l'oukfia, cette mosquée, bâtie sur une voûte, était sise en face de la maison d'*Errekissa* (دار الرقيسة), près de Sabat el-Ars. Les titres de propriété et la notoriété l'appellent *Mesdjed Ben Rekissa*, ou usuellement *Berrekissa* (ابن رقيسة). Cet édifice, qui a reçu le n° 3 de la rue des Sarrazins, antérieurement et postérieurement à 1854, est encore affecté au culte musulman.

### § 3e. — MOSQUÉE SABAT EDDEHEB, RUE DES PYRAMIDES.

L'oukfia la désigne ainsi : « Mosquée (Mesdjed) contiguë à l'étuve du caïd Moussa (حمام القايد موسى), près de Bir el-Djebah. » On ne la connaissait, en dernier lieu, que sous le nom de *Mesdjed Sabat Eddeheb* (سابط الذهب, la voûte de l'or), à cause de sa proximité de la voûte ainsi appelée.

Abandonnée depuis l'occupation française, cette petite mosquée, qui portait le n° 9 de la rue des Pyramides, fut affectée à une ambulance pendant la désastreuse épidémie cholérique de 1835. En 1842, elle fut démolie pour cause de sûreté publique, et son emplacement est compris dans la maison sise rue des Pyramides, n° 6.

### § 4e. — TOMBE DU MARABOUT SIDI CHAÏB, RUE TOMBOUCTOU.

Bien avant la conquête française, les bâtisses qui recouvraient jadis, dit-on, la tombe du marabout Sidi Ch'aïb (سيدي شعيب), avaient complètement disparu. Cet établissement, réduit depuis une époque fort reculée, à l'état de simple emplacement clos d'un petit mur, n'a subi aucune modification depuis 1830.

## § 5e. — SIDI SAHAB ETTERIK, RUE DE LA GRUE.

Dans la rue de la Grue, on trouvait encore une de ces tombes de saints anonymes, inhumés sur la voie publique et connus sous la simple désignation de *Sidi Sahab Etterik*, mon Seigneur qui est dans le chemin.

## CHAPITRE LXXXIX.

### § 1er. — MOSQUÉE BEN ESSEDIK, RUE DE LA BALEINE.

En 1170 (1756-1757), vivait le mouedden Mohammed, fils d'Essedik (ابن الصديق), qui attacha son nom à cette petite mosquée dont il obtint la gestion, et que des titres de propriété antérieurs désignent ainsi : *Mesdjed situé au-dessous de l'étuve de la Kasba et attenant à la maison du seigneur Ahmed el-Tchelibi* (أحمد الجليبي). Un titre de 1121 lui donne le nom de جامع سيدي يوسف que je n'ai retrouvé dans aucun autre document.

La mosquée de *Ben Essedik*, qui avait reçu le n° 6 de la rue de la Baleine, conserva sa destination pendant les premières années de l'occupation française, mais en 1848, elle était abandonnée depuis longtemps par la population musulmane. On dut la démolir pour cause de sûreté publique, dans le mois de novembre 1851. Son emplacement est tombé en entier dans l'esplanade que le Génie établit au sommet de l'ancienne ville.

### § 2e. — MOSQUÉE DE HOUANET ZIAN, RUE DE LA CASBAH.

Connue sous la désignation de mesdjed du seigneur Ahmed el-Tchelibi (أحمد الجليبي), en 1095 (1683-1684), et de mesdjed el-Bari (الباري) au commencement du XIIe siècle, cette petite mosquée prit définitivement, vers la fin du même siècle, le nouveau nom de son quartier.

La mosquée de Heuanet Zian (حوانيت زيان), qui avait reçu d'abord le n° 304, et plus tard, le n° 314 de la rue de la Casbah, était abandonnée de la population musulmane, en 1837, pour cause de vétusté et de délabrement. Elle est affectée au casernement militaire. Sa porte dépend de la maison portant actuellement le n° 75 de la rue de la Casbah.

## CHAPITRE XC. — MOSQUÉES DE LA CASBAH.

### § 1ᵉʳ. — MOSQUÉE A L'EXTÉRIEUR DE LA CASBAH.

Des titres de propriété, dont le plus ancien remonte à l'année 1064 (1653-1654) signalent l'existence d'une petite mosquée sise en face de la porte de la nouvelle Casba et qui avait dû être construite bien antérieurement, sans nul doute. Hossaïn Pacha, le dernier Dey, fit rebâtir cet édifice, en l'agrandissant, et le rendit plus digne des nombreux fonctionnaires appelés à la Casba par le transfert du siége du commandement dans la forteresse de la ville. La reconstruction dont il s'agit, est rappelée par plusieurs documents que je crois inutile de reproduire, et par deux inscriptions semblables, placées sur les deux portes de la mosquée, et dont voici le texte et la traduction:

صاحب الخيرات والحسنات * السيد حسين باشا رفعه الله
اعلى الدرجات
المتمسك بقول من له اللواء والشفاعة * من بنى لله مسجدًا
بنى الله له في الجنة بيتًا
سنة ثلاث وثلاثين وماتين (1) والب * من بعد هجرة من له
الفخر والشرف

سنة ١٢٣٣

L'auteur des bienfaits et des bonnes œuvres . . . (est) le Seigneur Hossaïn Pacha, que Dieu l'élève jusqu'au plus haut des degrés (de la béatitude),

Lequel se conforme avec foi à cette parole de Celui qui a l'étendard et l'intercession (2) . . . « Quiconque bâtira à Dieu une mosquée, Dieu lui bâtira, dans le Paradis, une demeure. »

---

(1) Il faudrait مايتين

(2) C'est-à-dire le prophète Mohammed qui tient l'étendard de l'Islamisme et auquel appartient la mission d'intercéder auprès de Dieu en faveur des hommes.

Année mil deux cent trente-trois, ... après l'émigration (hégire) de celui qui a l'illustration et la noblesse.
Année 1233.

L'année hégirienne 1233 a commencé le 11 novembre 1817 et fini le 30 octobre 1818.

A cette mosquée étaient annexées des latrines avec lieux d'ablution et une chambre de bains froids.

A l'exception de quelques faïences placées à l'extérieur, la fondation de Hossaïn pacha, connue sous le nom de *Djama el Kasba* (la mosquée de la Casba), — n'offre rien de particulier. Elle est recouverte d'une terrasse plate, et dénuée de toute ornementation à l'intérieur. Son minaret, octogonal, a de très-petites proportions.

Affectée au casernement militaire en 1830, cette mosquée, qui avait deux portes, l'une rue de la Casba, n° 337, et l'autre rue de la Victoire, n° 52, fut remise par le Génie au Domaine le 3 avril 1839, et livrée le même jour à la Direction de l'Intérieur pour être affectée au culte catholique, sous le vocable de Sainte-Croix.

### § 2°. — MOSQUÉES DANS L'INTÉRIEUR DE LA CASBA.

En pénétrant dans le quartier d'artillerie que nous avons établi à l'extrémité occidentale de la Casba, on trouve, à droite, une mosquée assez grande, mais très simple, très nue et recouverte en terrasse, qui paraît ancienne et qui était évidemment l'oratoire bâti pour l'usage des Janissaires chargés de la garde de cette forteresse avant qu'elle fût devenue la demeure plus sûre que somptueuse du chef de la Régence.

En face de soi, lorsqu'on gravit les quelques marches qui donnent accès dans cette caserne d'artilleurs, on a une grande et jolie mosquée, recouverte d'un dôme et ornée à l'intérieur de jolies colonnes engagées, en marbre, hautes et un peu grêles, dont les proportions et la disposition produisent un effet original. Des lits de soldat, rangés en files symétriques, encombrent cette élégante nef, digne d'un meilleur sort.

Cette mosquée, bâtie pour la khotba du vendredi, par Hossaïn pacha, qui apportait incessamment des améliorations dans la nouvelle et formidable résidence des pachas, nous offre les deux inscriptions ci-après, placées sur ses deux issues.

حبّذا اثار جليل مشيدًا * ونعم الخير قد ابنى موكّدًا
اميرنا صاحب الفضل حسين پاشا * اتقن بتصويب القبلة مسدّدًا

الحديث قيل ان في الجنة بيتا ٭ قد نالها من بنى لله مسجدا
سنة ١٢٣٤

Je traduis ainsi :

Quel beau monument ! Il est vaste, ayant été élevé à une grande hauteur... Il est le meilleur bienfait ; il a été bâti de manière à être solide.

Notre prince, doué de la supériorité, Hossain Pacha, ... a construit habilement la kibla (1) en l'orientant exactement, de manière à mériter les éloges,

Pour se conformer à un récit traditionnel dans lequel il est rapporté qu'au Paradis est une demeure ... qu'obtient celui qui bâtit à Dieu un temple.

Année 1234 (2).

بحمد الجليل جميل قد احتوى

بناء الجامع الشريف بها حوى

اميرنا صاحب العز حسين باشا

جزاه الله بصدق ولكل امرء ما نوى

حبذا خير موافق بعز شانه

ان هذا المسجد اسس على التقوى

سنة ١٢٣٤

Je propose la traduction suivante :

A la louange de l'incommensurable, a rassemblé les beautés... de la construction de la noble mosquée, avec ce qu'elle contient...

Notre prince puissant Hossain Pacha... Que Dieu le récompense d'avoir eu foi (en cette parole des récits traditionnels) : « et à chaque créature, selon ses intentions. »

---

(1) La kibla est le point de l'horizon vers lequel les musulmans doivent se tourner en faisant leurs prières. Voir mes précédentes notes à ce sujet.

(2) L'année hégirienne 1234 a commencé le 31 octobre 1818 et fini le 19 octobre 1819.

Qu'il est beau, ce bienfait proportionné à l'éclat de son rang!
Certes, ce temple a été édifié sur les fondations de la piété !
année 1234.

Enfin, les appartements particuliers renfermaient un petit local servant de mosquée à l'usage exclusif du Dey, de sa famille et de ses intimes.

### § 3e. — LATRINES.

Un établissement de latrines sis sur l'esplanade de la Casba et mentionné dans des titres de propriété du commencement du xii° siècle de l'hégire, est tombé dans la voie publique, postérieurement à 1830.

### § 4°. — MARABOUT SIDI REMMAN.

Contre le rempart de la Casba, non loin de l'entrée de cette forteresse, se trouvait un établissement comprenant la chapelle de Sidi Remman (سيدي رمان), marabout fort ancien, et un cimetière. L'emplacement de cet établissement sert maintenant de jardin au commandant de place de la Casba.

SECTION III<sup>e</sup>. — SUD.

CHAPITRE XCI.

### § 1er. — ZAOUIA DE SIDI MOHAMMED CHERIF, RUE DU PALMIER.

Au carrefour formé par la rencontre de la rue Damfreville, de la rue du Palmier et des deux tronçons de la rue Kléber, coupée par ce petit marché si populeux bordé de boutiques et de cafés, où tant de burnous plus ou moins exempts de vermine se frôlent et où l'on conduit sans retard les Européens nouvellement débarqués, pour leur donner une idée des quartiers indigènes qui ont conservé leur ancien cachet, s'élève la zaouia du célèbre saint Sidi Mohammed ec-Cherif, usuellement cherif, laquelle comprend : 1° Une cour renfermant des tombeaux ; 2° Des latrines et lieux d'ablution ; 3° Une pièce carrée, nue et décorée seulement de quelques drapeaux, renfermant la tombe du marabout, que surmonte une châsse sans ornements ; 4° Une mosquée de second ordre, pauvre et froide, coupée dans sa longueur par une division que supportent trois colonnes rondes en pierre et dont le minaret, octogone, est peu élevé; 5° Un vestibule renfermant des tombes ; 6° Deux pièces dont l'une renferme la tombe du fils du marabout et sert de cabinet à l'administrateur ; 7° Un cimetière dans lequel on n'inhume plus depuis 1830 ; 8° Une école nouvellement construite sur la façade de la rue du Palmier, près de l'entrée ; 9° Enfin, trois pièces servant de logement.

Sidi Mohammed Cherif, l'un des marabouts les plus vénérés d'Alger, est décédé en 948 (1542-1543), comme nous l'apprend l'inscription suivante placée auprès de son tombeau.

توفي الشيخ المبارك السيد محمد الامام
الشريف العفيف سنة ٩٤٨ أربعين مع ثمانية وتسعماية
فخذ برسم حسابية كان التاريخ وكان الوصيد بامر الملك المجيد
عن يد سبط سبط تابد الله الزهد مرقى الرتبة الى المقام على العز
في دار السلام

Je crois pouvoir traduire ainsi :

Est décédé le vénérable, le béni, le seigneur Mohammed l'Imam, Le cherif (1), le continent, l'année 948, quarante plus huit et neuf cents.

Prends dans le tracé de ses deux nombres, il y a la date. L'enceinte a été (établie) d'après le décret du Possesseur, du Glorieux (2),

Par les soins du descendant de son descendant. Fasse Dieu que l'abstinence soit à jamais le degré par lequel on s'élève jusqu'au séjour éminent par sa gloire, dans le Paradis !

Bien qu'elle soit d'une lecture facile, la première moitié de la troisième ligne offre une grande difficulté d'interprétation. J'avais pensé tout d'abord qu'elle renfermait un chronogramme relatif sans doute à une construction postérieure au décès du marabout. J'ai

---

(1) Descendant de Mahomet par sa fille Fatma-Zohra.
(2) Dieu.

donc opéré une foule de calculs qui ne m'ont donné aucun résultat satisfaisant. En présence de cet échec je me suis adressé à des savants français et indigènes dont les efforts ont été aussi infructueux que les miens. L'opinion générale est que cette phrase signifie simplement : *les deux nombres exprimés ci-dessus, l'un en chiffres, l'autre en lettres, donnent la date du décès*. Ce serait vraiment trop naïf; quant à moi je n'admets qu'avec la plus grande répugnance cette cheville aussi niaise que possible. Je ne puis renoncer à l'idée que l'auteur de l'épigraphe a trop bien dissimulé une indication utile. Mais il m'est impossible de trouver le mot de l'énigme.

On reconnait aux indications données par d'anciens titres de propriété que la chapelle existait seule en premier lieu et que la mosquée et les diverses dépendances ne furent construites que plus tard. Mais il est impossible de préciser la date de ces additions successives.

Le personnel se composait : de l'oukil, choisi toujours parmi les descendants du marabout ; d'un imam, ou officiant ; d'un mouedden ou crieur chargé de faire les appels à la prière ; de deux *hezzab* ou lecteurs du Coran ; d'un chaouch ; d'un allumeur ; d'un balayeur et d'un homme de peine chargé de nettoyer les latrines. Voici le relevé des dépenses ordinaires. Blanchiment, deux fois par an, de la chapelle et de la mosquée ; 60 litres d'huile par mois pour l'éclairage ; achat de nattes ; 25 livres de sucre pour eau sucrée et limonade offertes aux savants qui viennent faire leurs dévotions dans l'établissement. Le jour de la nativité du prophète (el-Mouloud), la zaouia nourrissait tous les pauvres qui se présentaient et à cet occasion on achetait deux bœufs, 18 mesures de blé, 30 livres de beurre, 10 charges de bois, 6 mesures d'huile, des légumes et du charbon.

L'issue de cet établissement, qui n'a pas cessé d'être affecté au culte musulman, avait reçu, après 1830, le n° 2 de la rue du Palmier. Elle a été refaite par l'administration française lors de la construction d'une école et de diverses dépendances et porte actuellement le n° 1.

### § 2. — ÉCOLE RUE DU PALMIER.

Cette petite école, désignée dans d'anciens titres de propriété sous le nom de *Mçid el-Bermil* ( مسيد البرميل ) et qui avait reçu, après 1830, le n° 10 de la rue du Palmier, a été démolie en 1855 pour l'agrandissement de l'établissement de Sidi Mohammed Chérif.

§ 3°. — MOSQUÉE ET CHAPELLE DE SIDI BOUGUEDOUR, RUE KLÉBER.

Une petite mosquée servant d'école et portant le n° 23 de la rue Kléber (précédemment n° 39), et une petite pièce obscure et nue, s'ouvrant sur la rue Caton (anciennement n° 104) et renfermant une tombe sans châsse ni drapeaux, composent l'établissement du marabout Sidi Bouguedour (بو قدور) dont voici la légende.

L'anxiété était grande dans la ville d'Alger, la bien gardée par le Très-haut. Une puissante armée espagnole, commandée par l'Empereur en personne, venait de débarquer au Hamma et avait investi la place depuis la porte Bab-Azzoun jusqu'à la colline du Savon (koudiet Essaboun). Dans ces circonstances critiques, un homme dont le nom n'a pas été conservé descendit sur le quai; aussitôt la tempête se déchaîna. Avisant un chargement de poteries arrivé de Cherchell, il se saisit d'une marmite et la lança sur le sol où elle se brisa en mille morceaux. Il répéta cette manœuvre à plusieurs reprises malgré les vives réclamations des propriétaires. Mais ceux-ci changèrent bientôt de ton en remarquant qu'un navire espagnol venait se fracasser à la côte chaque fois qu'une marmite volait en éclats. Le casseur de poteries, évidemment inspiré du ciel, fut considéré, à juste titre, comme un saint et reçut le surnom de *Sidi bou guedour*, mon seigneur aux marmites. Rappelons, en terminant, que les anciennes légendes attribuent indifféremment à quatre saints le mérite d'avoir fait naître miraculeusement la tempête qui détruisit une partie de la flotte de Charles-Quint, dans le mois d'octobre 1541. Ces quatre personnages, entre lesquels flotta, indécise, la reconnaissance de la génération qui assista à la catastrophe éprouvé par l'illustre Empereur, et de celles qui la suivirent, sont : Sidi Ouali Dada, Sidi Betka, Sidi Bouguedour et le nègre Youssef.

Cet établissement est encore affecté au culte musulman.

## CHAPITRE XCII.

#### MOSQUÉE DITE DJAMA SAFIR RUE KLÉBER.

En redjeb 940 (janvier 1534), fut commencée, dans un quartier nouvellement annexé à l'ancienne ville berbère, la construction d'une mosquée dont la fondation était due à la pieuse libéralité d'un chrétien converti à l'islamisme et précédemment esclave du célèbre Kheir-Eddin, le deuxième Barberousse, qui l'avait affranchi. Cet ex-chrétien, que ses nouveaux coréligionnaires nommaient le caïd Safar ben Abd-Allah — القايد صفر بن عبد الله (1), avait conquis une grande considération et acquis une connaissance de la langue arabe assez approfondie pour être rangé dans la catégorie des lecteurs du Coran. La construction de cette mosquée fut achevée le 2 de rebi 1ᵉʳ de l'année 941 (11 septembre 1534), — au bout de neuf mois de travaux, — ainsi que nous l'apprend l'inscription suivante, placée sur la principale porte :

بســـم الله الرحمن الرحيم صلى الله على سيدنا محمد وعلى الـ
وصحبه وسلّم
الحمد لله الذى رفع السماء وبسط الارض وفضل بقاعها بعضا
على بعض وجعل افضلها بقاعا تؤدى فيها النفل والفرض والصلاة
والسلام على
محمد الشفيع فى يوم العرض وسلم تسليما وبعد فهذا مسجد عظيم
ومقام كريم اسس
على التقوى بناؤه وارتسمت على السعادة والتوفيق ارجاؤه
واركانه امر ببنائه الفقير الى مولاه
ملوك مولانا السلطان الكبير العظم الشهير المجاهد في سبيل
رب العالمين مولانا خير الدين ايده
الله ونصره وهو عبد الله سبحانه صفر غفر الله ذنبه وكان ابتداؤه
فى شهر رجب الفرد من العام الفارط من
عام تاريخه والفراغ منه ثانى شهر ربيع الاول عام احد واربعين
وتسعمائة جعل الله ذلك خالصا الى وجهه الكريم

---

(1) Tout renégat ajoutait à son nouveau nom celui de *fils d'Abd-Allah*, nom propre dont la signification est *Adorateur de Dieu, homme*. Ils se conformaient, ainsi, à l'usage tout en évitant de se déclarer le fils d'un mécréant.

Je traduis ainsi :

« Au nom de Dieu clément et miséricordieux ! Que Dieu répande ses grâces sur notre seigneur Mohammed, ainsi que sur sa famille et ses compagnons, et qu'il leur accorde le salut !

Louange à Dieu, qui a élevé le ciel et aplani la terre et qui a rendu ses contrées meilleures les unes

Que les autres, rendant excellents par dessus tous les lieux où sont offerts le surérogatoire et l'obligatoire (1). Que la bénédiction divine et le salut soient sur

Mohammed, notre intercesseur au jour du jugement dernier, et que Dieu lui accorde le salut ! Et ensuite : Ceci est un temple magnifique, un noble lieu, dont les bâtisses ont pour fondations

La Piété, et dont les murs et les piliers ont été élevés avec l'aide de la Félicité et de la Protection divine. A ordonné sa construction l'humble devant son maître (Dieu)

L'esclave de notre maître le Sultan grand, respectable, célèbre, le champion de la guerre sainte combattant pour la cause du Souverain de l'Univers, notre maître Kheir-Eddin, que l'assiste

Et le secours Dieu ! lequel (esclave) est l'adorateur de son Dieu glorieux Safar, que Dieu lui pardonne ses péchés. Son commencement (2) a eu lieu dans le mois de redjeb l'unique de l'année qui a précédé

L'année courante et son achèvement le deux du mois de rebi' 1ᵉʳ de l'an neuf cent quarante-et-un. Veuille Dieu accepter cette œuvre comme un pur hommage adressé à sa noble face. »

Cette fondation est en outre constatée par un document dont je crois utile de publier la traduction à cause de son ancienneté et des renseignements qu'il fournit.

« (Cachet du cadi hanéfite).

« Louange à Dieu ! Ceci est la copie de la copie d'une copie, transcrite ici, vu l'oblitération de son original, pour servir ce que de besoin et valoir ce que de droit, etc. Louange à Dieu. Ceci est la copie d'un rescrit, dressé par l'ordre du grand prince, du chef célèbre favorisé de l'assistance du Tout-Puissant, notre maître le Pacha Kheir-Eddin, lequel rescrit est revêtu dans la partie droite

---

(1) C'est-à-dire les temples, lieux où l'on s'acquitte des cinq prières quotidiennes, qui sont d'obligation et où l'on fait d'autres oraisons toutes de surérogation.

(2) Le commencement de cette construction.

de sa marge, de son illustre sceau et du sceau de son fils notre maître Hassan Pacha, que Dieu leur fasse miséricorde à tous les deux! etc. Texte dudit rescrit. Au nom de Dieu clément et miséricordieux! Que Dieu répande ses grâces sur notre seigneur Mohammed, ainsi que sur sa famille et ses compagnons, et qu'il leur accorde le salut! Quiconque prendra connaissance de ce noble écrit, de ce discours clair et imposant (que Dieu exhausse son rang et fortifie sa puissance!) apprendra que nous avons constitué en habous dix zouidja (1) de terre avec leurs broussailles, sises au quartier de Sidi Ikhelef (2), dépendance d'Alger la bien gardée, au profit de la mosquée qu'a construite le caïd, le parfait, le très-noble, le pieux, le digne de confiance, le renommé, le lecteur du livre de Dieu, celui qui se consacre à mériter la satisfaction de Dieu, le caïd Safar fils d'Abd-Allah, et qui est située dans la partie supérieure d'Alger la bien gardée, etc. Cette aumône est complète, cette constitution de habous est perpétuelle; elles sont faites pour l'amour de Dieu très-haut. Les bénéfices de cette fondation, qu'il s'agisse soit de l'or produit par la dite terre, soit de son *achour*, soit de sa *zekka*, soit, enfin, de ses produits de quelque nature qu'ils soient (3), seront affectés aux dépenses de la dite mosquée et à tous ses besoins sans que personne s'y oppose ou y apporte des obstacles ou des empêchements, ou prétende entrer en participation. Nous chargeons celui d'entre nos chefs, ou d'entre nos agents, ou d'entre leurs successeurs, — faisant partie des musulmans s'efforçant de mériter la satisfaction de Dieu et de se rapprocher de lui en remplissant les actes surérogatoires et les actes obligatoires, — qui prendra connaissance de ce rescrit, de le mettre à entière exécution. Celui qui, après l'avoir entendu, l'enfreindra, se rendra coupable du péché que commettent ceux qui font des altérations. Le Dieu glorieux interrogera celui qui entreprendra de modifier ou d'altérer cet ordre, lui en demandera compte et tirera vengeance de son action. Ceux qui ont pratiqué l'arbitraire apprendront de quel châtiment ils sont atteints! Écrit par l'ordre de

---

(1) Paire de bœufs, mesure superficielle équivalant à une dizaine d'hectares. L'immeuble dont il est question, présentait donc cent hectares, environ.

(2) A l'ouest d'Alger, près de Staouëli.

(3) Il semble résulter de ce passage que la terre en question est affranchie de l'achour, ou impôt sur les grains, et de la zekka, impôt sur les bestiaux.

l'adorateur de Dieu, de celui qui se confie en Dieu, du champion de la guerre sainte qui combat pour la cause de Dieu, Kheir-Eddin, que Dieu lui soit en aide, le récompense et le comble de bienfaits ! Milieu du mois de rebi' 1er le resplendissant, le béni, le très-heureux de l'année neuf cent quarante-deux (septembre 1535).

Nous ordonnons, en outre, que la dite terre sera exemptée de toutes demandes d'hébergement, et qu'aucune servitude ne pourra lui être imposée à aucun titre et sous aucun prétexte. Et le salut sur le lecteur, ainsi que la miséricorde et la bénédiction ! » etc. ... Texte du second acte. Le maître, le sultan, le champion de la guerre sainte, Kheir-Eddin fils d'Yakoub, déclare constituer en habous, au profit de la mosquée qu'a construite son affranchi le caïd Safar, la totalité du sol du moulin sis à *Ouad Ezzouik*, dépendance d'Alger, sur lequel des constructions ont été élevées par l'honorable caïd Yahia ben Aïad, le Djidjelien, le menuisier, affranchi du Sultan susnommé, et tout ce que ledit sol renferme en fait de jardins potagers, de canaux d'irrigation, etc...... A la date du dix-huitième jour de Rebi 1er, le resplendissant, le noble, le béni, de l'année neuf cent quarante-deux (septembre 1535). Cette copie étant terminée, a été collationnée sur son original, et reconnue exacte, etc., à la date du milieu de Moharrem mil quatorze (du 29 mai au 7 juin 1605). — Cette copie, etc., commencement de Djoumada 1er 1028 (du 27 décembre 1628 au 5 janvier 1629). — Cette copie, etc., fin Rebi 1er 1069 (du 17 au 26 décembre 1658). »

Le nom du caïd Safar est resté attaché à sa fondation. A partir du XIIIe siècle de l'hégire, les actes de propriété omettent fréquemment le titre de *caid*, que portaient autrefois les rénégats de distinction ; quant à la notoriété, elle avait adopté, en dernier lieu, la corruption *Djama Safr*.

Le dernier Dey d'Alger, Hossaïn pacha, fit reconstruire cette mosquée en 1242 (1826-1827). Le fait est constaté par l'inscription suivante, placée sur la porte principale de l'édifice, à côté de celle du Xe siècle.

بــسـم الله واوّل الــذكر الحمد لله

ونصلّي على محمّد امتثالا للامر بالصلاة

وبــعــد فان مّها يستره الله واولاه

تجديد هـذا المسجد للذكر والصلاة

وكان ذلك من خيرات اسعد الولاة

المخلص في مصالح العباد لوجه الله

فكان التاريخ اما جدّده وعلاه

موسومًا باسمه ووصفه الذي اعلاه

وهــو جــدد الرسوم بحـمــد الله

حسين باشا المجاهد في سبيل الله

سنة ١٢٤٢

Je traduis ainsi :

Au nom de Dieu ! Cette mention commencera par la louange de Dieu ! ∴. Et nous appelons les grâces divines sur Mohammed, en conformité de la prescription relative à la prière.

Et ensuite : Parmi les choses que Dieu a facilitées et permises, ∴. se trouve la reconstruction de cette mosquée pour l'invocation de Dieu et la prière.

Et cela est dû aux bienfaits du plus heureux des princes, ∴. qui se consacre avec dévouement aux intérêts des hommes, pour l'amour de Dieu.

La date relative à ce qu'il a restauré et élevé, ∴. est renfermée dans son nom et dans son portrait, qui est ci-dessus (1).

A Savoir : A renouvelé les formes (de cet édifice), à la louange de Dieu, ∴. Hossaïn pacha, le champion de la guerre sainte, combattant pour la cause de Dieu.

Année 1242 (2).

Le nouveau temple élevé par la piété de Hossaïn pacha sur l'emplacement de l'édifice créé au x° siècle par l'affranchi de Bar-

---

(1) Cette indication, relative à un chronogramme, est inexacte, attendu que la date est renfermée dans les mots جدد الرسوم بحمد الله حسين باشا المجاهد في سبيل الله lesquels se trouvent à la ligne suivante. Il faudrait donc *ci-dessous* et non *ci-dessus*.

(2) L'année hégirienne 1242 a commencé le 5 août 1826 et fini le 24 juillet 1827.

17

berousse, ne manque pas d'une certaine élégance, bien qu'on ne puisse pas le classer au nombre des plus belles mosquées d'Alger. Huit colonnes basses, grosses et rondes, dont quatre en marbre et quatre en pierres, supportent une grande coupole à base octogonale, et forment une nef carrée entourée sur trois faces de bas-côtés surmontés de tribunes. Le mihrab est tapissé de faïences blanches et bleues, ainsi que l'encadrement des fenêtres. Le minaret, octogone et peu élevé, a pour toute ornementation, une plate bande de tuiles vertes dans sa partie supérieure. L'édifice offre, sur la rue Monthabor, une porte avec encadrement en marbre et cinq fenêtres carrées et grillées, et sur la rue Kléber 1° une porte à encadrement de marbre, entourée de quelques faïences et surmontée des deux inscriptions dont j'ai parlé plus haut, et d'un auvent en bois; 2° six fenêtres carrées et grillées; 3° une porte donnant accès dans une dépendance ombragée par un noyer, où se trouvent les latrines et le meçolla ou oratoire des dernières prières. Ce dernier local, présentant une cour formée par sept colonnes en pierre, a aussi une porte sur une impasse de la rue Sidney-Smith.

Le nom de Hossaïn pacha n'a pu détrôner celui du caïd Safar, et cette mosquée, qui n'a cessé d'être affectée au culte musulman, et qui n'a subi aucune modification depuis 1830, est toujours appelée *Djama Safir*. L'issue de la rue Kléber a reçu successivement les n°˙ 138 et 28, et celle de la rue Monthabor porte actuellement le n° 2 (anciennement n° 1).

## CHAPITRE XCIII.

### § 1er. — MOSQUÉE ABDERRAHIM, OU EL-HAMMAMAT, RUE D'AMFREVILLE.

Un acte passé devant le cadi hanéfite d'Alger, à la date des derniers jours de Rebi 1er de l'année 1089 (du 13 au 22 mai 1678) est relatif à une fondation pieuse faite par le sieur Mostafa ben Mohammed l'Andalou, surnommé Ben Kroumba, au profit de la mosquée qui *vient d'être bâtie* au-dessus d'*El-Hammamat*, dans le voisinage du tombeau du saint Sidi Mohammed Echerif.

Cette mosquée, sise à l'angle des rues Damfreville, dont elle reçut le n° 24, après 1830, et de la rue des Abderahmes, à laquelle on a eu l'intention de donner son nom, était appelée quelquefois *Mesdjed Abderrahim*, du nom sans doute, de l'un de ses administrateurs, et le plus souvent *Mesdjed el-Hammamat*, à cause de sa position au-dessus des deux étuves sises rue Porte-Neuve, et dont l'existence servait à désigner cette partie de la ville. Elle a été démolie pour cause de vétusté, en novembre 1850. Une partie de son emplacement est tombée dans la voie publique. Le surplus a été aliéné et se trouve actuellement compris dans la maison portant le n° 15 de la rue Damfreville.

### § 2. — ZAOUIET EL-ABASSI, RUE DES DATTES.

Un titre de propriété de 926 (1519-1520) mentionne ainsi cette zaouia, consistant simplement en un petit cimetière : « Zaouia « connue précédemment sous le nom de Sidi Aïssa ben Lahsen (سيدي عيسى بن لحسن), et actuellement sous le nom du seigneur, « du théologien, du soufi, du béni *Aboul'abbas*, Ahmed ben Salem « el'Abassi, le chérif (العباسي الشريف). »

Le dernier saint inhumé a définitivement fait oublier celui qui l'avait précédé dans ce lieu de repos éternel, et le nom de *Zaouiet el'Abbassi* est resté attaché à l'établissement.

L'administration française a considéré comme propriété particulière cette zaouia, qui avait reçu, après 1830, le n° 17 de la rue des Dattes, et l'a restituée à la famille du marabout El-Abbassi, qui l'a vendue à un Européen. Son emplacement est compris dans la maison sise à l'angle des rues Porte-Neuve et des Dattes, et portant le n° 1 de cette dernière.

Quelques personnes ont sévèrement blâmé l'administration d'avoir démoli ou aliéné des mosquées qui menaçaient ruine ou qui faisaient obstacle à l'exécution des nouveaux alignements arrêtés pour l'embellissement et l'assainissement de la ville. Il est bon de leur rappeler, à propos de la zaouiet El-Abbassi, que lorsque les indigènes ont été laissés en jouissance des immeubles consacrés aux inhumations ou à la prière, ils n'ont généralement pas hésité à les aliéner à des Européens et à sacrifier les traditions religieuses à leurs intérêts, ainsi que je pourrais en donner plusieurs exemples. Il ne faut donc pas pousser les scrupules trop loin et vouloir être plus musulman que les mahométans eux-mêmes.

### § 3°. — MOSQUÉE EL-HAMMAMAT, RUE PORTE-NEUVE.

Cette petite mosquée qu'on appelait à cause de sa situation. *Mesdjed el-Hammamat* (الحمامات des étuves), a reçu successivement depuis 1830 les n°° 227 et 48 de la rue Porte-Neuve, et n'a pas cessé d'être affectée au culte musulman.

## CHAPITRE XCIV.

### § 1ᵉʳ. — MOSQUÉE D'AÏN CHAH HOSSAÏN, RUE PORTE-NEUVE.

Cette petite mosquée, munie d'un minaret exigu, tirait son nom de la fontaine à laquelle elle était contiguë et qui s'appelait *Aïn Chah Hossaïn* ( عين شاه حسين‎ شاه‎ la fontaine du vieux Hossaïn, شاه‎ n'étant ici que la corruption du mot شيخ‎ et non le mot persan qui signifie *roi*). Sa construction remonte à la fin du xᵉ siècle de l'hégire.

L'édifice dont il s'agit, qui avait reçu en 1830 le n° 236 de la rue Porte-Neuve, fut aliéné, pour cause de délabrement et d'abandon, le 16 octobre 1844. Son emplacement est actuellement compris dans la maison portant le n° 23 de la même rue.

### § 2ᵉ. — KHELOUA DE SIDI YOUSSEF EL-KOUACH.

Le saint, le vertueux, le béni Sidi Youssef el-Kouach (le boulanger), était inhumé hors de la Porte-Neuve, et sa tombe a disparu. Mais le four qu'il exploitait et qui est considéré comme sa *kheloua* ( خلوة‎ ermitage ) existe encore et forme une dépendance de la maison portant le n° 64 de la rue Porte-Neuve (ancien n° 263).

Ce marabout était peu célèbre puisque personne n'avait songé à lui bâtir une chapelle. Il serait complétement oublié aujourd'hui s'il n'avait attaché son nom à un four qui sert lui-même à désigner un quartier.

### § 3ᵉ. — MOSQUÉE DITE DJAMA EZZITOUNA, RUE PORTE-NEUVE.

L'oukfia des établissements religieux la désigne ainsi :

Mosquée du cheikh Sidi Ibrahim Ettekerouni ( التكروني‎ ) sise au dessous de la Porte-Neuve ( الباب الجديد‎ ) et connue sous le nom de djama ezzitouna ( جامع الزيتونة‎ la mosquée de l'olivier).

Le nom de Sidi Ibrahim Ettekerouni — qu'on trouve dans un acte de 1055 (1645-1646) avec cette variante : Sidi Ibrahim Ettekerour ( سيدي ابراهيم التكرور‎ ) — est complétement oublié aujourd'hui, et l'olivier, triomphant du saint personnage, attachait seul son nom à la mosquée qu'il ombrageait. Seulement le vulgaire, selon son habitude, retranchait l'article et prononçait *djama zitouna*.

Démolie pour cause de sécurité publique en février 1851, cette mosquée, réduite à l'état d'emplacement et portant le n° 346 de la rue Porte-Neuve, fut vendue par la voie des enchères publiques le 17 mai 1852, et adjugée moyennant un prix de 400 fr. au sieur Hamoud ben el-Hadj Mohammed qui se proposait de consacrer de nouveau ces lieux au culte musulman. Les moyens du dévot acquéreur ne furent pas à la hauteur de ses pieuses intentions. Aujourd'hui comme en 1851, djama-zitouna n'est qu'un terrain vague, auquel revient le n° 67 de la rue Porte-Neuve.

§ 4°. — MOSQUÉE DE BAB-EL-DJEDID, RUE PORTE NEUVE.

Petit local appuyé contre le rempart, tout près de la porte dite *Bab-el-djedid* (la porte neuve), à laquelle il empruntait son nom. A servi longtemps de corps de garde. Doit disparaître lors de la démolition prochaine de cette partie des anciennes fortifications turques.

§ 5°. — MOSQUÉE EN FACE DE BAB EL-DJEDID, RUE DE LA VICTOIRE.

L'oukfia des établissements religieux l'appelle « mesdjed Kalak Abdi ( مسجد قلاق عبدی ). » Ce nom était oublié en 1830. Cette petite mosquée, servant d'école le plus habituellement et qui portait le n° 4 de la rue de la Victoire, est démolie depuis longtemps. Son emplacement fait partie de la voie publique.

§ 6°. — MOSQUÉE KOUCHET EL-OUKID, RUE DU CONDOR.

Bien avant la conquête française une petite mosquée sans minaret, contiguë au four appelé *kouchet el-oukid* ( كوشت الوقيد ) était tombée en ruines et se trouvait réduite à l'état d'emplacement ainsi que les immeubles environnants. La notoriété dit aussi qu'auprès de cette mosquée existait une école et ce fait est confirmé par le renseignement suivant, que j'ai recueilli dans un titre de propriété de 1068 (1657-1658) : « maison sise dans le quartier de *Kouchet el-« Oukid*, dans la haute ville, et contiguë à une école qui est là. »

Cet emplacement de mosquée, sis à l'embranchement des rues du Condor, d'Héliopolis et Ptolémée, tombe dans l'esplanade que le Génie crée au sommet de la vieille ville.

§ 7°. — MARABOUT SIDI SAHAB ETTERIK, RUE DE LA VICTOIRE.

Un saint anonyme que l'on désignait simplement par la dénomination commune à plusieurs de ses confrères, de *Sidi Sahab Etterik* (monseigneur qui est dans le chemin), et dont la sépulture en plein vent se trouvait dans la rue de la Victoire, a disparu par suite de travaux de démolition et de remblai effectués dans cette partie de la ville.

## CHAPITRE XCV.

### § 1ᵉʳ. — MOSQUÉE DE HOUANET BERRABEHA, RUE DE LA MER ROUGE.

Petite mosquée ainsi désignée dans l'oukfia : « mesdjed sis au « dessous de la voûte du caïd Kassem (ساباط القايد قاسم), au-dessous « d'un fontaine qui est là. » Elle était plus habituellement appelée, du nom du quartier, *mesdjed Houanet Ben Rabeha* (usuellement Berrabeha. Un acte de 1153 lui donne le nom de *ettefahi* (التفاحى) qui était évidemment celui de son oukil et qui n'a pas tardé à disparaître. Tombée en ruines antérieurement à 1830, elle a été complètement démolie en 1842. Comme elle était bâtie à cheval sur la rue, elle n'avait pas d'emplacement, en sorte qu'il n'en reste qu'un tout petit terrain où se trouvait l'escalier. Portait le n° 2 de la rue de la Mer-Rouge.

### § 2ᵉ. — MOSQUÉE SIDI MERAICHI, RUE MÉDÉE.

Le saint Sidi Abderrahman el-Meraïchi (عبد الرحمن البرايشى) marabout ancien et très vénéré, avait donné son nom, — ou plutôt son surnom, car celui-ci, privé usuellement de l'article, est seul employé à partir du commencement du xiᵉ siècle, — à cette petite mosquée dans laquelle se trouvait sa tombe. L'édifice dont il s'agit, qui avait reçu successivement les nᵒˢ 127 et 119 de la rue Médée, dût être démoli, pour cause de sûreté publique, en 1849. Son emplacement est englobé dans la maison portant le n° 30 de la même rue.

### § 3ᵉ. — MOSQUÉE DE ZENKET BOU AKACHA, RUE DE LA GRENADE.

L'oukfia des établissements religieux donne à cette petite mosquée, pourvue d'un minaret, le nom de mesdjed *el-Bilou* (مسجد البيلوا) qui appartenait probablement à quelque oukil andalou et qui était oublié en 1730. Cet édifice qui portait, en dernier lieu, le nom de son quartier, *Zenket Bou Akacha* (زنقة ابو عائشة) et qui avait reçu successivement les nᵒˢ 28 et 30 de la rue de la Grenade, fut démolie pour cause de sûreté publique, en avril 1855. Son emplacement, acheté par un musulman le 22 septembre 1855, est compris dans la maison portant le n° 19 de la même rue.

---

# APPENDICE.

Comme complément de cette étude sur les édifices religieux de l'ancien Alger, je vais passer sommairement en revue les mosquées et les chapelles de marabouts sises dans la banlieue.

## CHAPITRE 1ᵉʳ. — ÉTABLISSEMENTS SITUÉS AU N.-O. D'ALGER.

### § 1ᵉʳ. — SIDI BENNOUR, à la Bouzeria.

Lorsqu'en sortant de la porte Bab el-Oued on regarde la Bouzeria, qui se dresse à peu de distance de la ville et barre complètement le passage, on aperçoit une maison blanche perchée juste au point culminant du contrefort, très abrupte, le plus avancé au nord. C'est l'établissement du vénérable, du béni Sidi Abou Ennour ( سيدي أبو النور ) dont le nom est prononcé usuellement *Sidi Bennour* et dont la célébrité, assez grande autrefois, s'est un peu éclipsée. Un terrain assez étendu dépend de cet établissement.

### § 2. — SIDI NAMAN ( سيدي نعمان ), à la Bouzeria.

Petite chapelle à quelque distance et au sud de Sidi Bennour, à laquelle est annexée un cimetière, ainsi que cela a eu pour les établissements de même nature.

### § 3. — Chapelle et cimetière de SIDI MOHAMMED BEN MEDJEDOUBA ( مجدوبة ) à la Bouzeria, près du précédent.

Ce marabout vivait encore à la fin du XIIᵉ siècle de l'hégire.

§ 4. — Tombe et cimetière du marabout SIDI YOUSSEF ( يوسف ) à la Bouzeria.

§ 5. — Tombe et cimetière du marabout SIDI ABD ALLAH EL-HAMZI ( عبد الله الحمزي ) à la Bouzeria.

§ 6. — Chapelle et cimetière de SIDI MEDJEBAR ( سيدي مجبار ) dans la partie méridionale de la Bouzeria.

§ 7. — Chapelle et cimetière de SIDI MOHAMMED, de l'oued Aggar, à Staouéli.

§ 8. — Chapelle de SIDI FEREUDJ.

Le marabout Sidi Fereudj ( سيدي فرج ) a donné son nom à une presqu'île, restée solitaire pendant des siècles, que les Français devaient rendre célèbre en la choisissant pour point de débarquement en 1830. Il existe sur ce saint personnage une légende dont voici la substance. Un capitaine espagnol nommé *Rouche* (Roche?..... Rousseau?.....) venait souvent mouiller dans cet abri pour faire de l'eau. Trouvant, un jour, le saint endormi, il l'enleva pour le vendre en Espagne. Mais, après avoir commis ce rapt, il eut beau forcer de voiles, son navire resta immobile et il lui fut impossible de s'éloigner. Le chrétien comprit qu'un miracle s'opérait. Touché de la grâce, il embrassa immédiatement le mahométisme. De plus, il devint le compagnon inséparable de Sidi Fereudj et ils furent inhumés l'un près de l'autre.

Lorsque la construction du fort élevé récemment eut rendu nécessaire la démolition de la chapelle, il fut procédé à l'exhumation des restes mortels du marabout et de son compagnon de repos éternel, — quel qu'il fut, — et on transporta ces ossements dans le cimetière de Sidi Mohammed de l'oued el-Aggar, mentionné au paragraphe précédent. Il me paraît à propos de reproduire le procès-verbal concernant cette translation.

« *Procès verbal d'exhumation et de réinhumation des restes de Sidi-Ferruch, marabout, et de Sidi Roch, capitaine de Navire.* »

« L'an mil huit cent quarante-sept, et le seize juin, nous..... commissaire de police du 5ᵉ arrondissement de la ville d'Alger, en mission spéciale par délégation de M. le Directeur de l'intérieur et de la colonisation,

« Vu la permission délivrée par M. le Directeur de l'Intérieur et de la Colonisation au sieur Mustapha Gadiri, muphti maleki, pour exhumer les restes mortels du marabout Sidi Ferruch et Sidi Roch, inhumés il y a environ trois cents ans au marabout de Sidi Ferruch et les réinhumer au marabout de Sidi Mohammed ou (oued) el-Hagard (el-Aggar). »

« Nous sommes transportés au marabout de Sidi Ferruch ; dès notre arrivée sur les lieux, le sieur Beit el-Maldji et le second iman de la grande mosquée, ont reconnu le lieu où avaient été inhumés les deux défunts ; aussitôt en présence des sieurs etc.... et différents Arabes, on a procédé à l'exhumation de la manière accoutumée. Après avoir fait des fouilles à une certaine profondeur dans le marabout même, on a trouvé les ossements des deux défunts, on les a recueillis avec beaucoup de soin et on les a placés dans deux caisses en bois. A midi, cette opération était terminée.

« Peu de temps après avoir placé avec beaucoup de soin les deux caisses sur un mulet, on s'est mis en route pour le marabout Sidi Mohammed ou el-Hagard, où nous sommes arrivés à 3 heures et demie ; on s'est reposé un instant ; ensuite, le sieur Mahamoud Cossantini a choisi l'endroit où ont été réinhumés les restes mortels sus-mentionnés, après la cérémonie d'usage. »

« Les deux défunts ont été placés dans deux fosses séparées qu'on a pratiquées, conformément à la loi, près du mur du marabout, du côté du midi, etc.

**CHAPITRE II. — ETABLISSEMENTS A L'OUEST D'ALGER.**

§ 1er. — Kober el-Morzi ( قبر المغزي ; la tombe du guerrier).

Petit monument sis sur la route de Dely-Brahim, à l'embranchement du chemin vicinal d'El-Biar à la colonne Voirol. C'était la tombe d'un champion de la guerre sainte, dont le nom est inconnu, qui, blessé en combattant les Espagnols, lors de l'expédition de Charles-Quint, vint expirer en ce lieu. On sait que tout musulman tué dans une guerre contre les chrétiens est considéré comme un martyr.

Cette tombe anonyme a disparu.

§ 2e — Tombe et cimetière de Sidi Aïssa, à Mustapha-Supérieur, près de la colonne Voirol.

§ 3e. — Mosquée de Birmandrais.

Bâtie par le pacha Abdy, ainsi que cela résulte d'un acte passé devant le cadi hanéfite d'Alger, à la date du commencement de rebi' 1ᵉʳ de l'année 1137 (du 18 au 27 novembre 1724). Le nom de ce quartier est : *Bir Mourad raïs* (بيرمراد رأس), le puits de Mourad raïs ou capitaine de navire. Le puits dont il s'agit a été créé par le célèbre corsaire Mourad, rénégat flamand, qui a vécu au commencement du xvıɪᵉ siècle et dont les galères se sont montrées jusque sur les côtes d'Islande, en 1616.

§ 4. — Tombe et cimetière de Sıdı Lakehal (الاكحل), près de Birmandraïs.

§ 5. — Mosquée de Birkhadem.

Un acte du cadi hanéfite, en date du commencement du mois de djoumada 1ᵉʳ 1124 (du 17 au 26 juin 1711), mentionne ainsi ce puits, qui a donné son nom au quartier :

« Le puits connu sous le nom de Bir el-Khadem (بيرالخادم, le puits de la négresse), sis dans le voisinage du ruisseau *tikelout* (وادى تيكلوت). »

§ 6. — Chapelle et cimetière du marabout Sıdı Yahıa Ettıar (فحص حيدرة) à Hydra (سيدى يحى الطيار).

Ce marabout est ancien et célèbre. Par suite son établissement et sa dotation ont quelque importance.

§ 7. — Tombe et cimetière du marabout Sıdı Aïssa (عيسى) entre Hydra et oued el-Kol'i (وادى القلعى).

§ 8. — Tombe et cimetière de Sıdı Merzoug (مرزوق), entre El-Biar et Hydra.

§ 9. — Tombe et cimetière de Sıdı Messaoud (مسعود), à Hydra.

§ 10. — Mosquée de Saoula (الزحاولة). Bâtie en 1799 par Youssef Beloukbachi.

§ 11. — Mosquée de Tıxeraın (نيقصريين).

§ 12. — Chapelle de marabout et bassin, près du café maure, à Tixeraïn.

§ 13. — Tombe et cimetière de Sıdı Lakehal (سيدى لاكحل), à Tixeraïn.

§ 14. — Mosquée de KADDOUS (جـمـص القادوس), sur la rive droite de l'oued el-Kerma.

§ 15. — Tombe et cimetière du marabout SIDI EMBAREK (مبارك), à oued Erreman (الرمان), quartier de Kaddous.

§ 16. — Tombe et cimetière du marabout SIDI AHMED BOU KEFIFA, à Beni-Rebia (بني ربيعة), quartier de Kaddous.

§ 17. — Tombe et cimetière du marabout SIDI AHMED EZZOUAWI (الزواوي), aussi appelé El-Rerib (الغريب), l'étranger, à Oulad Chaouch (اولاد الشاوش), quartier de Kaddous.

## CHAPITRE III. — ÉTABLISSEMENTS AU SUD D'ALGER.

§ 1. — Chapelle, mosquée et cimetière du marabout SIDI MEHAMMED BEN ABDERRAHMAN, au Hamma (الحامة), au sud du champ de manœuvres, sur la route du jardin d'acclimatation.

Sidi Mehammed ben Abderrahman jouit d'une grande célébrité. Il a fondé une confrérie religieuse qui s'est excessivement développée en Algérie, surtout en Kabylie, et a pris une telle importance politique que l'émir Abd el-Kader crut utile de s'y faire affilier, avec l'espérance d'entraîner les Kabyles dans l'agression qu'il préparait contre nous. Ce marabout célèbre, qui fit un voyage en Egypte et qui avait habité Alger sous Baba Mohammed pacha, décéda en Kabylie, chez les Beni Ismaïl, tribu centrale des Guechtoula, dont il paraît être originaire, et où on lui éleva un tombeau en harmonie avec sa réputation. Les Algériens firent enlever ses restes mortels par des gens résolus et adroits et les placèrent au Hamma, probablement dans un lieu que le Saint avait habité pendant son séjour à Alger. L'émotion que cet enlèvement avait causé en Kabylie s'apaisa lorsqu'on reconnut que le corps du Saint, miraculeusement dédoublé, se trouvait à la fois dans son ancienne tombe et dans sa nouvelle sépulture. Cette circonstance a valu à Sidi Mehammed ben Abderrahman le surnom de *Bou Koberein* (أبو قبرين), l'homme aux deux tombeaux.

L'établissement actuel a été construit sous le règne de Hassan pacha, comme nous l'apprend une inscription gravée — en caractères creux remplis de plomb, — sur deux plaques en marbre, dont l'inférieure est beaucoup plus étroite que l'autre. Voici le texte et la traduction de cette inscription :

1re *ligne.* بسم الله الرحمن الرحيم وصلى الله على سيدنا ومولانا محمد وآله وصحبه وسلم تسليما

2e *ligne.* وهذا الجامع المجاهدين جهاد الاكبر والاصغر معا صاحبه هو سيدى محمد بن عبد الرحمان بن احمد بن يوسف بن بالقاسم

3e *ligne.* بن على بن ابراهيم بن عبد الرحمان بن احمد بن الحسن طلحة بن جعفر محمد العسكري بن عيسى

4e *ligne.* الرضى بن موسى المرتضى بن جعفر الصادق بن محمد الناطق بن عبد الله بن حمزة

5e *ligne.* (Commençant la plaque inférieure, beaucoup plus petite que la supérieure). بن ادريس بن ادريس بن عبد الله بن محمد بن الحسن

6e *ligne.* بن فاطمة بنت رسول الله صلى الله عليه وسلم الملقب بالازهري

7e *ligne.* مجاورة فى جامع الازهر تبركـ الزوى اقليها القجطولى

8e *ligne.* قبيلة السماعيلى عرشا قايلا فمن زار هذا الجامع بنية

9e *ligne.* فهو من سعداء الدارين ان شاء الله

10e *ligne.* ووقع البنا المبارك فى سنة ١٢٠٦

1. Au nom de Dieu clément et miséricordieux. Que Dieu répande ses grâces sur notre Seigneur et Maître Mohammed, ainsi que sur sa famille et ses compagnons et qu'il leur accorde le salut.

2. Cette mosquée (1) destinée aux champions de la foi qui se consacrent à la fois à la grande guerre sainte et à la petite, est élevée pour mon Seigneur Mohammed fils d'Abd-Errahman fils d'Ahmed fils d'Youssef fils de Belkassem

3. fils d'Ali fils d'Ibrahim fils d'Abderrahman fils d'Ahmed fils d'El-Hassen Talba fils de Dja'far (fils de ?) Mohammed el-Askeri (le soldat) fils d'Aïssa

4. Errida (l'agréable) fils de Moussa el-Mourtada (trouvé bon), fils de Djafar Essadik (le sincère), fils de Mohammed Ennatik (qui parle clairement), fils d'Abd-Allah fils de Hamza

5. fils d'Edris fils d'Edris fi's d'Abd-Allah fils de Mohammed fils d'El-Hassan

6. fils de Fathma fille de l'envoyé de Dieu, que Dieu répande ses grâces sur lui et lui accorde le salut ! surnommé El-Azehari

7. pour avoir étudié dans la mosquée *El-Azehar* (2), qu'elle soit bénie ; le *Zouawi* de contrée, le *Guechtouli*

8. de confédération, le *Semaili* de tribu (3) ; lequel a dit : celui qui visitera cette mosquée avec intention

9. sera au nombre des heureux dans les deux vies, s'il plait à Dieu.

10. Et la construction bénie a été effectuée en l'année 1206.

Dans cette date, la colonne des dizaines et celle des unités simples sont occupées par des chiffres appartenant à un système qu'employaient jadis les Arabes et qui est presque celui que nous avons adopté. Le zéro, au lieu d'être figuré par un point, est représenté par le chiffre 0, auquel les Arabes attribuent aujourd'hui la valeur du 5. Quant au 6, il est absolument semblable au nôtre. L'année hégirienne 1206 a commencé le 31 août 1791 et fini le 18 août 1792. La mosquée dont cette inscription rappelle la fondation en l'honneur de Sidi Mehammed ben Abderrahman, a donc été bâtie sous Hassan Pacha. Cependant les Indigènes, qui sont d'une ignorance

---

(1) C'est improprement que le mot جامع est employé puisqu'il ne s'agit que d'un simple مسجد dans lequel on ne dit pas la Khotba.

(2) Célèbre mosquée du Caire

(3) C'est-à-dire natif de la tribu des Beni-Ismaïl, confédération des Guechtoula, pays des Zouawa.

profonde en toutes choses, même en ce qui concerne des faits récents appartenant à leur histoire religieuse, racontent que ce Saint est mort et que la mosquée a été construite du temps de Mustapha Pacha, lequel n'est arrivé au pouvoir que six ans après la date irrécusable fournie par le document épigraphique que je viens de citer.

Cet édifice est toujours consacré au culte musulman. Il est l'objet de nombreux pélerinages.

§ 2. — Mosquée et école du Hamma, en face du jardin d'acclimatation.

§ 3. — Chapelle à KOUBA (فحص القبتر).

La Kobba (coupole, dôme) qui a donné son nom au quartier (*El-Kobba*, d'où nous avons fait *Kouba*), avait été bâtie par El-Hadj Pacha, personnage de distinction qui exerça le commandement par intérim de la Régence, en 1545. Le nom du fondateur, aujourd'hui complètement oublié, a disparu des titres de propriété vers le XII siècle de l'hégire.

FIN.

# TABLE ALPHABÉTIQUE

DES

## ÉDIFICES RELIGIEUX DE L'ANCIEN ALGER.

---

Abbassi (zaouiet el-), rue des Dattes ; chap. xcIII, § 2.
Abd-Allah el-Hamzi (marabout Sidi), Bouzeria ; App. chap. I, § 5.
Abd-el-Azziz (mosquée Sidi) Bou Nahla, rue du Chameau ; chap. LXXXVI, § 3.
Abd-el-Aziz (marabout Sidi), hors Bab-Azoun ; chap. LXX, § 1.
Abd-el-Hak (marabout Sidi), hors Bab-Azoun ; chap. LXXI, § 1.
Abd-el-Kader (marabout Sidi), hors Bab-Azoun; chap. LXXII, § 1.
Abd-el-Moula (marabout Sidi), rue de l'Empereur ; chap. LXXXVII, § 3.
Abd-el-Refar (mosquée de Sidi), voir Euli Medfa.
Abderrahman (mosquée Sidi), rue de la Charte ; chap. XL.
Abderrahman (mosquée près de Sidi), hors Bab-el-Oued ; chap. V, § 3.
Abderrahman (marabout Sidi), hors Bab-el-Oued ; chap. VII.
Abderrahim (mosquée), rue Damfreville: chap. xcIII, § 1.
Abdy Pacha (mosquée), rue Macaron ; chap. xxxI.
Ahmed bou Kfifa (marabout Sidi), Kadous ; App. chap. II, § 15.
Ahmed ben Abd-Allah (zaouïa d'), voir Souk el-Djema.
Ahmed ben Abd-Allah (mosquée d'), voir Feurn ben Chekour.
Ahmed ben Daoud (mosquée), voir Houanet el-Rériba.
Ahmed et'Tchelibi (mosquée), voir Houanet Zian.
Ahmed Ezzouawi ou el-Rerib (marabout Sidi) Kadous; App. chap. II, § 16.
Aïn chah Hoçaïn (mosquée), rue Porte-Neuve ; chap. XCIV, § 1.
Aïn el-Atech (mosquée), rue Sidi Abd Allah ; chap. LXXIX, § 3.
Aïn el-Hamra (mosquée), rue Philippe ; chap. xxvI.
Aïssa ben Lahsan, rue des Dattes ; voir Abbassi (zaouiet el-).
Aïssa (Sidi), à Moustapha Supérieur ; App. chap. II, § 2.
Aïssa (marabout Sidi), Hidra ; App. chap. II, § 6.
Aïssa ben el-Abbas (mosquée de Sidi), voir Rokerouk.
Aïssa (marabout), faubourg Bab-Azoun ; chap. LXXI, § 2.
Aïssa (marabout Sidi), Mustapha-Supérieur.

— 260 —

Akehal (el-), voir Lakehal.
Akeroun (zouiet), voir Ali Pacha.
Akdjil (mosquée ben), voir Chemaïn.
Akhermimoun (mosquée), rue Akhermimout ; chap. LXXIV.
Ali (marabout Sidi ben), rue de l'Empereur ; chap. LXXXVII, § 4.
Ali ben Mansour, voir Youb.
Ali Bitchnin (mosquée) rue Casba; chap. XIII.
Ali el-Fassi (marabout Sidi), rue Philippe ; chap. XXVII.
Ali el-Miliani (mosquée), rue d'Orléans ; chap. XXXIX.
Ali Ezzouawi (mosquée Sidi), hors Bab-Azoun ; chap. LXXI, § 3.
Ali Khodja (mosquée Sidi), rue Bisson ; chap. XXIII.
Ali Pacha (mosquée), rue Médée ; chap. LXXXII, § 2.
Ali Pacha (école et cimetière), rue du Soudan ; chap. L.
Andelous (zaouiet el-), rue au Beurre ; chap. LVII.
Annan (zaouiet bou), ou el-Annaniya, voir Djedid (Djama).

Bab el Djedid (mosquée), rue de la Victoire ; chap. XCIV, § 4.
Bab el-Djedid (mosquée en face de), rue de la Victoire ; chap. XCIV, § 5.
Bab Dzira (mosquée), voir Chaban Khodja.
Bab Dzira (mosquée à), chap. XXXV.
Bab Essouk (mosquée), voir Mustapha Pacha.
Badestan (mosquée), place du Gouvernement ; chap. XLV.
Bari (mosquée el-), voir Houanet Zian.
Bekouch (mosquée el-), rue Boutin ; chap LVI.
Belguellati (mosquée), voir Mustapha Pacha.
Ben Ali (marabout Sidi), rue de l'Empereur; (voir à Ali).
Bennour (marabout Sidi), Bouzeria ; App. chap. I, § 1
Bermil (école el-), rue du Palmier ; chap. XCI, § 2.
Berrekissa (mosquée), rue des Sarrazins ; chap. LXXXVIII, § 2.
Betka (marabout Sidi), hors Bab-Azoun; chap. LXIX.
Betka (mosquée Sidi), rue Jean-Bart ; voir Ali Khodja.
Betka (zaouiet Sidi), rue de l'Aigle ; voir Tchekhtoun.
Birkhadem (puits et mosquée de), App. chap. II, § 4.
Birmandraïs (mosquée de), App. chap. II, § 3.
Bir Erremana (mosquée de), rue de la Casba ; chap. LXXXVI, § 1.
Blat (mosquée dite Djama el-), rue de Nemours ; chap. LXXXIII. § 1.
Boteha (mosquée el-), voir Sabat el-Hout.
Bou Chakour (mosquée), rue de l'Etat-Major ; chap. LXXVII, § 3.
Bou Chakour (marabout Sidi), rue de l'Etat-Major ; chap. LXXVII, § 4.
Boudouma (marabout Sidi), hors Bab-el-Oued ; chap. V, § 4.
Bougdour (chapelle et mosquée de Sidi), rue Caton et rue Kléber ; chap. XCI, § 3.
Bou Hamma (Sidi), faubourg Bab-Azoun ; chap. LXX, § 2.
Boutouil (asile), Bab-el-Oued ; chap. X.

Caïd Ali (mosquée), rue du Soudan ; chap. LIV.
Chaban Khodja (mosquée), rue des Consuls ; chap. XXXIV.
Chahed (mosquée de Ben Ech-); chap. LXXVII, § 3.
Chaïb (marabout Sidi), rue Tombouctou ; chap. LXXXVIII, § 4.
Chaib (mosquée de Sidi), voir Houanet Sidi Abd-Allah (mosquée).
Chatbi (mosquée ech-), rue de la Casbah ; voir Bir Erremana.
Chebana (mosquée ben), rue de la Casba ; chap. LXXXVI, § 2.
Chebarlia (mosquée ech-), rue de la Couronne ; chap. LIX.
Cheikh Daoud (mosquée), rue de l'État-Major ; chap LXXV, § 3.
Cheikh el-Blad (zaouiet), voir Chebarlia.
Cheikh Ezzerrad (tombe), hors Bab-el-Oued ; chap. II, § 5.
Chelmoun (mosquée), rue Porte-Neuve ; chap. LXXXIII, § 3.
Chemaïn (mosquée ech-), rue Bab-el-Oued ; chap. XVII.
Chorfa (zaouiet ech), rue Jénina, chap. LI.
Chouach (mosquée ech-), place du Gouvernement ; chap. L.

Dar Ankchaïrya Kedima (mosquée), rue Médée ; chap. LXXXII, § 1.
Dar el-Kadi (mosquée), rue Bab-el-Oued ; chap. XVI.
Dar el-Kadi (zaouiet), rue Bab-el-Oued ; chap. XV.
Diassin (mosquée ed-), voir Chemaïn.
Diwan (école dite mecid ed-), rue du Soudan ; chap. L
Djafar (tombe bent), hors Bab-el-Oued ; chap. II, § 1.
Djami (marabout Sidi), hors Bab-el-Oued ; chap I.
Djedid (mosquée dite Djama), place du Gouvernement ; chap. XLVI.
Djenaïz (mosquée el-), rue d'Orléans ; chap. XXXVIII.
Djoudi (marabout attenant à Sidi), rue res Trois-Couleurs ; chap. XLII.
Doudou (mosquée de Ben), voir Ochba (ben).

Embarek (marabout Sidi), Kadous ; App. chap. II, § 14.
Embarek el-Bahri (Sidi), hors Bab-Azonn ; chap. LXXII, § 2.
Euli'-Medfa (mosquée), rue de la Girafe ; chap. LXXXIII, § 2.

Farès (mosquée ben), rue Caton ; chap. LXXVIII, § 2.
Fekharin (mosquée el-), voir Madjazin.
Felih (mosquée Sidi), rue du Cheval ; chap. XXX.
Feredj (marabout Sidi), Staouéli ; App. chap. I, § 8.
Feurn ben Chekour (marabout), rue de Toulon ; chap. LXXVII, § 1.
Fouk Ali Bitchnin (mosquée), rue Casba ; chap. LXXIII, § 1.

Gaour Ali (mosquée ben), rue Staouéli ; chap. LXXX, § 1.
Grande mosquée, v. Kebir.
Guechtoun, v. Lechtoun.

Hadj Pacha (tombe d'el-), hors Bab-el-Oued ; chap. II, § 3.
Hadj-Pacha (mosquée), voir Djenaïz
Halfouiyin ou el-Halfaouya (mosquée), voir Kbaptia.

Hamma (mosquée et école du); App. chap. III, § 2.
Hammamats (mosquée el-), rue Porte-Neuve ; chap. XCIII, § 3.
Hammamats, voir Abderrahim.
Hammam Ytou (mosquée), rue Casba ; chap. XII.
Harbi (mosquée de Sidi el-), voir Farès (mosquée ben)
Hassan Pacha (tombe de), hors de Bab-el-Oued ; chap. II, § 4.
Heddi (mosquée Sidi), rue de la Lyre ; chap. LXXXI, § 2.
Helal (marabout Sidi), rue Sidi-Hellel ; chap. XXI.
Hizb-Allah (mosquée de Sidi), voir Heddi.
Hossaïn (mosquée d'el-Hadj), voir Mezzo-Morto.
Houanet ben Rabeha (mosquée) rue de la Mer-Rouge ; chap. XCV, § 1.
Houanet Ezzian (mosquée), rue Casba; chap. LXXXIX, § 2.
Houanet Reriba (mosquée) rue Gariba ; chap. LXXXVIII, § 1.
Houanet Sidi Abd Allah (mosquée), rue Sidi Abd Allah ; chap. LXXIX, § 2.
Houmet Esselaoui (mosquée), rue Centaure ; chap. LXXXI, § 3.

Ibrahim Ettekrouni (mosquée de Sidi), voir Zitouna.

Ka'Essour (mosquée), rue du 14 juin ; chap. XXIX.
Kadous (mosquée de); App. chap. II, § 13.
Kahwa Kebira (école et mosquée de), rue des Trois-Couleurs ; chap. XLIV.
Kasba (latrines); chap. XC, § 3.
Kasba (mosquée), intérieur et extérieur. de la Casba ; chap. XC, §§ 1 et 2.
Kebabtya (mosquée el-), rue de Chartres ; LXVIII.
Kebir (mosquée djama el-), rue de la Marine ; chap. XXXVI.
Kebir (zaouiet de djama el-), rue de la Marine ; chap. XXXVII.
Kebor el Morzi (marabout dit), El-Biar; app. chap. II, § 1.
Kechach (mosquée), rue des Consuls ; chap. XXXII.
Kechach (zaouiet), rue des Consuls; chap. XXXIII.
Kedim (djama el-), voir Kechach.
Kemkha (mosquée ben), rue Bab-el-Oued ; chap. XIV.
Ketaredjel (mosquée), rue Kataroujils ; chap LXXXV.
Ketchawa (mosquée), rue du Divan ; chap. LII.
Ketchawa (mosquée), rue du Divan ; chap. LVI.
Ketchawa (zaouiet), voir Chebarlia.
Kettani (marabout Sidi), hors de Bab-el-Oued ; chap. II, § 7.
Khedeur Pacha (mosquée), rue Scipion ; chap. LXIII.
Kheir-Eddin (mosquée), voir Chouach (djama).
Khodja Biri (mosquée de Ben), voir Souk el-Louh.
Kissaria (école el-), place du Gouvernement ; chap. XLVIII.
Khiatin (mosquée el-), voir Madjazin.
Kobaïl (mosquée el-), rue Boza ; chap. LXI.
Kondakdjia (mosquée), voir Rokerouk.
Kouba (chapelle de); app., chap. III, § 3.
Konchetali (école), rue Bleue ; chap. LXXXVII, § 2.

Kouchet ben Semman (mosquée), rue Duquesne; chap. xli.
Kouchet Boulaba (mosquée), rue Boulaba; chap. lxxv, § 3.
Kouchet Boulaba (école'; chap. lxxvi, § 4.
Kouchet el-Oukid (mosquée), rue du Condor; chap. xciv, § 6.
Koudjili (mosquée El), voir Chemaïn.

Lakhdar (mosquée), rue du Locdor; chap. lxxiii, § 2.
Lallahoum (mosquée Zenket), rue Lalahoum; chap. xviii.
Lechtoun (mosquée), rue Lalahoum; chap. xix.
Lekehal (marabout Sidi), Tixeraïn; app., chap. ii, § 12.
Lakehal (zouiet Sidi), rue Médée. Voir Ali Pacha.
Lekehal (marabout Sidi), Birmandraïs; app., chap. ii, § 3.

Ma'llok (mosquée), rue Bleue; chap. lxxix, § 1.
Mansour (marabout Sidi), hors de Bab-Azoun; chap. lxvii.
Ma'djazin (mosquée), rue Bab-Azoun; chap. lxii.
Mçid Eddalia (mosquée), rue du Lézard; chap. lviii.
Meçaoud (marabout Sidi), Hidra; app., chap. ii, § 8.
Meçaoud (marabout Sidi), hors de Bab-el-Oued; chap. iii, § 3.
Mechatin (mosquée el-), voir Maadjazin.
Mechedelly (mosquée), rue Salluste; chap. lxxviii, § 1.
Medjebar (marabout Sidi), Bouzeria; app, chap. i, § 6.
Medjedouba (marabout Sidi), Bouzeria; app., chap. i, § 3.
Mehammed ben Abderrahman (marabout Sidi), Hamma; app., chap. iii, § 1.
Mehdi (mosquée Sidi el-), voir Ali Bitchnin.
Mekaïssia (mosquée el-), place du Gouvernement; chap. xlviii.
Merabta (mosquée el-), place du Gouvernement. Voir Zerzoura.
Meraïchi (mosquée Sidi), rue Médée; chap. xcv, § 2.
Meriem (mosquée Setti ou Settna), voir Negro.
Merzouk (marabout Sidi), Hidra; app., chap. ii, § 7.
Mesbah (marabout Sidi), rue du Vinaigre; chap. lxxx, § 2.
Messola (mosquée el-), hors de Bab-el-Oued; chap. ix.
Mezzo Morto (mosquée), rue de Chartres; chap. lxvi.
Mohammed Oued el-Aggar (marabout Sidi), Staouéli; app., chap. i, § 7.
Mohamed Pacha (mosquée), ho s de Bab-el-Oued; chap. iii, § 2.
Mohammed ben Khelifa (marabout Sidi), hors Bab-el-Oued; chap. v, § 1.
Mohammed Echerif (marabout Sidi), rue du Palmier; chap. xci, § 1.
Mohammed Ennecha (tombe), hors Bab-el-Oued; chap. ii, § 2.
Mor'nine (mosquée', voir Mustapha-Pacha.
Moudfir (mosquée de la fille de', voir Lechtoun.
Moulaï-Haçan (zaouiet), rue Boutin; chap. lv.
Mustapha Pacha (mosquée), rue Intendance; chap. lxxv, § 2.

Na'man (marabout Sidi), Bouzeria; app., chap. i, § 2.
Negro (mosquée Ben), rue Bab-el-Oued; chap. xi.

Ochba (mosquée Ben), rue du Commerce ; chap. xx.
Omar Ettensi (marabout Sidi), hors de Bab-el-Oued ; chap. vi.
Omar Ettensi (mosquée Sidi), rue Jean-Bart ; chap. xxiv.
Ouali Dada (marabout Sidi), rue du Divan ; chap. liii.

Rabta (Er-), voir Zerzoura.
Rahbet el-Kedima (mosquée), rue de la Révolution ; chap. xxviii.
Rahbi (mosquée Sidi Er-), voir ben Kemkha.
Ramdan Pacha (mosquée), rue Médée ; voir Dar el-Anguecharia.
Ramdan (mosquée Sidi), rue Ramdan ; chap. lxxxiv.
Ramdan Pacha (mosquée), voir Mechedelly.
Remmam (marabout Sidi), à la Casbah ; chap. xc, § 4.
Ridjal el-Hafra (les hommes du trou), à Bab-el-Oued ; chap. v, § 5.
Roberini (Sidi El-), marabout à la Marine ; chap. xxxv.
Rokerouk (mosquée), rue du Caftan ; chap. lxv.
R'oula (école dite Mçid el-), rue de la Charte ; chap. xl.

Sabat Eddeheb (mosquée), rue des Pyramides ; chap. lxxxviii, § 2.
Sabat el-Ars (mosquée), rue du Delta ; chap. lxxxvii, § 1.
Sabat el-Houts (mosquée), rue des Consuls ; chap. xxv.
Sabat Lahmar (mosquée), rue du Scorpion ; chap. xxii.
Sadi (marabout Sidi), hors Bab-el-Oued ; chap. iv.
Sabab Etterik (tombe), rue de la Grue ; chap. lxxxviii, § 5.
Sabab Etterik, rue de l'Etat-Major ; chap. lxxv, § 1.
Sabab Etterik, rue de la Victoire ; chap. xciv, § 7.
Safir (mosquée), rue Kléber ; chap. xcii.
Salem (marabout Sidi ben), hors de Bab-el-Oued ; chap. viii.
Saoula (mosquée de); app., chap. ii, § 9.
Seba Louiat (mosquée), voir Maadjazin ; voir aussi chap. lxviii.
Sebbarin (mosquée Es-), place du Gouvernement; voir Mekaïssia.
Sedik (mosquée ben Es-), rue de la Baleine ; chap. lxxxix, § 1.
Selah (mosquée ben), voir Djenaïz.
Seliman (mosquée), el-Kebaïli ; voir Khedeur Pacha.
Seliman cherif (mosquée de), voir Kouchet Boulaba.
Sid (Sidi Es-), rue de Toulon ; chap. lxxvii, § 2.
Sida (mosquée), place du Gouvernement; chap. xlix.
Soubri (mosquée d'Es-), voir mosquée Bou Chakour.
Souiket Amour (mosquée), rue de Chartres ; chap. lxviii.
Souk el-Djema'at (mosquée), rue Socgemah ; chap. lxxvi, § 2.
Souk el Djema'at (école), place Jenipah ; chap. li.
Souk el-Djema'at (zaouia), rue Socgémah, chap. lxxvi.
Souk el-Kebir (mosquée de), voir Maadjazin.
Souk el-Kettan (mosquée), rue Porte-Neuve ; chap. lxxxi, § 1.
Souk el-Louh (mosquée), rue Juba ; chap. lx.
Souk Errekaïn (mosquée), voir Souk Essemen.

Souk Essemen (mosquée), rue du Lézard ; chap. LVIII.
Souk Essemen (mosquée,, rue de Chartres ; chap. LXVIII.
Soltan (mosquée Es-), rue des Trois-Couleurs ; chap. XLIV.

Tadeli (mosquée Et-), voir Aïn el-Hamra.
Tebib (marabout Et-), hors de Bab-el-Oued ; chap. V. § 2.
Tchekhtoun (zaouiet), rue de l'Aigle ; chap. LXIV.
Tiber Routin (mosquée), voir Heddi.
Tixeraïn (mosquée et marabout) de]; app., chap. II, §§ 10 et 11.
Tsadite (Sainte Lalla) ; chap. LXX, § 3.
Turkia (mosquée de Ben), voir Ma'djazin.

Vieille mosquée, voir Kechache.

Yahia Ettiar (marabout Sidi), Hidra ; app., chap. II, § 5.
Yakoub (zaouiet Sidi), hors de Bab-el-Oued ; chap. III, § 1.
Yakout (marabout Sidi el-), hors de Bab-el-Oued ; chap. II, § 6.
Youb (zaouiet), rue des Trois-Couleurs ; chap. XLIII.
Youcef (marabout Sidi), Bouzeria ; app., chap. I, § 4.
Youcef (marabout Sidi) el-Kouach, rue Porte-Neuve ; chap. XCIV, § 2.

Zenket bou Eukacha (mosquée), rue du Commerce ; chap. XCV, § 3.
Zenket Lallahoum (mosquée), rue Lallahoum ; chap. XVIII.
Zerzoura (mosquée Merabta Ez-), rampe de la Pêcherie ; chap. XLVII.
Zitouna (mosquée Ez-), rue Porte-Neuve, chap. XCIV, § 3.

FIN DE LA TABLE.

Alger. — Typographie Bastide.

www.ingramcontent.com/pod-product-compliance
Lightning Source LLC
Chambersburg PA
CBHW050334170426
43200CB00009BA/1583